Le Groupe et l'Inconscient

L'imaginaire groupal

Dans la même collection

A. ANZIEU, *la Femme sans qualité. Étude psychanalytique de la féminité*
D. ANZIEU, *le Groupe et l'inconscient. L'imaginaire groupal*
D. ANZIEU, *le Moi-peau*
C. BARROIS, *les Névroses traumatiques. Le psychothérapeute face aux détresses des chocs psychiques*
H. BIANCHI, *le Moi et le temps. Psychanalyse du temps et du vieillissement*
J. BERGERET, *la Personnalité normale et pathologique*
J. BERGERET, *la Violence fondamentale. L'inépuisable Œdipe*
G. BLÉANDONU, *W.R. Bion. La vie et l'œuvre, 1897-1979*
F. BRELET, *le T.A.T. Fantasme et situation projective*
D. BRUN, *l'Enfant donné pour mort. Enjeux psychiques de la guérison*
Y. CASTELLAN, *la Famille. Du groupe à la cellule*
M.-C. CÉLÉRIER, *Corps et fantasmes. Pathologie du psychosomatique*
C. CHABERT, *le Rorschach en clinique adulte. Interprétation psychanalytique*
C. CHABERT, *la Psychopathologie à l'épreuve du Rorschach*
A. CICCONE et M. LHOPITAL, *Naissance à la vie psychique*
R. DEBRAY, *l'Équilibre psychosomatique*
A. EIGUER, *la Parenté fantasmatique. Transfert et contre-transfert en thérapie familiale psychanalytique*
A. EIGUER, *le Pervers narcissique et son complice*
A. EIGUER, *la folie du Narcisse. La double conflictualité psychique*
C. et P. GEISSMANN, *l'Enfant et sa psychose*
M. IMBERTY, *les Ecritures du temps*
R. KAËS, *l'Idéologie. Etudes psychanalytiques*
M. MONJAUZE, *La problématique alcoolique*
T. NATHAN, *la Folie des autres. Traité d'ethnopsychiatrie clinique*
T. NATHAN, *Psychanalyse païenne. Essais ethnopsychanalytiques*
N. NICOLAÏDIS, *la Représentation. Essai psychanalytique. De l'objet référent à la représentation symbolique*
N. NICOLAÏDIS, *la Théophagie. Oralité primaire et métaphorique*
B. PENOT, *Figures du déni. En deçà du négatif*
J.-M. PETOT, *Mélanie Klein. Premières découvertes et premier système, 1919-1932*
J.-M. PETOT, *Mélanie Klein. Le moi et le bon objet, 1932-1960*
N. RAUSCH de TRAUBENBERG et M.-F. BOIZOU, *le Rorschach en clinique infantile*
SAMI-ALI, *Corps réel, corps imaginaire*
SAMI-ALI, *le Visuel et le tactile. Essai sur la psychose et l'allergie*
SAMI-ALI, *De la projection. Une étude psychanalytique*
SAMI-ALI, *Penser le somatique. Imaginaire et pathologie*
SAMI-ALI, *le Haschisch en Égypte. Essai d'anthropologie psychanalytique*
SAMI-ALI, *le Corps, l'Espace et le Temps*

psychismes
collection dirigée par Didier Anzieu

Didier Anzieu

Le Groupe et l'Inconscient
L'imaginaire groupal

Dunod

En couverture :
Peinture attribuée à
Ambrosius Benson : *Le Concert* (détail)
Musée des Beaux Arts de Blois
Ph. J.-F. Doré © Archives Photeb

ISBN : 2-04-015716-6
ISSN : 0335-492-X

Préface à la seconde édition

La première édition de ce livre parut en 1975 sous le titre *le Groupe et l'inconscient*. Elle comportait trois parties : *Problèmes de méthode ; La vie fantasmatique des groupes ; Le groupe, défense contre l'inconscient*. Cette seconde édition n'a pas conservé cette subdivision. Elle vise en effet à alléger l'ouvrage et à le concentrer autour de son thème principal, *l'Imaginaire groupal* (qui a eu depuis tant d'influence en dynamique des groupes, en sociologie, en histoire, en philosophie politique et qui fournit désormais au livre son sous-titre) : elle peut faire ainsi plus de place aux développements théoriques. Allègements : les chapitres anciens sur « le Système des règles du groupe de diagnostic », « le Psychodrame analytique collectif », « le Travail psychanalytique dans les groupes larges » et « le Groupe, projection de l'inconscient social », ont disparu. Concentration : l'ordre de succession de certains chapitres a été modifié pour aboutir à une meilleure cohérence conceptuelle ; deux observations de groupe différentes ont été regroupées sous la rubrique « le Groupe, l'imago paternelle et le Surmoi ». Développements, enfin. L'ouvrage s'ouvre sur une « Introduction » nouvelle qui propose d'articuler « imaginaire groupal, structure topique et organisation fantasmatique des groupes ». Le chapitre, devenu terminal, sur « la circulation fantasmatique en groupe », conserve (en le condensant) le *Panorama de la vie groupale inconsciente ;* il porte de trois à cinq le nombre des « organisateurs psychiques inconscients du groupe » et consacre une section à la résonance fantasmatique groupale exercée par les représentations collectives.

Février 1981.
Didier ANZIEU

Table des matières

Introduction : Imaginaire groupal, structure topique et organisation fantasmatique des groupes

Un groupe est une enveloppe qui fait tenir ensemble des individus. Tant que cette enveloppe n'est pas constituée, il peut se trouver un agrégat humain, il n'y a pas de groupe. Quelle est la nature de cette enveloppe ? Les sociologues qui ont étudié des groupes, les administrateurs qui en ont gérés, les fondateurs qui en ont créés mettent l'accent sur le réseau de règlements implicites ou explicites, de coutumes établies, de rites, d'actes et de faits ayant valeur de jurisprudence, sur les assignations de places à l'intérieur du groupe, sur les particularités du langage parlé entre les membres et connues d'eux seuls. Ce réseau, qui enserre les pensées, les paroles, les actions, permet au groupe de se constituer un espace interne (qui procure un sentiment de liberté dans l'efficacité et qui garantit le maintien des échanges intra-groupe) et une temporalité propre (comprenant un passé d'où il tire son origine, et un avenir où il projette d'accomplir des buts). Réduite à sa trame, l'enveloppe groupale est un système de règles, celui qui opère par exemple en tout séminaire, religieux ou psychosociologique. De ce point de vue toute vie de groupe est prise dans une trame symbolique : c'est elle qui le fait durer. C'est là toutefois une condition nécessaire, mais non suffisante. Un groupe où la vie psychique est morte peut ainsi se survivre. De son enveloppe, la chair vivante a disparu, il ne reste plus que la trame.

Une enveloppe vivante, comme la peau qui se régénère autour du corps, comme le Moi qui s'efforce d'englober le psychisme, est une membrane à double face. L'une est tournée vers la réalité extérieure, physique et sociale, notamment vers d'autres groupes, semblables, différents ou antithétiques quant au système de leurs règles et que le groupe va considérer comme des alliés, des concurrents ou des neutres. Par cette face, l'enveloppe groupale édifie une barrière protectrice contre l'extérieur. S'il y a lieu, elle fonctionne aussi comme filtre des énergies à accueillir et des informations à recevoir. L'autre face est tournée vers la réalité intérieure des membres du groupe. Il n'y a de réalité intérieure inconsciente qu'individuelle, mais l'enveloppe groupale se constitue dans le mouvement même de la projection que les individus font sur elle de leurs fantasmes, de leurs imagos, de leur topique subjective (c'est-à-dire de la façon dont s'articule, dans les appareils psychiques individuels, le fonctionnement des sous-systèmes de celui-ci : Ça, Moi, Moi idéal, Surmoi, Idéal du Moi). Par sa face interne, l'enveloppe groupale permet l'établissement d'un état psychique transindividuel que je propose d'appeler un Soi de groupe : le groupe a un Soi propre. Mieux encore il est Soi. Ce Soi est imaginaire. Il fonde la réalité imaginaire des groupes. Il est le contenant à l'intérieur duquel une circulation fantasmatique et identificatoire va s'activer entre les personnes. C'est lui qui rend le groupe vivant. J'évoquais tout à l'heure une trame sans chair (les groupes purement formels, institutionalisés, ou commémoratifs) ; il convient d'esquisser ici le tableau d'une chair sans trame : les groupes purement fusionnels, intemporels, consommateurs d'illusion.

Dès 1964, dans des circonstances que j'évoque plus loin (cf. le préambule du chapitre 2 et les observations n° 3 et n° 4), j'ai parlé de la réalité imaginaire des groupes. Cette notion, qui n'était encore qu'une intuition approximative, s'est avérée féconde. Elle a été la matrice de plusieurs découvertes, l'enveloppe intellectuelle dynamique qui a stimulé et coordonné, tout d'abord au sein de l'équipe du CEFFRAP, puis plus largement, des avancées théoriques et des progrès cliniques et techniques en matière de psychanalyse groupale. Je rappelerai le constat de Béjarano selon lequel les angoisses persécutive et dépressive et le clivage du transfert sont d'autant plus mobilisés que le groupe est large et non directif ; les apports de Pontalis sur les rêves nocturnes des participants d'un groupe de formation ; ceux de Missenard sur la prévention des décompensations et sur la valeur structurante pour les participants du « phantasme » du moniteur dans ces mêmes groupes ; ma propre découverte de l'illusion groupale. C'est surtout René Kaës qui a développé et systématisé dans ses implications et ses conséquences l'intuition primitive. En 1966, il rédige un projet de livre sur « l'imaginaire et le groupe » et il commence d'étudier, dans la peinture, le roman, la publicité, les représentations collectives du groupe. Dans un document écrit dont j'ai discuté avec lui en 1970, il introduit, simultanément avec A. Missenard, la notion d'organisateur, en se référant d'une part à Spitz qui l'avait transposée de l'embryologie à la psychologie génétique et appliquée aux crises du développement dans la première enfance, d'autre part à Lacan dans son travail sur les complexes familiaux et sur la rivalité œdipienne comme organisateur de la famille, et enfin à la théorie des systèmes et des organisations. Kaës précise que ces organisateurs sont de deux sortes, psychologiques et sociaux, et qu'ils organisent non seulement des représentations de groupe, mais aussi le processus groupal.

Dans sa contribution au livre collectif que j'ai dirigé en 1972 *(Le travail psychanalytique dans les groupes,* tome 1*)*, Kaës articule organisateur et protogroupe. Simultanément, il étudie l'idéologie (1971 b) comme une production, sur le mode des formations de compromis, de l'imaginaire dans les groupes ; il esquisse le concept d'*Appareil psychique groupal* (qui donnera son titre au livre qu'il fera paraître en 1976, avec un sous-titre significatif : *Constructions du groupe),* et il travaille sur l'article de Laplanche et Pontalis qui propose une approche structurale des fantasmes originaires. En 1972-73, il rédige ses « Quatre études sur la fantasmatique de la formation et le désir de former » (Kaës, 1973 b), suivie d'une cinquième étude sur « Désir de toute-puissance, culpabilité et épreuves dans la formation » (1976 *a*), des travaux sur la résonance fantasmatique du mot « Séminaire » (1974 *a*), sur le corps imaginaire comme organisateur du groupe large (1974 *b*), sur le fantasme du groupe embroché (1974 *c*), « l'Archigroupe » (1974 *d*), « la Geste du groupe héroïque » (1974 *e*), et « On (dé)forme un enfant » (1975). Dans un texte sur « le groupe large, l'espace et le corps », René Kaës montre la réversibilité des représentations du corps et du groupe et lie explicitement l' « organisation » de l'espace imaginaire du groupe à des métaphores ou à des métonymies du corps propre. « L'espace-support nécessaire à la réunion du groupe — écrit-il —, son siège, n'est pas un espace suffisant pour sa localisation. Il lui faut aussi — sans doute d'abord — buter contre ses limites et ses contraintes, donner une âme, animer cet espace qui est espace du désir. Peut-être est-ce là, dans ce fait que le désir est espace — espace imaginaire qui tend à devenir réel (...) —, que réside la cause de ce que l'espace reste la dimension cachée. (...) Le drame de l'espace, pour le groupe comme pour l'individu, est dans cette possibilité fragile d'établir un lien entre l'espace imaginaire et l'espace réel, entre l'espace vécu — qui est le corps de l'homme — et son image dans l'espace réel. Ce lien est la construction de l'espace symbolique.

« Tout groupe ne s'organise que comme métaphore ou/et métonymie du corps, ou de parties du corps. Le destin d'un groupe et de ses sujets constituants se définit dans le rapport qui s'établit entre l'espace vécu (le corps) et la représentation de cet espace, entre cette représentation et l'espace réel qui est son support dans la scène de l'histoire. L'étude des représentations du groupe (...) assure de cette référence centrale à l'espace vécu du corps ; mais aussi, certaines représentations du corps sont des représentations de groupe (tableaux de N. de St Phalle, de J. Van den Bussche ; cf. R. Kaës, 1974 *a*), comme si une correspondance fondamentale liait, peut-être en leur origine même, l'espace du corps et celui du groupe, comme le terme même d'*organisation* le suggère » (R. Kaës, 1974 *b*).

Revenons au présent ouvrage. J'y confirme et renforce l'idée directrice qui était esquissée en 1975 dans sa première édition : tout groupe humain résulte d'une topique subjective, projetée sur lui par les personnes qui le composent. Cette découverte spécifique résulte de l'approche psychanalytique et complète cette autre idée psychanalytique antérieure, émise par

J.P. Pontalis (1963), selon laquelle un groupe est un objet d'investissement pulsionnel. Mais cette idée antérieure était restée insuffisamment utilisable en théorie comme en pratique jusqu'à ce qu'elle trouve, dans l'énoncé nouveau que je propose, le complément indispensable à son opérativité. L'appareil psychique individuel se protège et se sert des stimulations externes et des pulsions internes en s'organisant un espace mental différencié en zones. Celles-ci sont respectivement le siège des diverses instances que Freud a inventoriées, le Ça, le Moi idéal, le Surmoi, l'Idéal du Moi, le Moi, lui-même divisé en système perception-conscience et en mécanismes de défense inconscients. Chacune ou presque de ces instances tend à être, non pas tant, comme voudrait le faire croire une vue anthropomorphique, le centre qui commanderait au fonctionnement de tout l'appareil, que l'enveloppe qui lui assure son unité, son intégrité et ses échanges avec le monde extérieur, avec le corps et avec les autres instances. Ainsi le Ça inconscient se fait-il l'enveloppe du corps biologique, le Moi se fait-il l'enveloppe de l'appareil psychique dominé par les processus inconscients, le système perception-conscience se fait-il l'enveloppe du Moi, tout ceci constituant une série limitée d'emboîtements de « noyaux » et d' « écorces » — termes que j'emprunte à Nicolas Abraham (1978). Certains noyaux peuvent se localiser, par rapport à telle ou telle de ces écorces, à l'intérieur, ou encore à l'extérieur (tels sont les cas des instances idéales ou répressives) ou à la périphérie (tel est le cas du vrai Soi caché).

Un groupe ne peut se protéger et se servir des stimulations d'origine externe et des pulsions investies sur lui par ses membres que s'il se construit ce que Kaës a appelé un appareil psychique groupal, construction qui s'opère par un double étayage, d'une part sur les appareils psychiques individuels composants, d'autre part sur la culture environnante et les représentations collectives du groupe que celle-ci fournit. R. Kaës a surtout étudié les relations d'isomorphie et d'homomorphie entre appareil groupal et appareil individuel et il a mis en évidence un conflit intrasystémique propre à l'appareil psychique groupal, conflit entre une tendance à réaliser l'identité du groupal et de l'individuel (isomorphie) et une tendance du psychisme groupal à se différencier du psychisme individuel tout en établissant avec lui certaines analogies (homomorphie). Quant à moi, j'ajoute que l'appareil psychique groupal a besoin, pour être, de se constituer une enveloppe et qu'afin d'y parvenir, il fait appel à une instance qui soit commune aux appareils individuels composants. Selon l'instance qui servira d'enveloppe au psychisme groupal, le fonctionnement psychique inconscient et conscient du groupe sera différent, avec des incidences sur la conduite du groupe par rapport à ses objectifs et par rapport à la réalité externe.

S. Freud, le fondateur de la psychanalyse, a eu le premier l'idée qu'une de ces instances, l'Idéal du Moi, pourrait assurer l'unité et la cohésion d'une collectivité. Il a également montré le rôle organisateur (ou désorganisateur) de l'imago dans les foules et dans la société globale. K. Lewin, l'inventeur de la dynamique des groupes — qui n'était pas psychanalyste — a, par ses expérimentations et ses conceptualisations, mis en évidence la nécessité pour les membres du groupe, surtout s'ils veulent assurer entre eux un fonctionnement démocratique, de substituer aux Moi individuels ce qu'on pourrait appeler un Moi de groupe conscient, siège de processus psychiques secondaires communs. J'ai moi-même ensuite montré qu'un groupe pouvait trouver son enveloppe psychique dans un Moi idéal commun : c'est le phénomène de l'illusion groupale. A partir de là, j'ai été amené à systématiser. Un Moi défensif inconscient commun, au service d'un Surmoi de groupe, peut évidemment s'organiser autour du groupe ou le groupe s'organiser contre un tel Surmoi. Le groupe peut également se chercher, au travers de mécanismes de défense partagés, un Ça commun comme enveloppe : selon la nature de la pulsion dominante ou selon son stade d'évolution, des phénomènes collectifs variés peuvent prendre place. Je donnerai pour exemples, dans les pages qui suivent, la fantasmatique du groupe comme sein-bouche, ou comme sein-toilettes, les fantasmes de casse, le fantasme du groupe-machine, la résistance paradoxale ; ces fantasmes sont des expressions de pulsions respectivement libidinales, agressives ou auto-destructrices, plus ou moins régressives et plus ou moins unies entre elles ou clivées. C'est en effet essentiellement sous forme d'une circulation fantasmatique entre les membres du groupe que se manifeste l'agencement topique venu structurer de façon plus ou moins stable l'appareil groupal. Le fantasme est un produit, et un produit pour une bonne part défensif ; il résulte d'une double structuration économique et topique, qu'il représente, déforme et masque. Par ailleurs, il est, à son tour, producteur d'effets particuliers sur les pensées, les affects, les conduites des membres du groupe.

Je me suis centré sur la vie fantasmatique des groupes en raison de ce statut métapsychologique intermédiaire. L'étude de la fantasmatisation groupale est une excellente voie d'accès à la structuration économico-topique de l'appareil psychique groupal. En même temps cette étude apporte des repères utiles pour comprendre à un niveau empirique ce qui se passe (ou ce qui ne se passe pas) dans un groupe, et éventuellement pour agir en groupe. Cela me conduit à la distinction de deux niveaux, celui de la structure, celui de l'organisation : une instance psychique commune aux appareils individuels structure un appareil groupal ; cette structure rend possible à son tour plusieurs organisations fantasmatiques. Dans le chapitre théorique terminal, je tenterai de montrer qu'il y a cinq grandes formes d'organisation fantasmatique inconsciente dans les groupes, selon que celle-ci se fait autour d'un fantasme individuel, autour d'un fantasme originaire, autour d'une imago parentale, autour de l'image du corps propre, et enfin, question controversée, autour du complexe d'Œdipe.

Deux problèmes inhérents aux diverses études que je développerai à partir de là seront ceux de l'articulation et de l'interaction de la vie fantasmatique dans les petits groupes humains avec l'inconscient individuel d'une part, avec l'inconscient social d'autre part. Ceux qui ont l'expérience de groupes multiples comme psychothérapeutes, comme animateurs, comme observateurs, comme dirigeants ou comme participants savent combien sont variés, et pour une bonne part imprévisibles, les destins des groupes, en raison du rôle, souvent décisif, des personnalités individuelles. C'est là un constat empirique, dont la théorie que je propose donne une explication : ces personnalités qui se trouvent composer un groupe et qui ont à le construire peuvent-elles trouver entre elles, étant donné ce qu'elles sont, d'abord une instance psychique commune, et ensuite un organisateur fantasmatique ou imagoïque inconscient ? Cette instance et cet organisateur seront-ils appropriés pour leur permettre (ou pour les empêcher) de réaliser les buts qui leur sont assignés ou qu'ils se sont choisis ? La réponse sera variable selon la composition du groupe, selon la culture qu'il a héritée, selon le niveau auquel ses membres entrent en contact. Mais le destin d'un groupe dépend également des attitudes des autres groupes, du contexte social global, et d'événements historiques locaux ou généraux venant fonctionner après coup comme marques et comme repères ; toutefois, la méthodologie exposée au début de l'ouvrage ne convient plus à cet aspect du problème, puisqu'elle le met précisément entre parenthèse. J'avancerai toutefois, dans la dernière section du chapitre terminal, quelques hypothèses concernant, d'une part, l'influence des représentations collectives sur le fonctionnement des groupes, d'autre part, la multiplication de groupes spontanés dans les situations de crise affectant la mentalité collective. Ces dernières considérations amorcent la notion d'analyse transitionnelle que R. Kaës a énoncée vers 1976, comme démarche appropriée à l'élaboration des crises individuelles et groupales [1].

[1] Voir l'ouvrage collectif de Kaës, Missenard, Kaspi, Anzieu, Guillaumin, Bleger : *Crise, rupture et dépassement : Analyse transitionnelle en psychanalyse individuelle et groupale,* Paris, Dunod, 1979.

1 De la méthode psychanalytique et de ses règles dans les situations de groupe [1]

Psychanalyse générale et psychanalyse appliquée

L'inconscient produit partout et toujours des effets contre lesquels les hommes ne cessent de se défendre, ou qu'ils interprètent faussement, ou encore qu'ils cherchent à manipuler par des voies obscures pour un profit supposé. La condition pour que ces effets deviennent scientifiquement traitables réside dans l'instauration d'une situation, régie par des règles précises, où leur production soit transférée et leur interprétation exacte assurée. Dans cette situation, deux êtres homologues par leur appareil psychique, le psychanalyste et le sujet, occupent des positions dissemblables. Certaines règles leur sont communes : la règle d'abstinence, en leur interdisant tout rapport personnel « réel » dans la situation ou au dehors, les voue à n'avoir ensemble que des rapports fantasmatiques et symboliques ainsi que les rapports sociaux courants. D'autres règles sont spécifiques de chacune des deux positions. La tâche du sujet est d'exprimer tout ce qu'il pense, imagine, ressent dans la situation, c'est-à-dire de « symboliser » les effets que celle-ci exerce sur lui. La tâche de l'analyste est de comprendre comme transfert, ou comme résistance au transfert, tout ce que le sujet cherche à signifier dans cette situation et de n'intervenir, notamment par des interprétations, que pour lui en faire entendre le sens. De là proviennent les effets que le psychanalyste exerce, de l'intérieur de celle-ci, sur la situation.

Des règles complémentaires précisent les positions respectives du corps dans l'espace au cours des séances, la fréquence et la durée de celles-ci, la nature de la tâche symbolique requise du sujet (parler, dessiner, jouer avec

(1) Ce texte reprend en partie et développe quelques-unes des *Thèses du CEFFRAP sur le travail psychanalytique dans les séminaires de formation* (cf. Anzieu, Béjarano, Kaës, Missenard, 1974) élaborées en octobre 1970. Il a paru primitivement dans *Perspectives psychiatriques*, 1971, n° 33, pp. 5-14.

un certain matériel, se relaxer, effectuer gestes, mimiques, postures ou y réagir, entrer en contacts corporels, improviser un rôle, produire ou interpréter un certain type de document), enfin l'effort financier à fournir. Mais, nous entrons déjà dans le domaine de la psychanalyse appliquée.

En effet, la méthode définie plus haut, longtemps confondue avec la cure individuelle des névrosés qui a constitué le champ originaire de sa découverte et sa première application, relève d'une discipline qui mérite l'appellation de « psychanalyse générale ». Par opposition, la « psychanalyse appliquée » se définit comme l'ensemble ouvert et toujours en devenir des pratiques concrètes de cette méthode générale. La tâche, déjà très avancée, de la psychanalyse générale est d'élaborer la théorie de l'appareil psychique (sa genèse, son fonctionnement, ses changements) à partir des observations que les psychanalystes, Freud le premier, ont été et sont encore amenés à faire avec cette méthode. La tâche de la psychanalyse appliquée est de découvrir les effets spécifiques de l'inconscient dans un champ donné et les transpositions de la méthode générale spécifiquement requises dans ce champ, en fonction par exemple de la nature des sujets analysants (« normaux », névrosés, narcissiques, psychotiques ou cas psychosomatiques ; adultes, adolescents ou enfants ; individus, groupes ou institutions) ou de la nature du but visé par le travail analytique (diagnostic, thérapie, formation, intervention en milieu naturel).

Il n'existe pour le moment aucune autre méthode générale que la psychanalytique qui soit utilisable pour la production et le traitement des effets de l'inconscient dans des conditions scientifiques. « Traitement » s'entend ici au sens le plus général, comme dans l'expression « traitement de l'information », et peut prendre dans certains secteurs d'application le sens de « cure ». Il n'y a en principe aucun champ de manifestation des effets de l'inconscient auquel ne soit applicable la méthode psychanalytique, même si, par suite d'une résistance inconsciente chez les psychanalystes eux-mêmes les modalités spécifiques de production et de traitement de ces effets n'y ont point encore été trouvées.

Mises à part ces spécificités, les conditions générales d'un travail psychanalytique dans un champ quelconque sont les suivantes :

— le psychanalyste opérant dans un champ de la psychanalyse appliquée ne peut le faire qu'en référence à une pratique personnelle indispensable de la cure individuelle de patients adultes ;

— les règles instaurant une situation de type psychanalytique ont, non seulement à être énoncées au départ par celui qui a le statut d'interprétant, mais à être observées en premier lieu par lui-même pour remplir pleinement leur fonction régulatrice (si le psychanalyste s'exempte de la loi qu'il s'impose au sujet, il induit une relation inanalysable de type sadomasochiste ou pervers) ;

— comme tous les autres éléments de la situation psychanalytique, les règles sont l'objet d'investissements fantasmatiques et de contre-investissements défensifs, qu'il y a lieu d'interpréter ;
— une fois énoncées les règles dont le psychanalyste se fait le garant, celui-ci a non pas à veiller en censeur à leur application par le ou par les sujets, mais à chercher à comprendre et à interpréter les manquements à ces règles, ou les difficultés de leur mise en pratique ;
— la situation prend fin quand le psychanalyste, n'étant plus traité comme objet de transfert, est reconnu par le ou les sujets comme être humain homologue, quand le caractère opératoire des règles est assimilé par eux, quand la résistance à terminer a été analysée et quand le terme a été énoncé en tant que tel.

Après ces considérations générales, nous pouvons examiner un champ concret, celui de la psychanalyse appliquée aux situations de groupe, en particulier aux groupes de formation. Nous tenterons de préciser trois sortes de règles : celles qui fondent une démarche de pensée psychanalytique devant les phénomènes de groupe, celles qui permettent d'instaurer un processus psychanalytique dans une situation de groupe, celles qui commandent l'interprétation psychanalytique dans cette situation.

La démarche psychanalytique à l'égard des groupes

Une démarche psychanalytique est d'abord une démarche de pensée scientifique. Quel que soit le domaine où il applique la psychanalyse, le psychanalyste soumet ses hypothèses sur les processus inconscients spécifiques de ce champ à trois critères :

— à tout type de fait clinique observé doit correspondre une hypothèse qui en rende compte et toute hypothèse doit s'appuyer sur un matériel clinique significatif et précis ; par exemple le silence obstiné que gardent certains participants dans les groupes de discussion non-directive s'explique par une représentation fantasmatique du groupe comme bouche et comme sein dévorants. L'existence de cette représentation a été confirmée par des entretiens individuels ultérieurs avec les intéressés, son interprétation opportune dans le groupe peut modifier l'attitude de ceux-ci (cf. p. 90).
— toute hypothèse doit pouvoir entrer dans un corps cohérent d'hypothèses propres à ce champ, ainsi que pouvoir se rattacher ou se déduire d'hypothèses déjà établies en psychanalyse générale ; par exemple l'hypothèse émise par R. Kaës, qu'une production idéologique survient dans un groupe comme dénégation défensive d'un fantasme originaire constitue une extension au groupe du processus de production mis à jour par la psychanalyse individuelle en ce qui concerne les théories sexuelles infantiles (R. Kaës, 1971 *b*, 1973 *b*, 1974 *b* ; R. Gori, 1973 *b*).

— toute hypothèse enfin a à confirmer sa vérité par sa fécondité dans un autre domaine que celui sur lequel elle a été établie ; par exemple l'hypothèse que la situation de groupe « large » non directif (30 à 60 personnes) suscite le clivage du transfert et intensifie le transfert négatif aide à comprendre, d'un point de vue économique, le recours fréquent à des expressions archaïques violentes de l'agressivité (par exemple la guerre) dans les grands groupes sociaux réels, composés de plusieurs milliers de personnes.

La démarche psychanalytique appliquée aux phénomènes de groupe obéit également à des critères plus spécifiquement psychanalytiques. Le premier d'entre eux concerne le vocabulaire. Le psychanalyste effectuant un travail de recherche sur les groupes ne peut recourir dans ses énoncés théoriques qu'au seul vocabulaire psychanalytique (par contre, dans la pratique de l'interprétation, il s'exprime le plus possible en langage courant). En effet, si toute description des faits est foisonnante, diversifiée, polyphasique, l'explication scientifique est monophasique. Par vocabulaire psychanalytique, il convient d'entendre non seulement les concepts dûs à Freud mais tous les apports notionnels de ses successeurs dont la validité s'est imposée dans un secteur quelconque de la psychanalyse.

L'analogie du groupe et du rêve que nous-même avons soutenue dans un article de 1966 reproduit au chapitre 3 (le groupe, comme le rêve, est accomplissement imaginaire d'un désir refoulé) se référait à la théorie freudienne commençante, c'est-à-dire à la première topique. Depuis, la théorie psychanalytique des groupes a progressé par le recours systématique à la seconde topique. C'est là d'ailleurs un juste retour des choses car cette dernière a été découverte par Freud à partir d'un double rapprochement entre l'hypnose et la foule et entre l'ambivalence envers l'imago paternelle et la psychologie collective des organisations. La seconde topique conçoit les conflits, inter- et intrasystématiques, par analogie avec les tensions interindividuelles au sein d'un groupe, l'appareil psychique individuel s'expliquant alors par l'intériorisation d'un modèle groupal. Mais l'analogie est réversible : il existe un appareil psychique groupal (R. Kaës, 1976 *d*) doté des mêmes instances que l'individuel, mais non des mêmes principes de fonctionnement : appareils homologues et non isomorphes. A. Missenard (1971, 1972, 1976) a montré que le principal effet de formation des méthodes de groupe réside dans la destruction de certaines identifications imaginaires chez les participants et dans la mise en place progressive d'abord d'identifications narcissiques stabilisatrices, puis d'identifications symboliques novatrices

L'apport des continuateurs de Freud s'est avéré tout aussi riche. L'école kleinienne anglaise a depuis 1950 identifié le niveau d'angoisse dans les groupes comme psychotique et constaté que les angoisses persécutive et dépressive s'y trouvent accentuées par la non directivité. Plus près de nous

Angélo Béjarano, s'inspirant également de M. Klein, a découvert dès 1968 que la situation de séminaire, où les participants travaillent alternativement en petits groupes et en réunions plénières, déclenche le clivage du transfert : le transfert positif se concentre généralement sur le petit groupe et le transfert négatif sur le groupe large (A. Béjarano, 1971, 1982).

Les psychanalystes qui s'intéressent aux méthodes de formation en groupe n'ont jusqu'ici ni procédé suffisamment à la critique du vocabulaire psychosociologique de Lewin, de Rogers et de leurs disciples, ni énoncé avec assez de clarté et de fermeté le fait que le recours à ce vocabulaire par les moniteurs des groupes de formation survient essentiellement pour des raisons contre-transférentielles. Les concepts psychosociologiques en matière de dynamique des groupes relèvent en effet d'une attitude défensive envers les processus groupaux inconscients. La psychosociologie a par exemple privilégié le *leadership* au point d'en faire un processus clef dans le fonctionnement et la progression d'un groupe. La compréhension psychanalytique des groupes conduit à une conclusion bien différente, que Béjarano (1972) a énoncée : les phénomènes de leadership constituent, avec ceux du clivage en sous-groupes, la forme *spécifique* de la résistance dans les situations de groupes de formation non directifs ; le leader spontané est le porte-parole de la résistance inconsciente du groupe à un moment donné et si l'interprétation pertinente n'est pas donnée au groupe (ou si celui-ci ne la trouve pas lui-même), sa fantasmatique sous-jacente reste refoulée et son évolution bloquée.

Nous-mêmes, en nous appuyant sur le concept winnicottien d' « illusion », nous avons, en 1971, donné un sens plus précis à l'hypothèse, pressentie antérieurement, de l'illusion groupale (cf. le chapitre 4). La notion schilderienne d'image du corps a permis à mes collègues et à moi-même de nous apercevoir, au cours de discussions d'équipe, que la situation de groupe « large » induit un désir d'exploration fantasmatique de l'intérieur du corps de la mère, et les angoisses corrélatives.

Un second critère d'ordre plus spécifiquement psychanalytique concerne non plus le vocabulaire mais la conception du déterminisme. L'explication psychanalytique est en effet pluridimensionnelle. Tout processus inconscient mis en évidence dans un champ donné a à être expliqué dans plusieurs perspectives : dynamique, économique, topique, génétique, fantasmatique. Prenons pour exemple un des phénomènes que nous venons de citer, celui de l'illusion groupale, qui désigne certains moments d'euphorie fusionnelle où tous les membres du groupe se sentent bien ensemble et se réjouissent de faire un bon groupe. Du point de vue dynamique, l'illusion groupale apporte une tentative de solution au conflit entre un désir de sécurité et d'unité d'une part, une angoisse de morcellement du corps et de menace de perte de l'identité personnelle dans la situation de groupe d'autre part. Du point de vue économique, elle représente un cas particulier du clivage du transfert : le transfert positif est concentré sur le groupe comme objet libidinal. Du point de vue topique, elle montre l'existence d'un Moi idéal groupal. Du point de vue fantasmatique, elle requiert l'introjection du bon sein comme objet partiel et l'identification narcissique à celui-ci, afin de réparer les dommages causés par un fantasme destructeur spécifiquement mobilisé par la situation de petit groupe, celui d'enfants qui s'entre-déchirent dans le sein de la mauvaise mère. Du point de vue génétique, l'illusion est, on le sait depuis Winnicott (1953), une étape nécessaire dans la constitution, par l'enfant, du monde extérieur, étape où celui-ci est représenté comme extension de la toute-puissance maternelle ; l'illusion groupale permet la constitution de l'être du groupe comme objet transitionnel.

Une troisième règle de nature psychanalytique concerne l'interaction de l'inconscient des sujets et de l'inconscient du ou des interprétants (dans la mesure où la situation de séminaire requiert une pluralité de psychanalystes constitués en équipe interprétante). Un des aspects sous lequel se particularise cette règle est le suivant : à tout effet inconscient tendant à se manifester dans un champ quelconque correspond une résistance s'opposant à cette manifestation. Il ne saurait y avoir une explication psychanalytique d'un phénomène groupal sans que cette explication ne rende en même temps compte de la résistance épistémologique inconsciente à ce phénomène.

Ainsi, l'équipe de psychanalystes avec laquelle nous-même avons travaillé pendant quinze ans à la réalisation de séminaires de formation a mis longtemps avant d'admettre que les règles du « petit groupe » (groupe de diagnostic, *T-Group*) étaient intégralement transposables à la « réunion plénière ». Nous n'avons ensemble cessé au fil des années d'essayer d' « organiser » ces réunions, en leur assignant d'avance un thème, en employant des méthodes d'animation directives ou semi-directives (exposé suivi de débat, apologue initial et terminal, exercice pratique collectif, table ronde, panel, Phillips 66), en instaurant une journée de rappel, en distribuant des comptes rendus des séances aux participants, jusqu'à ce qu'un processus interne de perlaboration collective nous amène à reconnaître le caractère défensif de ces tentatives d'organisation. Mécanisme de défense contre quel danger pulsionnel ? Contre le danger de se trouver exposé à l'intensité particulière que prend la pulsion de mort dans le groupe « large », intensité résultant du clivage du transfert. La levée de la défense (l' « organisation » des réunions) et la reconnaissance de la forme et de la force de la pulsion réprimée (le transfert négatif clivé) ont été corrélatifs. Toute connaissance d'une interaction spécifique entre une défense et une pulsion ouvre la possibilité d'applications pratiques scientifiquement fondées. Par exemple, si l'on veut permettre à un groupe de contrôler en son sein la pulsion destructrice, il faut l'aider à s'organiser ; si l'on veut libérer cette pulsion, par exemple en vue d'un processus thérapeutique ou formatif, il est nécessaire de placer le groupe dans une situation régie par les règles de non-omission et d'abstinence et suspensive de toute autre organisation.

Un autre type d'interaction, également important au triple point de vue épistémologique, technique et pratique, est celle de l'activité fantasmatique des sujets en situation de groupe et de l'activité fantasmatique des interprétants constitués en équipe. La première, celle des sujets, ne peut être connue que dans la mesure où elle déclenche la seconde, celle des psychanalystes, et où ceux-ci en prennent conscience entre eux. Dans le cas, rapporté par M. Biffe et J.-Y. Martin (1971), d'un groupe « psychotique », l'activité fantasmatique fomentée chez les participants par une situation à la fois psychanalytique et de groupe n'a vraisemblablement pas « résonné » chez les deux interprétants, préoccupés de régler leurs différends théoriques et techniques, c'est-à-dire leur propre désaccord fantasmatique, à l'occasion de ce groupe. Un autre cas est celui où des moniteurs de groupe, ayant généralement une formation psychosociologique, mais non psychanalytique, se laissent capter par l'activité fantasmatique des sujets et « fusionnent » affectivement avec leur groupe, par exemple en partageant l'illusion groupale au lieu de l'interpréter. Un troisième cas a été décrit mais non expliqué par l'école lewinienne sous l'expression de résistance au changement : l'expérience du travail psychanalytique dans les groupes nous a montré que dans un séminaire où les participants viennent pour « changer », la résistance au changement est une réponse de leur part à un fantasme non dit qui circule au niveau inconscient dans l'équipe d'interprétants, le fantasme de « casse » (cf. l'observation rapportée sous ce titre au chapitre 6).

La situation psychanalytique de groupe

Toute situation psychanalytique, individuelle ou groupale, thérapeutique ou formative, se fonde sur les deux règles fondamentales de non-omission et d'abstinence. Ces règles demandent évidemment à être aménagées en fonction des particularités du champ d'application.

La règle de non-omission ne saurait inviter, sous peine de cacophonie, chaque membre d'un groupe à dire en permanence tout ce qui se présente à son esprit. Dans un groupe, elle se présente sous trois volets. Elle est d'abord une règle de libre parole : les participants parlent entre eux de ce qu'ils veulent. Cette invitation à une liberté illimitée ravive dans l'inconscient de chacun à la fois les désirs refoulés et l'angoisse de transgresser l'interdit en les formulant ; d'où les équivalents collectifs du rêve nocturne que forgent les membres d'un groupe ; d'où, au début surtout, les inhibitions, la paralysie, le silence. La règle de liberté de parole est aussi une règle d'obligation de parler : participants et moniteurs ont à parler ensemble de ce qu'ils ont à dire dans la situation et ils n'ont pas autre chose à faire qu'à le dire (ce qui est déjà la règle d'abstinence). Enfin cette règle comporte l'opportunité pour les membres du groupe de faire part, en séance, des échanges qu'ils ont pu avoir entre eux (et qu'ils ne manquent pas d'avoir) en dehors des séances, lorsque ces échanges concernent le groupe dans son ensemble (règle implicite de restitution à ne pas formuler à l'avance).

Les trois volets conviennent surtout au petit groupe de discussion non directive. Les groupes de psychodrame, de relaxation, d'expression corporelle, le groupe large non directif appellent des consignes en partie différentes, en raison de la nature de la tâche ou de la dimension numérique des participants.

Par exemple, dans le groupe large, les consignes invitent à :

— exprimer ce qui est ressenti ici et maintenant ;
— parler à l'ensemble des participants de ce qui concerne le séminaire dans son ensemble ; par contre ce qui concerne les petits groupes de diagnostic ou de psychodrame a à être traité dans ces groupes respectifs.

En effet, la situation de séminaire requiert la différenciation de trois ordres de réalités, chaque problème ayant à être rapporté à son niveau correspondant :

— celui du petit groupe de participants (groupe de diagnostic, de psychodrame, d'exercices corporels, de relaxation, etc.) ;
— celui du groupe large (réunion plénière des participants et des moniteurs) ;
— celui du groupe des moniteurs.

Dans chaque situation, la règle est au départ énoncée avec ses modalités particulières par celui qui y assure l'interprétation. Le moniteur interprétant fait connaître de tous son statut en même temps qu'il formule les consignes. Il s'abstient jusqu'à la fin de toute autre conduite que de garantir les règles, de permettre au transfert de se développer sur lui et sur le groupe et de communiquer à tous ce qu'il a compris. Mais nous sommes déjà là dans la règle d'abstinence.

La règle d'abstinence est souvent omise, voire transgressée, par des moniteurs sans formation psychanalytique. C'est la raison pour laquelle il arrive à de tels moniteurs de se laisser gagner par l'illusion groupale et même d'assigner à l'expérience de formation le but de constituer un groupe fusionnel chaleureux ou d'y faire des rencontres nouvelles. Ils trouvent alors leur bonheur à partager avec les participants non pas tant la compréhension de l'inconscient groupal que l'euphorie de repas ou de distractions communes, voire de relations amoureuses ou sexuelles imprévues. Pour le psychanalyste, tous ces comportements sont des *acting out* contre-transférentiels. L'absence de rapports personnels réels entre le moniteur et les participants au cours et en dehors des séances pendant toute la durée de la session est une condition *sine qua non* d'instauration d'un transfert interprétable. La règle d'abstinence comporte plusieurs volets : le moniteur ne participe pas aux échanges verbaux qui ont lieu dans le groupe quand ceux-ci se rapportent à autre chose qu'à l'expérience vécue actuellement ensemble ; il s'abstient de parler de cette expérience avec des participants pris à part en dehors des séances (sauf dans le cas où il est nécessaire qu'il ait un entretien personnel à but psychothérapique avec l'un d'eux). A plus forte raison, il s'abstient de tous actes sexuels ou agressifs avec les participants pendant la durée de la session ; mais l'abstinence n'implique pas la rigidité et n'exclut ni les rapports sociaux courants et spontanés ni les contacts corporels requis par certains types d'activités de groupe. De leur côté, les participants sont invités à observer la discrétion en ce qui concerne le contenu des séances auprès des personnes étrangères à l'expérience.

Les règles d'un travail psychanalytique dans un champ plus complexe que celui du groupe, par exemple à l'intérieur d'un organisme médico-social, voire d'une entreprise économique, ne sont pas encore dégagées avec certitude. Mais il est clair que certaines formes de pédagogie ou de psychothérapie institutionnelles qui instaurent des expériences de groupe, en y supprimant tout ce qui équivaudrait à une règle fondamentale et en refusant d'y définir à l'avance un rôle d'interprétant, mènent au mieux à des versions collectives de la psychanalyse sauvage et au pire à des manipulations perverses des processus inconscients.

La situation de groupe de formation requiert par ailleurs des dispositifs complémentaires, dont les plus importants ont été réunis sous le vocable, emprunté aux théoriciens de la tragédie classique, de règle des trois unités :

— Unité de temps : les séances commencent et finissent à l'heure fixée ; elles sont d'une durée régulière ; elles requièrent l'assiduité ; leur nombre est arrêté à l'avance.

— Unité de lieu : les séances se déroulent dans la salle qui leur est affectée : chaque type de séance (groupe de diagnostic, psychodrame et exercices corporels, réunion plénière, etc.) dispose d'un lieu propre et détermine une relation particulière du corps à l'espace du lieu ; personne n'est propriétaire d'aucune place et le moniteur donne lui-même l'exemple en changeant occasionnellement de place d'une séance à l'autre.

— Unité d'action : une tâche précise est assignée aux participants pour chaque type de groupe : échanges verbaux, improvisation dramatique, relaxation, etc. ; cette tâche est leur unique activité pendant les séances.

Ces trois règles valent pour les moniteurs aussi bien que pour les stagiaires. Ceux-ci ne font aucune difficulté majeure pour s'y conformer s'il leur apparaît que ceux-là donnent à ces règles valeur de loi pour eux-mêmes dans leur conduite. Les consignes et le programme (les horaires, les locaux, le nombre moyen de participants possibles par groupe et par séminaire, les éventuels cartons portant les prénoms de chacun) constituent un système opératoire, doté d'une cohérence interne et apte à susciter des effets formateurs de changement chez les participants. Ce système opère en tant qu'institution symbolique. C'est lui qui exerce dans les groupes de formation la fonction instituante, et c'est en se référant explicitement ou implicitement à lui que le moniteur assume sa part de cette fonction.

Trois remarques sont à faire concernant l'opérativité de ce système. Premièrement, les participants peuvent se laisser aller à l'inquiétante expérience du processus psychique primaire parce qu'ils sentent que l'expérience est garantie par le système symbolique qui la fonde. L'activité symbolique ne peut d'ailleurs être opérante au cours de la formation sous la forme diachronique de l'interprétation que parce qu'elle est présente dès le départ sous la forme synchronique d'une organisation instituante.

Deuxièmement, la prévention des décompensations psycho-pathologiques chez les participants tire également de ce système son fondement théorique et pratique, comme A. Missenard (1971, 1972) l'a développé en détail. Si, faute de percevoir clairement cette organisation symbolique ou faute de la respecter lui-même, le moniteur encourage le déclenchement d'effets inconscients en dehors des conditions permettant de les comprendre et de les traiter, alors les participants s'affolent, au sens strict du terme qui évoque la possibilité de la folie. Le délire, la tentative de suicide, l'accident, le délit finissent en effet par constituer les seules issues pratiques quand, les mécanismes habituels de défense ayant été levés, un sens pressant se met à circuler sans être reconnu et verbalisé. L'observation clinique confirme que ces éventualités se produisent quand des moniteurs travaillant ensemble sont séparés par des divergences profondes ou quand un moniteur travaillant seul attend d'un groupe la satisfaction réelle d'une demande pulsionnelle personnelle, alors que ces éventualités ne se produisent pas, ou d'une façon très vite récupérable, dans le cas d'une paire ou d'un groupe de moniteurs travaillant en cohérence au niveau symbolique.

En troisième lieu, la référence de la part du moniteur à un garant symbolique est double. C'est la référence à une équipe à laquelle il appartient et qui lui fournit l'occasion d'activités pratiques et de discussions scientifiques ; c'est aussi la référence à une expérience clinique fondée sur une méthode — ici en l'occurrence la psychanalyse — dont il a éprouvé sur lui-même et sur d'autres, individuellement et en groupe, la validité, référence qui lui permet, par analogie avec cette confiance dans le processus psychanalytique que Freud, dès *les Etudes sur l'Hystérie* (1895), assigne au psychothérapeute, d'avoir la certitude de l'intelligibilité des processus inconscients lorsqu'ils se déroulent dans une situation du type psychanalytique.

Le système symbolique requiert-il d'autres règles que celles énoncées ci-dessus ? Nous avons abandonné la règle du tutoiement après nous être rendu compte qu'elle facilitait l'illusion groupale. La règle invitant à s'appeler par son prénom semble fondée, car elle apporte une aide instrumentale aux communications entre une pluralité de personnes et respecte l'anonymat des noms de famille, mais elle n'a pas à être imposée.

Toute autre règle, consigne ou recommandation que la règle fondamentale et ses variantes découlant des variables spécifiques de la situation sont des instruments de défense contre le transfert, instruments mis au service aussi bien des participants que des moniteurs.

Le travail psychanalytique dans les groupes

Dans une situation instituée selon un modèle psychanalytique par des moniteurs familiers avec la démarche de pensée psychanalytique peut s'effectuer chez les participants comme chez les moniteurs un travail de nature psychanalytique.

D'un côté, les participants engagés dans un processus inconscient de transfert, arrivent à l'élaborer par un travail de symbolisation. De l'autre côté, les moniteurs se dégagent de leur contre-transfert inconscient par un travail d'inter-analyse, et ils saisissent et communiquent le sens du transfert par un travail d'interprétation.

La différence entre le travail psychanalytique dans les groupes et dans les cures individuelles découle des deux particularités essentielles du transfert en situation groupale. La première, la tendance au clivage, a été décrite plus haut. La seconde a été pressentie, dès 1963, par Pontalis dans son article des *Temps Modernes* sur « Le petit groupe comme objet » : en plus du transfert central des participants sur l'interprétant et de leurs transferts latéraux les uns sur les autres, la situation psychanalytique groupale suscite un « transfert » sur le « groupe » pris inconsciemment par eux comme objet d'investissement pulsionnel et fantasmatique. La formation psychanalytique individuelle est une condition nécessaire mais non suffisante pour élucider ces deux aspects du transfert. La vie agitée des Sociétés de psychanalyse a montré depuis longtemps la propension des psychanalystes, quand ils se réunissent, à cliver le bon et le mauvais objet et à déplacer, sur la relation au groupe et aux autres, la part inconsciente de leurs propres relations objectales qu'ils s'abstiennent de déployer dans leur conduite des cures. Cette propension n'a d'égale que leur résistance à analyser entre eux ces mécanismes : aussi un psychanalyste chevronné comme Martin Grotjahn (1974) en est-il venu à penser que l'expérience d'un groupe psychanalytiquement mené serait nécessaire à tout psychanalyste en formation. C'est là où l'expérience du groupe « large » (c'est-à-dire de la réunion plénière menée comme un groupe non directif) s'avère indispensable aux participants aussi bien qu'aux interprétants. En effet, les petits groupes, parce qu'ils sont conduits par un ou deux interprétants et plus exposés à l'illusion groupale, parviennent mal à élucider ces formes de transfert, tandis que l'équipe des interprétants, présente en entier dans le groupe large, offre la surface projective appropriée au déploiement et au déchiffrement du transfert négatif clivé et des représentations fantasmatiquement investies sur l'objet-groupe. Ainsi les moniteurs deviennent l'objet du transfert parce qu'ils sont supposés non seulement être analystes mais former un groupe. Nous avons nous-même apporté la contribution complémentaire suivante au déchiffrement du transfert groupal : la rivalité qui s'observe toujours à un moment donné dans la réunion plénière entre les membres des différents petits groupes se joue par rapport à l'équipe organisatrice et interprétante et demande à être interprétée comme rivalité des frères pour obtenir l'amour et la préférence des parents.

Si les deux formes propres au transfert groupal sont acceptées et entendues des moniteurs, les participants s'engagent dans un travail collectif de symbolisation. R. Kaës (1971 *b*) a vu le premier que les deux modes spécifiques, dans une situation de groupe, d'élaboration secondaire d'un matériel fantasmatique latent sont le mythe et l'idéologie. Nous-même, nous avons remarqué que dans un groupe l'émergence du processus de symbolisation se reconnaît à ce que le discours collectif commence à contenir des figurations symboliques de la situation *hic et nunc* (cf. les thèmes de l'auberge espagnole, de *Huis Clos,* de la *Cène,* du tribunal révolutionnaire, etc.). Nous avons également constaté que l'interprétation ne devient recevable par les participants que si leurs échanges verbaux ont accédé à cette symbolisation.

Le progrès de la symbolisation s'effectue en deux étapes chez l'enfant. En transposant sur le plan d'un échange symbolique la relation primitive, fusionnelle et charnelle avec la mère, la première étape conditionne l'acquisition de la parole. La seconde étape, marquée par l'affrontement à la problématique œdipienne, permet l'accès à un autre type d'organisation symbolique, celui qui fonde les lois naturelles et sociales. Les participants retirent une formation d'une expérience de groupe si le travail collectif de symbolisation a porté sur ces deux niveaux : le premier correspond à la sublimation réparatrice des positions persécutive et dépressive envers l'imago maternelle, c'est-à-dire au dépassement de l'angoisse, que tout groupe traverse nécessairement, de la perte de la mère ou de la destruction de soi. L'autre niveau, œdipien, s'exprime dans les groupes par la thématique du meurtre collectif du père et par les thématiques annexes de la chasse aux usurpateurs et du tabou de l'inceste.

La conduite psychanalytique des groupes de formation permet d'éclairer sur bien des points la façon dont les processus psychiques inconscients interviennent dans les groupes réels, et d'envisager la possibilité d'interventions véritablement psychanalytiques (et non pas seulement psychosociologiques ou psychothérapiques) dans les groupes réels et les institutions. Bion (1961), qui a été le premier à s'engager dans cette voie, a vite constaté qu'un ensemble d'individus n'arrive à se comporter en « groupe de travail » que si les « présupposés de base » inconscients qui captent l'énergie psychique de ses membres ont été levés. C'est là où, selon nous, le travail de la symbolisation à ses deux niveaux est capital. Si ce travail s'effectue de lui-même, s'il est réenclenché spontanément par une crise intérieure ou induit par une intervention de type psychanalytique, un groupe naturel peut faire plus qu'élaborer en mythes et en idéologies ou que décharger dans des agirs les scénarios fantasmatiques qui circulent entre ses membres. Il peut parvenir à des perceptions plus exactes non seulement du secteur de la réalité extérieure, physique et sociale, qui le concerne, mais aussi de sa propre réalité interne ; il peut faire reconnaître de ses membres les règles auxquelles leurs actions et leurs pensées ont à se soumettre pour accomplir l'œuvre qu'ils veulent réaliser en commun ; il peut différencier les rôles, les statuts et les fonctions parmi eux ; il peut, s'étant dégagé du temps circulaire de la répétition inconsciente, s'engager dans la durée irréversible du temps postœdipien, qui est aussi celui de l'histoire ; il peut se donner des buts qui ne se réduisent pas à la satisfaction des désirs et à la réalisation des possibilités de ses membres, mais qui, en plus, visent à certaine utilité sociale ou contribuent à la protection de l'être ou au mieux-être d'autres individus.

Examinons, pour terminer, le travail psychanalytique des moniteurs. La perlaboration du contre-transfert est une tâche capitale, car le moniteur interprétant risque de développer, dans la situation groupale, tout comme les participants, une relation d'objet inconsciente au groupe. Pour amener à verbalisation cette relation d'objet inconsciente, la perlaboration requiert des discussions avec un tiers sur la façon dont le moniteur vit l'expérience qu'il a instaurée, sur ses réactions manifestes ou réprimées, sur ses attentes et ses craintes à l'égard du groupe qu'il conduit. Il est préférable que ce tiers soit lui-même psychanalyste, formé aux méthodes de groupe et qu'il assiste à la session. Une telle discussion ne ressemble pas à une supervision psychanalytique, où un débutant vient rendre compte de la conduite d'une cure à un confrère chevronné. Elle s'apparente plutôt à un contrôle réciproque entre des interprétants engagés dans la même expérience (le moniteur et l'observateur non participant dans un groupe de diagnostic, le couple de psychodramatistes, l'équipe organisatrice d'un séminaire). La présence d'un interlocuteur pendant toute la durée d'une session de groupe est une nécessité régulatrice pour l'interprétant. De plus, pour la formation d'un futur moniteur, la façon dont il assume ce rôle d'interlocuteur représente une étape décisive.

Dans un séminaire, c'est le groupe entier des moniteurs qui a à effectuer sur lui-même ce travail, que, dès 1970, René Kaës (1982) a appelé dans ce cas l' « analyse intertransférentielle ». Il s'agit d'une élucidation en commun de la résonance fantasmatique — autrement dit des contrecoups — que le transfert collectif portant sur les moniteurs en tant que constitués en groupe exerce sur leur groupe même. Dans un séminaire, l'équipe des moniteurs est là pour « réaliser », en les intériorisant dans son propre vécu groupal, les fantasmes mobilisés chez les stagiaires par la situation de formation en groupe. Cette « réalisation » symbolique, au sens où le rêve nocturne réalise les désirs latents du rêveur, fournit le moyen terme indispensable, la médiation épistémologique nécessaire pour amener l'objet présent (les processus groupaux inconscients) à devenir l'objet d'un savoir concret.

La prise de conscience de la résonance transférentielle requiert que les moniteurs la différencient de deux autres phénomènes avec lesquels elle se trouve confondue dans leur vécu groupal et qui sont :

— les résistances individuelles et la résistance groupale des moniteurs au transfert collectif des participants ;

— les désirs inconscients que les moniteurs cherchent à réaliser dans les activités de formation et dans leurs relations d'objet à l'égard de leur propre groupe.

Tant que persiste la confusion des trois éléments, un travail sérieux d'interprétation reste impossible. Leur différenciation ne va pas pas sans résistance ni crise entre les interprétants. L'homogénéité de leurs formations personnelles, leurs complémentarités fantasmatiques, leur expérience de l'auto-analyse collective, les références à une histoire commune, l'amitié silencieuse ou explicite qu'ils se portent, sont autant d'adjuvants pour surmonter les difficultés de la perlaboration du contre-transfert en situation de groupe.

Cette tâche préliminaire étant remplie, le travail d'interprétation proprement dit peut s'accomplir. Comme en psychanalyse individuelle, il arrive que l'interprétation correcte et opportune soit trouvée et communiquée par le moniteur dans le mouvement même d'une séance : c'est l'interprétation-surprise. Le reste du temps, elle est préparée, voire mise à jour, par l'analyse inter-transférentielle : c'est l'interprétation-construction. Dans le cas du couple de psychodramatistes ou de l'équipe organisatrice d'un séminaire, le maniement de l'interprétation-construction (qui la formulera en séance ? à quel moment ? sous quelle forme ?) fait l'objet d'une délibération et d'une entente préalables.

Ezriel (1950, 1966) a formulé deux règles qui commanderaient le travail d'interprétation en situation de groupe thérapeutique ou formatif :

— à la différence de l'interprétation « mutative » propre à la cure individuelle et qui fait toucher du doigt dans un conflit actuel la répétition d'une situation infantile, l'interprétation groupale est anhistorique : elle énonce les angoisses, les défenses et les désirs inconscients *actuels,* c'est-à-dire qu'elle porte exclusivement sur l' « ici et le maintenant » du groupe ;
— l'interprétation n'est pas donnée individuellement à un participant ; elle est adressée collectivement à l'ensemble (mais il convient selon nous d'ajouter que le démontage des rôles joués par des individus dans un processus d'ensemble est tout aussi nécessaire, notamment quand il s'agit d'un cas de leadership).

L'expérience nous a enseigné depuis quelques règles annexes que nous avons développées dans le chapitre « Le moniteur et sa fonction interprétante » (1972), du recueil collectif, *Le travail psychanalytique dans les groupes* (tome 1), et dont nous résumons ici les plus importantes :

— Interprétation du transfert : dans les premières séances d'une session, le transfert est à chercher du côté de ce qui n'est pas dit dans le discours collectif des participants : dans les dernières séances, il s'exprime d'une façons littérale dans les toutes premières phrases prononcées, souvent sur un ton d'*aparté,* au moment où commence la séance, ou même dites comme si la séance n'était pas encore commencée.
— Interprétation du silence : des silences collectifs, durables ou répétés, expriment généralement une angoisse persécutive devant la situation de groupe vécue comme mauvaise mère ; l'interprétation porte alors sur la présence inavouée dans l'esprit des participants d'une crainte de la « casse » que de telles méthodes de formation sont censées risquer de provoquer chez eux (cf. le chapitre 6 consacré aux fantasmes de « casse »).
— Interprétation des *acting-out* : tout *acting-out* pendant une séance ne doit être ni réprouvé ni passé sous silence ; il a à être compris dans le transfert et interprété le plus tôt possible. Par exemple, à la dernière séance d'une session, un participant boit ostensiblement à une bouteille en suçotant le goulot ; les commentaires qu'il sucite dans le groupe montrent qu'il a exprimé là un désir collectif, que les autres participants n'ont pas encore pu dire dans leurs discours, et que le moniteur a à verbaliser : le désir de s'incorporer la bonne parole ou le bon lait du moniteur avant la proche séparation finale. Autre exemple : une déclaration d'amour pendant une séance entre un participant et une participante signifie dans leur rapport

entre eux un désir de transgression de l'interdit de l'inceste et dans leur rapport au groupe une fuite de la situation de groupe dans le couplage ; il convient donc de faire de ces deux processus l'objet de l'interprétation.

Groupe thérapeutique, groupe formatif, groupe naturel

Nous venons de traiter de la méthode psychanalytique appliquée à certains types de groupes de formation, isolés ou intégrés dans un séminaire résidentiel. Il conviendrait, à partir des principes généraux que nous avons exposés, de dégager d'une façon analogue les règles spécifiques qui président à la conduite, dans une perspective psychanalytique, d'autres groupes de formation ou de ces mêmes groupes orientés vers un but thérapeutique.

Le même problème de transposition et de généralisation se pose à l'égard de l'intervention de type psychanalytique dans les groupes sociaux réels : quelles sont ses conditions de possibilité ? Quelles sont ses règles d'opérativité ? Nous avons dû nous contenter de faire pour le moment allusion à quelques éléments de réponse. Nous voulons exprimer ici, pour conclure, une certitude et une confiance. La certitude que les processus inconscients spécifiques des situations groupales sont les mêmes dans les groupes de formation, dans les groupes thérapeutiques et dans les groupes sociaux réels. La confiance qu'au prix des aménagements adéquats qui restent à trouver, le modèle ci-dessus présenté sera opératoire pour la compréhension psychanalytique des groupes sociaux réels et pour des interventions fondées sur une telle compréhension.

2 L'imaginaire dans les groupes

Nous rassemblons dans ce chapitre des documents afférents à deux exposés prononcés respectivement le 21 octobre 1964 à une réunion scientifique du CEFFRAP et le 19 février 1965 à la faculté des lettres et sciences humaines d'Aix-en-Provence. Nos notes en vue de ce premier exposé étaient restées inédites, encore qu'elles aient servi à certaines de nos publications ultérieures. C. Pichevin, que nous remercions pour la justesse avec laquelle il s'est acquitté de sa tâche, avait établi, du second exposé, un compte rendu que nous avions revu et qui fut publié dans les Cahiers de Psychologie, *en 1966 (t. IX, n° 1, pp. 7-10). Ce sont ces notes et ce compte rendu que nous reproduisons à quelques rares modifications de style près. Nous avions intitulé le premier exposé : « La réalité imaginaire des groupes », et le second : « L'imaginaire dans les groupes. » C'était la première fois où la notion — bien vague mais stimulante — d'imaginaire se trouvait appliquée au groupe, ouvrant la voie à une orientation de pensée nouvelle, du moins en France, et que nous-mêmes n'avons depuis, et plusieurs autres avec nous, cessé de développer.*

A. La réalité imaginaire des groupes

Le groupe, mise en commun de quoi ? Critique de Lewin

Tout groupe est une mise en commun : ceci est une remarque de bon sens, que les groupologues n'ont pas manqué de répéter sous diverses formes et formules ; c'est presque une définition tautologique. Les difficultés commencent avec la question : mise en commun de quoi ?

L'imagerie populaire propose une réponse idéalisée : le groupe, c'est la mise en commun des énergies, des enthousiasmes, des capacités, par le moyen d'une discipline librement consentie. La sociologie naissante, avec Durkheim et son école, conserve l'essentiel de cette réponse en forgeant l'hypothèse d'une conscience collective et en l'articulant aux trois domaines mentaux décrits par la psychologie classique : le groupe, c'est la mise en commun des représentations, des sentiments et des volitions ; et dans les groupes comme chez les individus, les représentations, c'est-à-dire les perceptions et les idées, doivent contrôler les sentiments et commander aux volitions. Au XIXe siècle, en France, d'autres sons de cloche essaient sans grand succès de se faire entendre. Pour Fourier, tout groupe est une mise en commun des passions ; si cette mise en commun est désordonnée, anarchique, tumultueuse, le groupe ne peut se maintenir et travailler que par une contrainte extérieure, coûteuse et pénible ; le phalanstère, c'est la mise en commun harmonieuse des passions, dans leur totale diversité et dans leur complémentarité naturelle. Pour Tarde, le groupe c'est l'imitation, par une sorte de suggestion quasi hypnotique, de ceux qui, en petit nombre, inventent. Freud approfondit par la suite cette idée : le groupe, c'est l'identification des membres au chef et entre eux.

A partir de 1930, se constitue une science des groupes, distincte de la psychologie individuelle et de la sociologie. Pour Moreno, le groupe, c'est la mise en commun des sympathies et des antipathies, et leur distribution selon les schémas de la sociométrie. Pour Mayo, le groupe, c'est une mentalité commune, avec ses normes propres, sa logique propre ; le groupe autonome, caractérisé par un fort sentiment d'appartenance au groupe chez ses membres, libère les possibilités individuelles et en facilite la réalisation, à l'avantage des intéressés aussi bien que des organisations qui les emploient. Pour Lewin, le groupe, c'est l'interdépendance, non seulement entre des individus, mais aussi entre les variables qui interviennent dans le fonctionnement du groupe ; le groupe démocratique permet une participation plus active des membres dans la détermination et la poursuite des buts, une meilleure mise en commun des ressources psychologiques de chacun, une résolution continue des tensions. Pour Bales, le groupe, ce sont des séries de communications entre les membres ; le groupe, du moins celui dont les membres se réunissent en face à face pour discuter, ne progresse que par une mise en commun des perceptions que chacun a de lui et des autres.

Toutes ces conceptions reposent sur des faits de groupe observables, chaque conception privilégiant certains faits. Les faits en question sont constatés quand on se place au niveau global, molaire, du groupe. Ces faits sont eux-mêmes des résultantes de processus psychiques qui se déroulent dans les individus membres du groupe et entre eux, c'est-à-dire au niveau moléculaire. La sociométrie de Moreno, la dynamique des groupes de Lewin, l'interactionnisme de Bales reproduisent l'attitude behavioriste que Watson avait au début du siècle assignée à la psychologie individuelle : ici l'organisme vivant était étudié dans son comportement réactionnel à certains stimuli ; ce qui se passe dans l'organisme, entre l'excitation et la réponse n'intéressait pas le behavioriste, qui laissait cette question au physiologiste ; le domaine de la psychologie, c'est le lien entre le stimulus et la réponse. Semblablement, le psychologue groupal décrit le lien entre les affinités interindividuelles et le moral d'un groupe ; si les antipathies dépassent un certain seuil, et s'adressent notamment aux responsables du groupe, le moral sera bas ; si les sympathies sont nombreuses, largement réparties, si les responsables en ont leur part, le moral sera élevé. Mais pourquoi tel individu éprouve pour tel autre de la sympathie, de l'antipathie, de l'indifférence ? Comment ces impressions affectives se renforcent-elles, se modifient-elles ? La sociométrie est silencieuse là-dessus. Lewin constate qu'une décision de groupe, quand le groupe se sent libre et solidaire, peut être plus forte que les préférences individuelles qui pousseraient les membres à agir en sens inverse ; autrement dit, le stimulus, c'est le sentiment d'appartenance au groupe ; la réponse, c'est la modification des habitudes individuelles : ainsi les ménagères américaines, pendant la dernière guerre mondiale, répugnaient à acheter certains morceaux de viande (rognons, cœurs, ris de veau) ; réunies en petits groupes, elles découvrent les raisons économiques et diététiques de consommer ces morceaux, les recettes qui permettent d'en faire des plats agréables et un bon nombre d'entre elles mettent à exécution la décision collective d'en acheter. Mais pourquoi ce dégoût pour ces morceaux ? Les discussions font apparaître que c'est à cause de leur odeur et de leur consistance. Mais qu'est-ce que cette odeur et cette consistance ont de particulier, qu'est-ce qu'elles évoquent aux ménagères de si redoutable, quel nœud affectif touchent-elles, quel émoi déclenchent-elles pour que ce refus d'achat soit si puissant et si répandu ? Et comment la discussion a-t-elle permis, sans aborder explicitement cette question, de surmonter la répugnance ?

On devine la réponse. L'article de Lewin y fait une allusion pudique et aussitôt perdue de vue : le rognon évoque l'odeur de l'urine ; le ris de veau, la consistance des testicules ; le cœur, enfin, évoque le sang qui bat, qui coule, la crainte des blessures, des opérations, des mutilations ; sa consistance caoutchouteuse éveille des souvenirs inconscients du biberon et du sein. De tous ces bas morceaux se dégage pour la ménagère une impression vague, diffuse que l'analyse psychologique décomposerait en représentations visuelles et tactiles des morceaux de sein et de sexe, empoignés, découpés, sucés et dévorés, sur lesquels flottent le fumet âcre, attirant et défendu des secrétions urinaires et sexuelles et la menace d'un bain de sang en guise de châtiment. Les nœuds psychologiques touchés par ces bas morceaux, dont le nom même fait penser au « bas » du corps — la zone du plaisir, du mystère et du sale —, sont ceux du sevrage et de la castration et du danger des désirs « bas », liés aux parties érogènes du corps. A mots couverts, c'est tout cela qui a été discuté dans ces petits groupes de ménagères ; ces questions qu'on n'aborde jamais, qu'on garde pour soi seule, elles les ont mises en commun, se découvrant semblables sur ce point. Leur groupe n'a pu être la mise en commun des raisons — patriotiques, budgétaires, caloriques et gastronomiques — de consommer ces morceaux que parce qu'au préalable, il avait été la mise en commun des fantasmes, des angoisses, des émois associés chez chacune à ces morceaux, et ceci pour des raisons qui peuvent être variables dans l'histoire individuelle de chacune mais qui entrent en consonance avec les motifs des autres.

Le sentiment d'appartenance au groupe, dont la force a, selon Lewin, déclenché la détermination d'achat chez les ménagères en rendant cette détermination plus puissante que les « préjugés » liés à leur dégoût, ce sentiment d'appartenance ne provient pas, comme le laisse entendre Lewin, du fait que chaque ménagère a pu participer activement à la réunion habilement dirigée par un psychologue et y découvrir où était son intérêt véritable et qu'elle avait cet intérêt en commun avec d'autres. Ainsi la participation entraînerait une plus grande adhésion aux conclusions et la solidarité entre les intéressées. La situation de groupe aurait permis aux ménagères l'examen objectif d'un problème (l'achat et la préparation de la viande) que chacune séparément était incapable de discuter avec la même objectivité dans son for intérieur, si même il lui était jamais venu à l'esprit d'en discuter. Or c'est là une vue rationalisée des choses. Combien de réunions où la participation de tous est très active, où toutes les raisons sérieuses sont envisagées, où l'intérêt commun est évident, n'arrivent pas à une conclusion ferme, unanime, valorisée et suivie d'effet ?

Les ménagères ont pu parler dans ces réunions de quelque chose qui leur tenait à cœur : elles ont pu en parler car la réunion était non directive et qu'elles n'étaient pas trop nombreuses : ceci est une condition, mais non une cause, car il y a beaucoup de réunions non directives où les gens n'arrivent pas à parler de ce qui leur tient à cœur, surtout s'ils savent que c'est ce que l'on attend d'eux. Il y a des gens qui jettent à la figure des autres ce qui leur tient à cœur : c'est une façon de s'en débarrasser, ou de quémander ou d'accuser ; et si cela est ressenti comme tel, la discussion est tuée. D'autres pour rien au monde ne confieraient ce qui leur tient à cœur, sinon à de rares intimes et à des moments exceptionnels, donc surtout point dans un groupe. S'ils sont trop nombreux ou trop fermés, la discussion sera vide et vaine. Une réunion ne marche que si quelques-uns parlent de choses qui leur tiennent à cœur et que si cela rencontre un écho chez tous ou presque tous les autres. J'entends une réunion qui vise à modifier certaines habitudes, attitudes, ou idées des participants. Dans ces réunions de ménagères, l'écho se produisait, car le thème s'y prêtait, la personnalité de ces femmes, volontaires de la Croix-Rouge, s'y prêtait et la personnalité de l'animateur s'y prêtait.

Que veut dire « faire écho » ?

Le groupe est une mise en commun des images intérieures et des angoisses des participants.

Le groupe, lieu de fomentation des images

Le groupe est un lieu de fomentation des images. Dès que des êtres humains sont réunis pour travailler, pour se distraire, pour se défendre, pour voler et pour tuer, pour croire, pour changer le monde, pour être instruits ou soignés, des sentiments les traversent, les agitent, des désirs, des peurs, des angoisses les excitent ou les paralysent, une émotion commune parfois s'empare d'eux et leur donne une impression d'unité, parfois plusieurs émotions s'entrebattent et déchirent le groupe, parfois plusieurs membres se ferment et se défendent contre l'émotion commune qu'ils ressentent comme menaçante, alors que les autres s'y abandonnent avec résignation, avec joie, avec frénésie ; parfois aussi tous se replient devant l'émoi envahissant et le groupe est morne, apathique, verbeux.

Une réunion administrative bute sur une question de procédure, s'éternise sur un point secondaire, coupe des cheveux en quatre, grossit des difficultés là où il n'y en a pas, est aveugle là où il y en a, livre la place aux règlements de compte entre les personnes, tourne le dos à son ordre du jour et part à la dérive, se complaît dans les problèmes qui ne sont pas de son ressort, élude ses responsabilités, monte en épingle des bruits, des suppositions, des intentions machiavéliques attribuées aux supérieurs, aux subordonnés, aux services voisins, aux concurrents, néglige des renseignements essentiels qu'elle possède, omet de s'informer là où manquent les renseignements, confie une tâche à celui qui est le moins fait pour réussir, critique et détruit tout ce qui lui est proposé et arrête n'importe quelle conclusion qu'en sortant les membres oublieront aussitôt.

Une équipe dans un atelier, un laboratoire, sur un terrain de sport, se traîne, tire au flanc, triche ; ou elle rivalise avec d'autres, s'exalte, cherche à se dépasser, rêve d'un exploit ; ou encore elle s'isole, sa satisfait d'elle-même, se désintéresse des autres, cultive les différences avec eux ; ou bien elle devient hermétique, inaccessible, poursuit des buts cachés sous des activités de couverture, s'entiche d'idées et de pratiques peu orthodoxes ; ou elle se fragmente en coteries et en individualités, s'épuise en luttes de personne et de clans, accentue les sympathies et les haines ; ou elle se soude autour d'un héros, d'un maître, d'une grande figure, aimant qui attire la limaille des indécis, des sans-caractères, des peu doués, des inquiets, des râleurs, miroir aux alouettes pour ceux qui cherchent une vérité, une foi, un orgueil, une revendication et qui attendent la lune d'un autre ; ou enfin elle use les meilleurs d'entre ses membres, honnit ceux qu'elle a d'abord élus, consomme les idées, les énergies, les dévouements ; ses adeptes sont des prisonniers sur lesquels elle distille son venin, des agrumes qu'elle presse et qu'elle rejette, peaux vides.

Si cette réunion, cette équipe se comportent ainsi, c'est que certains émois déterminent ces comportements et qu'à leur tour ces émois sont déclenchés par le surgissement, dans le groupe, d'images précises, puissantes et inaperçues. Les frères d'un même monastère, les militants de la même cellule, les volontaires d'un hivernage polaire, l'équipage d'un sous-marin ou d'un bombardier atomiques, les internes d'une grande école, les naufragés de quelque Méduse, les pétroliers d'un forage au désert, répondent aux définitions élémentaires du groupe : ils ont le même intérêt, les mêmes besoins, ils affrontent ensemble la même situation, soit qu'ils la subissent, soit qu'ils aient délibérément choisi de s'y mesurer, et ils ne peuvent réussir qu'en restant étroitement solidaires. Tout les incline donc à se montrer coopératifs, bienveillants, disciplinés, unis. La réalité est très éloignée de cette logique ; on prend d'ailleurs là pour une donnée logique la plus banale imagerie d'Epinal qui soit. Les intellectuels aussi bien que les gens les plus simples ne cultivent-ils pas la rêverie nostalgique d'une vie groupale où les gens s'entendraient, se comprendraient, s'aimeraient, se dévoueraient à l'objectif commun, s'articuleraient les uns aux autres en un tout solide et souple ? Ne s'indignent-ils pas à bon compte des tensions, des malentendus, des drames, des ostracismes, des antagonismes dont tout groupe vivant et efficace ne manque pas d'être le lot ? La réalité est si éloignée de cette image idéale que les groupes se ferment à toute investigation objective qui établiraient les faits tels qu'ils sont pour le groupe et qui en chercheraient les causes.

Quel psychologue a pu pénétrer dans un couvent, dans une communauté religieuse de quelque confession que ce soit, dans un parti politique, pour en étudier le fonctionnement réel, pour observer la naissance et l'évolution des conflits, pour essayer de relier ce fonctionnement et cette évolution à des variables morphologiques, structurales ou psychodynamiques des individus ou du groupe ? Craint-on que ce psychologue ne constate que, des croyants, des militants, professant la charité ou la justice et réunis pour s'entraider à leur pratique sont déchirés par des haines inexpiables et injustes ? C'est pourtant là un lieu commun du roman et de la poésie, et ce serait un pas important, pour la science des relations humaines, s'il était démontré que le confinement, c'est-à-dire la privation des échanges avec le reste de la société et l'obligation de vivre en tête à tête avec le même petit nombre de personnes pendant un temps prolongé, exacerbait les pulsions hostiles entre ces personnes, et si l'on pouvait déterminer à partir de quel degré de privation, de quelle durée, de quelles dimensions du groupe, etc., cette réaction se produit ou disparaît. Quand la société refuse à la science les moyens pratiques de travailler et quand les savants n'ont pas le courage de soutenir des hypothèses qui déplaisent — alors même que l'histoire des sciences enseigne que cela s'est toujours passé ainsi —, c'est le littérateur qui, sous le voile de la transposition artistique, prend en charge les vérités méconnues. Ainsi Sartre dramaturge, dans *Huis Clos,* montre comment trois personnes condamnées à vivre ensemble sans pouvoir éteindre la lumière, ni s'isoler, se détestent : « L'enfer, c'est les autres. » Ainsi J. Cau, dans *la Pitié de Dieu,* décrit la vie des condamnés en détention perpétuelle partageant la même cellule et finissant par tuer l'un d'eux. De Gide à Mauriac, toute une génération de romanciers a pris pour thème le nœud d'amertume et de ressentiment qu'est souvent la famille moderne, dont les membres, réduits en nombre, vivent dans une étroite proximité affective. Les Scandinaves ont été si surpris et honteux que deux de leurs compatriotes — les premiers explorateurs à avoir réussi la traversée du Groenland à pied — se soient haï au bout de huit jours, couchant dans le même sac, voués à la mort s'ils se séparaient, ne s'adressant plus la parole que dans les dangers les plus graves de la route, refusant de se revoir après leur retour triomphal au pays, qu'ils ont préféré attribuer cette réaction au climat polaire plutôt qu'à la nature humaine.

La violence des émotions, la puissance des images qui déclenchent ou entretiennent ces émotions sont les phénomènes de groupe à la fois les plus patents et les plus masqués : les plus patents pour l'observateur ou même pour le participant naïf, les plus masqués pour les intéressés eux-mêmes, spécialement par leurs dirigeants. De même que la psychanalyse a découvert l'investissement narcissique intense, qui, en cas de maladie, de blessure physique, d'infériorité corporelle ou mentale, de point vulnérable dans l'économie émotionnelle de l'individu, se fixe sur la zone malade et la protège jusqu'à l'idolâtrie, de même il conviendrait d'élaborer la notion de blessure narcissique pour un groupe. Les groupes se sentent narcissiquement menacés lorsqu'on risque de mettre en évidence chez eux les points faibles qu'ils préfèrent se dissimuler à eux-mêmes et de ternir leur propre image idéale qu'ils entretiennent à grand frais. Ces deux mécanismes de groupe, investissement narcissique de certains secteurs de leur fonctionnement et défense contre la blessure narcissique, fondent une des résistances majeures à la recherche scientifique sur les groupes. Ce ne sont d'ailleurs pas les seules et nous aurons l'occasion, au fil de cette étude, d'allonger la liste de ces résistances.

Les exemples de défense contre la blessure narcissique sont innombrables. Elle représente la première difficulté souvent insurmontable pour le psychologue consulté par un groupe malade qui se méconnaît obstinément et qui voudrait recouvrer sa santé sans en payer le prix pénible et cependant le seul efficace qui est de reconnaître sa propre vérité. La gamme de telles situations de départ varie du cocasse à l'irritant et le psychologue a autant de chances de les faire évoluer en en riant ou en s'en fâchant devant le groupe ou ses mandataires qu'en leur en communiquant l'analyse savante et l'explication détaillée.

Prenons l'exemple — pour lequel j'ai été pressenti — des communautés juives fermées en Europe Occidentale. Elles sont en voie de disparition : avant qu'il ne soit trop tard, les juifs aimeraient les étudier pour mieux les connaître et pour mieux en garder la mémoire. Si elles s'adressent à un psychologue non juif, il est d'avance suspect non seulement de ne rien pouvoir comprendre mais même de contribuer, volontairement ou non, à alimenter la propagande antisémite par ce qu'il trouvera et dira. Si elles décident de donner à un juif de la communauté une formation psychosociologique, afin de lui confier l'enquête, on craint que ces études ne lui fassent perdre la foi et ne le déracinent du groupe. Si enfin il existe dans cette communauté un juif, psychologue de métier ou de vocation, et si on le sollicite, les résultats auxquels il aboutit sont rejetés avec indignation : il a été aveuglé — s'écrie-t-on — par son amour-propre, ou par sa méchanceté naturelle, ou par les théories psychologiques à la mode et qui ne tiennent pas debout. Il a grossi des réalités d'ailleurs bien connues et auxquelles on devrait se garder d'attribuer la moindre importance ; il fait le jeu d'une fraction avide de prendre le pouvoir ou de tout réformer.

L'apport de Bion

La méthode psychanalytique, appliquée aussi bien aux groupes réels qu'aux groupes psychothérapiques, a permis de mettre en évidence et d'explorer la dimension de l'imaginaire dans les groupes. L'apport de l'école psychanalytique anglaise, essentiellement constituée par des disciples de M. Klein, travaillant au Tavistock Institute et à la Tavistock Clinic de Londres, a été décisif.

L'expérience pilote semble avoir été celle de Bion (1961), psychiatre militaire anglais pendant la deuxième guerre mondiale. Bion avait la charge d'un hôpital de 400 hommes qu'il était impossible de traiter individuellement et chez qui règnaient l'indiscipline et l'anarchie. Il a idée de voir là une situation psychanalytique, où le patient est une communauté, de considérer l'attitude des soldats comme une résistance collective, d'adopter l'attitude de non-intervention de l'analyste dans cette réalité et de se limiter aux seuls rapports verbaux. Son but est de contraindre la collectivité à prendre conscience de ses difficultés, à se constituer proprement en groupe et à devenir capable de s'organiser elle-même. Bion promulgue un règlement devant tous : les hommes se réuniront par groupes ayant chacun pour objet une activité différente ; chaque groupe est libre, à tout moment, de cesser son activité et de regagner la chambrée, à condition d'en faire la déclaration à la surveillante-chef ; la situation d'ensemble sera examinée tous les jours à midi. Après une période d'hésitation, due aux habitudes régnantes, et au doute sur la bonne foi du médecin, des essais réels se multiplient au point qu'un groupe peut se spécialiser dans l'établissement du diagramme des activités en cours dans les autres groupes. Bion dénonce au début, dans leurs propres actes, l'inefficacité dont ils accusaient l'armée ; il refuse d'intervenir dans les affaires de vol et de tire-au-flanc, renvoyant les problèmes à eux-mêmes. Un esprit de corps se développe par étapes : protestations collectives contre les tire-au-flanc, recherches d'activités relevant le sentiment de la dignité personnelle, départ rapide des réadaptés. A son tour, cet esprit s'impose aux nouveaux venus et agit sur leur évolution personnelle.

Après la guerre, Bion s'occupe de la réadaptation des vétérans et des anciens prisonniers de guerre à la vie civile, par une méthode de psychothérapie de groupe très voisine du *T-group* alors mis au point aux Etats-Unis. Il cherche à comprendre les tensions qui se manifestent au cours des séances et il aboutit à deux énoncés fondamentaux :

— PREMIER ÉNONCÉ : le comportement d'un groupe s'effectue à deux niveaux, celui de la tâche commune et celui des émotions communes. Le premier niveau est rationnel et conscient : tout groupe a une tâche, qu'il reçoit de l'organisation dans laquelle il s'insère ou qu'il se donne à lui-même. La réussite de cette tâche dépend de l'analyse correcte de la réalité extérieure correspondante, de la distribution et de la coordination judicieuses des rôles à l'intérieur du groupe, de la régulation des actions par la recherche des causes des échecs et des succès, de l'articulation des moyens possibles aux buts visés de façon relativement homogène par les divers membres. Il s'agit là uniquement de ce que Freud a appelé les processus psychiques « secondaires » : perception, mémoire, jugement, raisonnement. Ils constituent des conditions nécessaires mais non suffisantes. Il suffit de mettre en groupe des gens qui se comportent habituellement de façon rationnelle lorsqu'ils sont seuls devant un problème pour qu'ils deviennent difficilement capables d'une conduite rationnelle collective. C'est qu'intervient le second niveau, caractérisé par la prédominance des processus psychiques « primaires ». Autrement dit, la coopération consciente des membres du groupe, nécessaire à la réussite de leurs entreprises, requiert entre eux une circulation émotionnelle et fantasmatique inconsciente. Celle-là est tantôt paralysée tantôt stimulée par celle-ci.

— DEUXIÈME ÉNONCÉ : les individus réunis dans un groupe se combinent de façon instantanée et involontaire pour agir selon des états affectifs que Bion dénomme « présupposés de base (1) ». Ces états affectifs sont archaïques, prégénitaux ; ils remontent à la première enfance ; on les retrouve à l'état pur dans les psychoses.

Bion décrit trois présupposés de base auxquelles un groupe se soumet alternativement sans les reconnaître :

— *Dépendance.* Quand le groupe fonctionne sur ce présupposé, il demande à être protégé par le *leader* dont il dépend pour sa nourriture intellectuelle ou spirituelle. Le groupe ne peut subsister sans conflit que si le meneur accepte le rôle qu'on lui attribue et les pouvoirs ainsi que les devoirs que cela implique. Le résultat peut alors n'être pas mauvais en apparence, mais le groupe ne progresse pas foncièrement. Il se complaît dans l'euphorie et la rêverie et néglige la dure réalité. Si le meneur refuse, le groupe se sent frustré et abandonné. Un sentiment d'insécurité s'empare des participants. Cette dépendance à l'égard du leader se manifeste souvent dans un groupe de diagnostic par un long silence initial et par la difficulté à trouver un sujet de discussion, le groupe attendant les suggestions du moniteur. La dépendance est une régression à cette situation de la petite enfance, où le nourrisson est à la charge de ses parents et où l'action sur la réalité est leur affaire, non la sienne. La dépendance répond à un rêve éternel des groupes, le rêve d'un chef intelligent, bon et fort qui assume à leur place les responsabilités.

— *Combat-fuite* (*fight-flight*). Le refus du présupposé de dépendance par le moniteur constitue un danger pour le groupe qui croit alors ne pas pouvoir survivre. En face de ce danger, les participants, en général, se réunissent soit pour lutter soit pour fuir. En ce sens, l'attitude combat-fuite est un signe de solidarité du groupe. Le danger commun rapproche les membres. Prenons un exemple. Un groupe de discussion libre prend comme sujet de discussion : « les enfants abandonnés ». La séance est ennuyeuse ; l'attitude de fuite domine ; peu de gens participent à la discussion. Puis le groupe évalue son travail. Les critiques pleuvent ; « on n'a rien fait », « c'était " futile " », « on n'y connaît rien ». Le moniteur constate alors qu'il s'agissait d'une fuite : le groupe a voulu prouver qu'il était incapable de se débrouiller seul. Les participants rient. Une discussion suit, animée, où les critiques abondent : à la fuite succède les attaques contre la situation et contre le moniteur. La conduite de combat-fuite peut prendre de nombreuses formes, plus ou moins camouflées.

— *Couplage.* Parfois, l'attitude combat-fuite aboutit à la formation de sous-groupes ou de couples. L. Herbert a cité l'exemple suivant. Dans un

(1) Cette traduction de *basic assumptions* nous semble plus correcte que celle, couramment employée, d' « hypothèses de base ».

groupe de diagnostic, on discute des « flammes amoureuses » dans les écoles de filles. Les femmes seules discutent. Les hommes se taisent, disant que le phénomène n'existe pas chez les garçons. A la séance suivante, les hommes seuls parlent : il y a donc eu clivage des hommes et des femmes. Enfin, à la réunion d'après, un homme et une femme se taquinent au sujet des discussions antérieures : on assiste à une véritable séance de « flirt agressif » (personne d'autre ne parle). Il s'était ainsi formé un couple. Celui-ci peut essayer de réformer le groupe entier (Bion parle d'une « espérance messianique » suscitée alors chez celui-ci), mais le couple représente un danger pour le groupe, car il tend à former un sous-groupe indépendant.

Les trois présupposés de base n'apparaissent pas en même temps. L'un prédomine et masque les autres qui restent en puissance. Ils constituent le système « protomental ».

Bion ne donne que des interprétations concernant le groupe tout entier et les présupposés de base sous-jacents à l'expérience collective. Une interprétation est la « traduction en termes précis de ce que le moniteur considère comme l'attitude du groupe vis-à-vis du groupe ». Le moniteur d'un groupe de diagnostic, le président d'une réunion, le professeur dans sa classe partagent les émotions communes aux participants. S'ils parviennent à s'analyser eux-mêmes, ils pourront d'après leurs sentiments juger quelle est exactement la situation imaginaire vécue par le groupe. Ils ressentent plus que les membres du groupe les frustrations, car ils sont chargés de faire travailler ce groupe et s'en sentent responsables ; le groupe ne s'aperçoit pas, par exemple, qu'il sabote le travail, mais l'animateur, plus sensible à ces sortes de fuites de la tâche, reconnaît la véritable nature d'un climat qui peut être consciemment amical. Les interprétations doivent tomber au bon moment, à propos. Le moniteur a à lutter contre la tendance naturelle de faire part de ses découvertes dès qu'elles se présentent à lui. Des révélations prématurées, données à tort et à travers, peuvent entraver ou détourner le travail du groupe. Il y a analogie entre les interprétations données par un animateur au groupe et les interprétations que donne le psychanalyste à son malade. Il convient de les sélectionner, non de les communiquer sauvagement. Le malade ou les membres du groupe doivent pouvoir accepter réellement la révélation non pas de façon superficielle et intellectuelle, mais activement et volontairement. Si les interprétations sont, soit acceptées passivement, soit refusées, il faut attendre : ou l'interprétation est fausse, ou bien les sujets ne sont pas encore préparés à la recevoir.

L'animateur. Pour Bion, le véritable animateur de groupe fait partie du groupe et en partage les croyances. Il n'a pas à convaincre le groupe de ses croyances personnelles. « Si le groupe est conduit par un individu tellement pris par les émotions du présupposé de base qu'il s'assimile au leader d'un groupe de travail, il devient facile d'expliquer les désastres du groupe car la qualification de son meneur n'était qu'apparente. » L'animateur a à prendre du recul, à être à la fois dans le groupe et hors du groupe.

Le groupe persécuté ou déprimé face au psychosociologue

Le mérite d'Elliott Jaques, un autre représentant de l'école anglaise, est d'avoir étendu à la compréhension des groupes réels les vues kleiniennes. Selon lui, les difficultés psychologiques rencontrées dans le fonctionnement des organisations économiques et sociales relèvent d'une des deux catégories fondamentales de l'angoisse, que les psychanalystes d'enfants connaissent bien, l'angoisse persécutive et l'angoisse dépressive. Rappelons que, selon M. Klein, la mutation décisive de la petite enfance s'effectue dès le premier semestre avec l'apparition successive de ces deux formes d'angoisse. Afin d'illustrer la conception de Jaques par des expériences qui nous sont personnelles, nous allons montrer comment celle-ci rend compte avec justesse de deux représentations imaginaires auxquelles se heurte communément le psychosociologue dans son travail, celle du cobaye et celle de l'espion.

Le psychosociologue, pense le groupe qui a émis la demande d'être traité par lui, est un étranger ; il n'est pas des nôtres ; il ne peut pas connaître nos problèmes comme nous qui les vivons tous les jours ; il y a des choses qu'il ne pourra jamais sentir. D'ailleurs, il ne s'intéresse pas à nous pour nous-mêmes, mais parce qu'il est ravi de trouver l'occasion d'appliquer ses méthodes et ses théories. Notre groupe n'est pour lui qu'un champ d'application de ses idées, qu'un terrain d'expérience. Pour lui, les résultats seront fort instructifs, même s'ils sont un échec. Mais pour nous, nous risquons de perdre les avantages, sûrs, connus, de notre fonctionnement actuel, pour nous lancer dans une aventure incertaine, pour gagner en remplacement des difficultés et des déceptions. Il faut toujours se méfier de l'inconnu. Nous ne voulons pas être traités en cobaye par le psychosociologue, par l'économiste, par l'ingénieur en organisation ou, d'une façon générale, par l'expert.

L'image du cobaye émerge quand le groupe est satisfait de lui, qu'il n'est pas en désaccord profond avec les organismes et les organisations auxquels il est rattaché ou apparenté et que sa résistance à l'intrusion est modérée. Le groupe redoute l'intervention extérieure comme risquant de mettre au grand jour ses faiblesses, ses infériorités ; l'émoi qu'il ressent est une anticipation de la honte, de l'humiliation, de la dévalorisation. Le groupe est dans une position dépressive ; mettre en question son propre fonctionnement, c'est être soumis à l'agressivité provenant de l'*out-group*, c'est risquer de perdre l'objet d'amour qu'il est pour lui-même, d'en être désapproprié et de perdre, avec l'amour, son bonheur et sa confiance victorieuse en lui-même.

Si le groupe est dans une position paranoïde-schizoïde, s'il projette au-dehors sa mauvaise conscience, s'il est en conflit ouvert ou larvé avec le secteur de la société globale dans lequel il s'insère, s'il trouve sa cohésion dans la lutte contre un ennemi, c'est alors l'image de « l'espion » qui domine sa conscience de façon diffuse. L'intrusion de l'*out-group* est vécue comme destructive ; c'est pour le groupe l'équivalent de cet envahissement du corps par le mauvais objet, fantasme fondamental chez l'enfant selon M. Klein. Cette intrusion est accueillie avec méfiance, avec la crainte de la persécution ; elle immobilise l'agressivité du groupe et la cristallise sur le corps étranger qui s'introduit dans l'organisme, l'enkyste et l'expulse violemment. Dans cette situation, rien de ce que l'étranger peut dire de fondé, d'objectif, ne peut être entendu : le psychosociologue, l'expert est le méchant par excellence ; ses paroles, du poison.

Observation n° 1 :

C'était vers la fin des opérations militaires en Algérie, après l'échec du putsch militaire. Il s'agissait d'un groupe d'officiers français, de grade moyen de la même Arme, et qui venaient d'être affectés comme instructeurs pour deux ans dans une Ecole militaire en métropole. Ces affectations sont normales, l'Armée formant elle-même les cadres dont elle a besoin. Elles avaient été décidées avant le putsch, et, en raison des lenteurs habituelles à toute administration, communiquées aux intéressés seulement après. L'affectation à une école n'est généralement pas accueillie avec enthousiasme par les officiers. La pédagogie n'est pas une activité très valorisée pour eux ; s'ils ont choisi le métier des armes, c'est par goût du danger et du commandement, non de l'enseignement. De plus, ils se savent inexpérimentés et sont envahis par l'angoisse habituelle au professeur débutant affronté à des élèves. Ces réactions sont renforcées en temps de guerre ; être retiré du combat pour se consacrer à des tâches quasi-civiles est vécu comme une diminution de soi, d'autant que l'état-major affecte d'office comme instructeur des officiers d'élite, appelés à être des exemples pour leurs cadets, et non des officiers blessés, fatigués ou médiocres, qui seraient plus facilement volontaires.

Conscient de la double difficulté que représente pour les instructeurs leur nouvelle fonction, motivation négative et inexpérience de l'enseignement, l'état-major avait résolu d'y pourvoir en faisant précéder leur prise de fonction d'un stage préalable assez long d'initiation et d'entraînement. Les officiers mutés ne voulurent pas croire que ce stage était conçu pour les aider. Ils venaient tous des zones d'opérations et s'y étaient distingués. Certains avaient participé au putsch et avaient été amnistiés ; presque tous avaient sympathisé avec lui. Enfin ils se connaissaient bien entre eux, ayant été camarades d'études ou de combat. La mutation avait été ressentie par eux comme une mesure disciplinaire camouflée : on les punissait de rester partisans de l'ancienne politique française en Algérie, alors que le gouvernement venait d'en changer ; on les retirait de l'Algérie pour les avoir à l'œil en métropole.

Ils ne croyaient pas que le stage pût leur être de la moindre utilité ; c'était du temps perdu, ou des grandes vacances. Quand ce fut le tour des psychosociologues d'intervenir pour les sensibiliser à la psychologie des groupes (chacun d'eux devait être responsable d'un groupe d'élèves) et les initier à diverses méthodes de formation, une image se présenta aux stagiaires et devint rapidement l'objet d'une croyance collective : les deux psychosociologues, deux civils d'ailleurs, étaient des « espions » envoyés par les bureaux pour noter leur loyalisme à l'égard des nouvelles directives gouvernementales. Ce soupçon faisait l'objet de toutes les conversations privées, mais rien n'en transpira pendant plusieurs jours aux oreilles des animateurs.

De là découla tout un comportement négatif des stagiaires : critique systématique des conférences, refus de travailler pendant les travaux pratiques selon les règles du jeu proposées, sujets dérisoires ou obscènes choisis pour les expériences de discussion libre, menaces envers les psychosociologues pour les obliger à partir, formulées d'abord en secret, puis communiquées aux intéressés par des émissaires complaisants.

Les psychosociologues sentaient bien la tension hostile croissante à leur égard, en même temps qu'ils se désolaient de l'échec du stage. Ils repoussèrent et la tentation de s'en aller et celle de requérir une intervention autoritaire du commandement de l'école : dans les deux cas, c'eût été céder aux désirs des stagiaires, leur donner raison, tomber dans le panneau de leurs constructions imaginaires. Ils décidèrent de résoudre le problème psychosociologique par une méthode psychosociologique et organisèrent, le quatrième jour, un psychodrame devant tous les stagiaires réunis, sur le thème : pour ou contre le stage et pourquoi. Plusieurs stagiaires vinrent jouer — à la perfection — les deux rôles pour et contre, mais ne dirent rien de plus que des arguments déjà échangés plusieurs fois de part et d'autre depuis le début ; aucune émotion collective ne se déclencha, ni aucun changement dans les états d'esprit. C'était à nouveau une mesure pour rien. Le lendemain matin, les psychosociologues jouèrent leur dernière carte. Ils constatèrent publiquement l'échec du psychodrame précédent, le maintien du malaise, le fait qu'invités à parler librement d'un sujet (méthode qu'ils auraient à appliquer eux-mêmes à leurs élèves et à laquelle un des buts du stage était de les entraîner), les stagiaires n'avaient rien de sérieux à dire, le fait aussi que tout ce qui se chuchotait dans les couloirs n'était jamais mis sur la table pendant les séances qui avaient précisément pour objet l'étude par le groupe de ses propres problèmes. Les deux animateurs décidèrent alors, suivant un plan concerté, de jouer tous les deux un dialogue ayant pour thème leur opinion sur les stagiaires, comme ceux-ci avaient représenté la veille leur opinion sur les psychosociologues. Ils communiquèrent exactement ce qu'ils pensaient, et dont ils ne s'étaient jusque-là entretenu que secrètement dans les couloirs ou le soir dans leurs chambres. Ils dirent ce que représentait pour eux un officier (le sentiment de l'honneur, le respect des décisions des chefs, la valeur morale, l'exemple humain, le courage et la droiture pour affronter les situations difficiles) et leur surprise de trouver ici un comportement d'insolence envers les civils, de résistance passive à l'affectation reçue, de désintérêt pour la formation de leurs cadets et pour le perfectionnement de leurs propres capacités. Ce dialogue fut écouté avec la plus grande attention, puis avec indignation, et, quand il fut terminé, un bouleversement émotionnel agitait l'auditoire. Les psychosociologues mettaient en question l'image traditionnelle, idéale de l'officier ; ils montraient des contradictions indiscutables dans le comportement des stagiaires. Ceux-ci, pour la première fois, comprenaient que les psychosociologues parlaient vrai. Jusque-là, ils avaient douté de la véracité de tout ce qui leur était dit et peut-être ceux qui la disaient avaient-ils jusque-là parlé par routine professionnelle, comme s'ils s'adressaient à un groupe impersonnel, et non pas à ce groupe-ci, avec sa vie, ses croyances, son drame propres.

Les stagiaires purent à leur tour parler vrai et, puisque le niveau des images était atteint, formuler celle qui les avait paralysés depuis quatre jours (et que les psychosociologues apprirent seulement à ce moment), la croyance en une activité d'espionnage par les prétendus psychosociologues pour le compte du haut état-major. La naissance, la propagande, le renforcement, la vérification de cette croyance imaginaire furent rapportés dans tous leurs détails et avec toute la gamme des motivations individuelles qui étaient entrées en jeu par tous ceux qui y avaient pris part. Au fur et à mesure que sa genèse était reconstruite, l'image se déchirait, c'est-à-dire que la croyance en elle se dissipait, qu'elle était reconnue comme une simple image, mais au prix d'un déchirement intérieur dramatique pour les membres du groupe qui avait trouvé la source de sa cohésion et de sa conduite dans cette image. Il fut à peine besoin que les psychosociologues ajoutent que leur déontologie — et leur conscience morale — leur interdisaient d'user de leurs techniques au détriment de ceux qui y étaient soumis et qu'ils auraient refusé d'animer ce stage dans une perspective de délation pour laquelle d'ailleurs ils n'avaient jamais été sollicités.

Le stage, au sens du travail rationnel, put enfin commencer. Il ne restait plus qu'une demi-journée, mais qui fut employée au maximum. Les futurs officiers instructeurs se mirent à parler librement entre eux, dans les séances de discussions non directives, de leur problème numéro un, jusqu'ici tabou, qui était la division de l'armée. Ils se mirent, je crois tous, d'accord pour formuler comme fil directeur de leur prochaine activité d'instructeurs la préservation et la valorisation de l'unité de l'armée, elle-même symbole de l'unité de la Nation, comme l'unité menacée et tard trouvée du stage entre civils et militaires, entre responsables et exécutants, entre l'action et sa mise en question, en avait été la réalisation symbolique en microminiature.

Le groupe, menace primaire pour l'individu.

De telles expériences nous ont amené à préciser l'idée que le groupe est une menace primaire pour l'individu. En effet l'être humain n'existe comme sujet que s'il a le sentiment de son unité, unité de son corps et unité de son psychisme. Psychologues et psychanalystes (Wallon, Gesell, Lacan) ont montré l'importance du stade du miroir dans la constitution de cette unité : l'enfant, devant le miroir, joue avec les images spéculaires ; quand il a reconnu que ce sont des images, et non des personnes réelles, et que, parmi ces images, l'une est l'image de lui, il contemple, fasciné, cette image qui l'assure de son unité corporelle et étaie sur un fondement visible la notion de son Moi. A partir de là, le Moi se constitue comme centre (imaginaire et idéal) de la personne, il est investi d'amour par le sujet ; dans ses relations avec le monde physique et social, le sujet rapporte tout à son Moi et juge de tout en se plaçant au point de vue de son Moi ; dans ses rapports avec autrui, l'affirmation de ce Moi et la volonté de domination sur les autres prédominent. La vie psychique et les relations interpersonnelles progressent et se compliquent avec la constitution d'autres instances : l'Idéal du Moi, le Surmoi. Le Moi s'enrichit d'identifications successives et de fonctions nouvelles. Néanmoins, le Moi archaïque subsiste comme garant de l'unité personnelle avec les caractéristiques indiquées plus haut, comme garant *imaginaire,* et donc fragile.

Dans la vie familiale, dans les relations amoureuses et amicales, dans les groupements où un lien personnel du registre de l'identification et de l'amour existe avec le maître ou la maîtresse ou le chef (la classe, le scoutisme, l'Armée, l'Eglise), le Moi est protégé, voire adulé, et les rapports entre les sujets humains impliqués dans ces relations relèvent de l'ambivalence (interaction de la haine et de l'amour envers l'objet aimé).

La situation de groupe en face à face (réunion-discussion, travail en équipe, vie communautaire) avec des partenaires qu'on ne connaît à peu près pas, en nombre supérieur à celui qui convient ordinairement aux relations sentimentales, sans une figure dominante par l'amour de laquelle chacun se sent protégé et uni aux autres, une telle situation est vécue comme une menace pour l'unité personnelle, comme une mise en question du Moi. Dans un assez vaste groupement, les autres sont ressentis, soit comme étant identiques à moi, soit comme n'ayant pas d'existence individualisée ; dans un groupe très petit (couple, coterie), chacun se sent sujet et cherche à obtenir de l'autre la reconnaissance et la satisfaction de certains de ses désirs. Dans le groupe en face à face, le nombre des partenaires est restreint, j'ai ou je peux avoir de chacun d'eux une perception individualisée et, réciproquement, chacun essaie ou peut essayer de me soumettre à son désir ; cette convergence sur moi d'une demi-douzaine ou d'une dizaine de désirs différents n'est pas supportable. Chacun veut que je sois pour lui ce qu'il attend et manœuvre pour que j'entre dans son point de vue, pour m'asservir à son Moi, me réduire à n'être plus qu'un objet de réalisation de ses désirs. Contre une ou deux personnes, je peux réagir en affirmant mon Moi, mes désirs. Contre une telle pluralité, je risque de ne plus exister pour moi-même, de perdre tout sens en étant écartelé entre tant de demandes diverses ; mon Moi s'éparpille, ma belle unité imaginaire se fragmente ; le miroir est brisé en plusieurs morceaux qui renvoient des images défigurées et différentes. La présence d'autrui en quantité à la fois multiple et restreinte, si aucune unité n'est donnée d'avance à ce rassemblement de petite taille, soit par l'adhésion très forte de chacun à un objectif commun, soit par l'attachement à une même personne, cette coprésence de plusieurs autres sans unité, éveille chez l'individu une angoisse d'un type particulier, l'angoisse de l'unité perdue, du Moi brisé ; elle fait resurgir les fantasmes les plus anciens, ceux du démembrement. Le groupe ramène l'individu très loin en arrière, là où il n'était pas encore constitué comme sujet, là où il se sent désagrégé. De plus, par son absence d'unité interne, le groupe impose à ses membres une représentation mentale très concrète de la dissémination des diverses parties de soi.

Dans les débuts de réunion, quand chacun est gêné, que les uns se retirent sur leur île et que d'autres foncent dans le tas et tentent d'accaparer le groupe — deux façons opposées de parvenir au même but : préserver son Moi mythique —, l'image sous-jacente à ces comportements et à ces émois anxieux, l'image commune au groupe — qui n'est pas encore groupe — est l'image du corps morcelé. Chacun participe à produire cette image, est effrayé par elle et cherche à la fuir. Le groupe n'a d'existence comme groupe que lorsqu'il a réussi à supprimer cette image en la dépassant. C'est là le premier travail, au sens dialectique, du groupe sur lui-même, l'*aufheben* constitutif.

La difficulté de ce travail, l'angoisse très forte, très primitive déclenchée par l'image du corps morcelé et renforcée par la facilité de sa contagion entre individus condamnés plus ou moins momentanément à être ensemble et ne pouvant échapper à une assez étroite proximité physique, rendent compte de toute une série de réactions souvent observées. Certains individus, figés et absents pendant la réunion, ressuscitent et ouvrent enfin la bouche dans les couloirs ou au café, à la sortie ou à la pause. Ils fuient en arrière. D'autres fuient en avant, meublent les silences à tout prix, réclament un programme et proposent sans arrêt des buts, que le groupe n'est ni motivé ni mûr à assumer. D'autres cherchent à commander, afin de restaurer l'unité factice du groupe et de leur Moi. D'où les idées qu'on entend ressasser, l'insistance et la hargne avec laquelle on les formule, et qui dénoncent bien l'angoisse sous-jacente, à savoir, par exemple, que les réunions ne servent à rien, qu'elles sont fatigantes, interminables, qu'elles usent les nerfs, qu'on y perd son temps, que seul dans son bureau ou entouré de sa fidèle secrétaire et de ses collaborateurs dévoués, on aurait plus efficacement œuvré, que les hommes travaillent mieux individuellement qu'en groupe ; ou encore qu'il est inutile de discuter quand on n'est pas d'accord (mais alors quand discuter ?) ou que la réunion n'avance pas parce que ce sont toujours les mêmes qui parlent ou qui se taisent et que tout irait mieux si les bavards devenaient silencieux et si les silencieux devenaient bavards (ce qui ne changerait rien à la structure du groupe).

Ceci rend compte également de la métaphore qui a été longtemps prise en considération par la philosophie politique, morale et religieuse au point de devenir une notion fondamentale du savoir pré-scientifique sur les groupes, la métaphore de l'organisme vivant. Cette métaphore a été dénoncée à juste raison par les pionniers de la psychologie des groupes et par Sartre dans sa *Critique de la raison dialectique* (1960) comme ne correspondant pas à la réalité objective du groupe et comme constituant un obstacle épistémologique à la constitution d'une véritable science des groupes. Mais ces critiques n'expliquent pas la permanence de cette métaphore au cours de l'histoire, la force en quelque sorte naturelle et inéluctable avec laquelle elle s'impose aux participants d'un groupe et à ses responsables.

Quand une pluralité d'individus réunis et angoissés par l'image omniprésente du corps morcelé ont réussi à la surmonter, à se rassurer, à se considérer, au niveau du perçu et du ressenti, comme des êtres humains, à éprouver une émotion commune agréable, un sentiment positif d'où peuvent naître des pensées et des actions concertées, pour décrire la mutation qu'ils viennent de vivre et la tonalité affective qui est maintenant la leur, ils invoquent le sentiment du « nous », la naissance d'une unité supérieure à chaque individu et à laquelle chaque individu participe ; le groupe est né, il est né comme « corps » vivant. Chacun s'en reconnaît « membre » (le langage courant a tiré ce surgeon de la métaphore biologique, au point qu'il n'y a pas de mot meilleur pour désigner les participants, les adeptes d'un groupe). Le groupe enfin soudé se différencie et s'organise ; la métaphore biologique reste toute-puissante : il se donne des « organes » de décision, d'exécution, de contrôle. Apothéose enfin, le groupe est reconnu par l'Etat, il s'institutionnalise, acquiert un statut juridique, touche des subventions : il est devenu un « organisme officiel », une « cellule » ouvrière de ces « corps » au troisième degré que sont par exemple les grands Corps de l'Etat et qui sont eux-mêmes des organes importants du « corps » social dans son ensemble.

Si l'unité retrouvée dans le groupe appelle, parmi tous les exemples possibles d'unité (arithmétique, chimique, sexuelle, architecturale, ...), la comparaison du corps vivant, c'est que ce corps remembré est l'image antagoniste, la négation dialectique, du corps démembré primitif. La métaphore peut être dérisoire, fausse sur le plan des faits, elle est vigoureuse, persuasive, efficiente comme le sont les idées-forces, parce qu'elle correspond à la réalité *imaginaire* du groupe, parce qu'elle exprime, à la manière des mythes, la transformation des images qui commandent le jeu des forces sous-jacentes.

Les métaphores du groupe

Certaines représentations collectives du groupe sont fortement idéalisées ; elles font du groupe le dépositaire de certaines valeurs ; elles fournissent de lui des schémas tout faits, dont il est difficile de se délivrer jusque dans l'abord scientifique de ce domaine.

1. *Le groupe comme organisme vivant.*

L'interdépendance des organes dans un corps vivant sert d'analogie traditionnelle pour signifier l'interdépendance des individus dans un groupe actif et bien soudé. L'origine de cette métaphore remonterait au consul romain Menenius Agrippa, vers 500 av. J.-C. Celui-ci aurait mis fin à une sécession de la plèbe en lui expliquant que les membres ne peuvent pas vivre sans l'estomac (et réciproquement) et qu'en apportant la nourriture à l'estomac, ils ont l'impression fallacieuse de travailler pour le profit d'autrui, alors que membres et estomac sont indispensables à la vie du tout dont ils reçoivent en retour protection et subsistance. Dans la première *Epître aux Corinthiens* (XII, 12-30), l'apôtre Paul, dénonçant les animosités et les querelles internes dans des assemblées chrétiennes, reprend pour les surmonter cette comparaison qui va marquer pendant des siècles les notions de groupe et de société. Les membres d'une communauté (et l'ensemble des chrétiens) sont — énonce-t-il — à la fois très diversifiés et solidaires ; aucun ne peut jouer tous les rôles ; les moins apparents sont parfois les plus utiles ; ces différences, loin de susciter des antagonismes, ont à être situées dans la perspective d'une interdépendance : tous les membres doivent se prêter mutuel secours. L'unité de toutes ces différences tient en ce que le même esprit les anime. Nous dirions de nos jours : unité de croyances et d'objectifs. Paul termine sur une vision mystique : « Vous êtes le corps du Christ, et vous êtes ses membres, chacun pour sa part. »

Le groupe est une totalité, dirions-nous aujourd'hui ; un tout différent de la somme de ses parties, énonçait Durkheim, à la fin du XIXe siècle ; et c'est vrai. Mais cela n'implique pas cette finalité interne constatée dans l'organisme vivant et pendant longtemps déifiée, qui fait que les parties concourent à la préservation du tout et à la réalisation de ses buts.

Ainsi christianisée, la métaphore biologique élargit son sens utilitaire premier en un sens spirituel. De même que l'âme exprime et assure l'unité du corps, de même d'un groupe ou plutôt d'un groupement uni se dégage un état d'esprit qui exprime et assure la valeur morale et l'efficience de ce groupement, c'est l'*esprit de corps.* La part de vérité contenue dans l'apologue romain et dans le texte paulinien (la vie et l'action au groupe requièrent la division des tâches, la complémentarité des rôles, la hiérarchie des fonctions et donc des personnes qui les remplissent, et, si cette organisation interne est acceptée par les membres et efficace dans les résultats pratiques, elle contribue à forger un moral collectif élevé) s'estompe au profit d'une mystique communautaire qui va exiger à tout prix l'instauration et le maintien d'un tel moral, sans se préoccuper de la réalisation des conditions préalables. Les grands groupements sociaux qui naissent au Moyen Age (l'Eglise) ou lors de la Révolution (l'Armée) exaltent cette mystique.

Les progrès de la biologie ne font que renforcer la métaphore. On apprend qu'un organe veille à l'unité d'ensemble du corps et assume la direction sur tous les autres : le cerveau. Les chefs deviennent alors les cerveaux du groupe ; les classes dirigeantes, les cerveaux de la société. On découvre l'équilibre du milieu extérieur : les sociologues, les psychologues sociaux n'hésitent pas à parler d'une fonction homéostatique dans les groupes, à assigner cette fonction à la réunion-discussion et à rêver d'une régulation sociale permanente grâce à des échanges verbaux dignes en tous points des échanges chimiques à l'intérieur de l'organisme.

Cette métaphore organismique est tenace, insidieuse. Les mots les plus courants la véhiculent sans qu'on y pense : membres, corps, corporation, organe, organisme, cellule, noyau, symbiose... Les différences entre le groupe humain et l'organisme vivant sont pourtant essentielles. Dans un organisme vivant s'accomplissent plusieurs fonctions précises : nutrition, respiration, circulation, digestion, excrétion, reproduction, locomotion : aucun parallélisme ne peut être trouvé là avec les fonctions remplies dans le groupe. Par ailleurs, l'homme ne se comporte pas comme organe ou cellule d'un tout : il cherche d'abord son intérêt, son plaisir ; il participe simultanément à plusieurs groupes ou groupements ; il ne dépérit pas forcément s'il se détache de son groupe ; il peut changer de groupe, changer de fonction dans un groupe, créer de nouveaux groupes. L'homme est un organe mobile et changeant ; les groupes qu'il compose sont des organismes dont la structure est changeante. Ces difficultés n'affaiblissent pas la métaphore organismique, ils la conduisent seulement à se renouveler : si la belle unité du corps ne suffit pas, la belle unité des sociétés animales fournira l'exemple moral dont les peuples ont besoin. Car, en la matière, le souci est, non pas de savoir comment les groupes fonctionnent réellement, mais de forger un mythe qui capte les énergies individuelles, qui surmonte l'égoïsme humain naturel, qui instaure la croyance en un ordre social à la façon des archétypes platoniciens et facilite aux hommes de s'y plier.

La référence aux insectes sociaux est devenue un thème banal de la littérature morale et politique. La ruche fournit le modèle du labeur acharné, de la discipline, du travail organisé, de la division des tâches, de la solidarité, de la défense du bien commun. Le bon groupe est un essaim qui butine, bourdonne, construit, amasse des stocks, gère avec économie son capital ; quand il est devenu trop volumineux, une partie émigre et les colons fondent une cité nouvelle, qui reproduit la civilisation de la métropole. Les termites par contre, sans doute parce qu'ils ne produisent pas quelque miel nourrissant et savoureux pour les hommes, passent pour le prototype de mauvais groupe : un magma prolifique et envahissant, une force de destruction sournoise.

Il s'agit là de vues anthropomorphiques. L'homme n'est pas un insecte, mû par l'instinct, au système nerveux indifférencié, changeant plusieurs fois de structure physiologique et donc de fonction sociale au cours de son existence, vivant dans des sociétés de femelles qui reçoivent leur stimulation d'une reine, seule reproductrice. Les problèmes de coordonner des intelligences, d'associer des mâles, de trouver un équilibre efficace entre des possibilités inégales selon les individus et provenant de l'équipement inné, de l'exercice ou de l'héritage social sont tout autres.

2. *Le groupe comme machine.*

Partons de l'exemple de J. et M. Van Bockstaele, qui ont élaboré un mode d'intervention psychosociologique dans les groupes naturels et par contrecoup dans les organisations dirigées par ces groupes, auquel ils ont donné le nom de *socianalyse.* Ils s'inspirent d'un modèle fourni par la cybernétique et qu'ils ont mis au point avec la collaboration d'un spécialiste des systèmes asservis, G. Senouillet. Le groupe est une boîte noire, c'est-à-dire un système opaque de mécanismes qui échappent à la connaissance. Le rôle de l'équipe des socianalystes est de comprendre comment le groupe-boîte noire fonctionne et de faire acquérir cette connaissance au groupe lui-même. Le groupe naturel socianalysé est conduit à projeter, sur l'équipe des socianalystes (supposées provisoirement boîte noire sur le fonctionnement de laquelle le premier groupe s'interroge), son propre fonctionnement, ce qui permet dans un second temps, à l'équipe des socianalystes, de renvoyer au groupe naturel redevenu boîte noire une première ébauche d'analyse de son fonctionnement, et ainsi de suite. L'intervention des socianalystes introduit dans le système un mécanisme de commande à retour *(feedback, control system* ou commande de contrôle). Ainsi le signal d'entrée « E » (le but visé) est comparé au signal de sortie « S » (le résultat obtenu par le groupe) par un dispositif « D » (le détecteur d'écarts). Le groupe est donc en fait commandé :

1. par l'écart entre « E » et « S » ;

2. par les perturbations ou bruits (c'est-à-dire par tous les signaux secondaires qui ne passent pas par l'entrée principale « E »).

Selon les auteurs, quatre ensembles d'opérations constitueraient les fonctions principales du système :

1. une fonction motrice impliquant une source d'énergie mise en œuvre pour l'exécution ;

2. une fonction d'intégration des écarts impliquant que les écarts entre l'entrée et la sortie tendent à être annulés ;

3. une fonction de compensation du retard provoqué par le temps de réaction ; la compensation est réalisée en anticipant les sorties ;

4. une fonction d'anticipation sur l'entrée ou prévision des mouvements du but.

Le fonctionnement du groupe serait donc celui d'un système où les performances obtenues sont le résultat de l'interaction entre la puissance qu'on donne au système (fonction motrice n° 1), et le contrôle fourni par l'information (fonctions 2, 3, 4). Le schéma peut être perfectionné en ajoutant la notion plus nouvelle en cybernétique de « critères de référence ».

Le caractère artificiel de ce schéma est évident. Ses auteurs l'ont d'ailleurs pratiquement abandonné. Le principal danger de tels schémas est de masquer, sous les apparences d'une théorie pseudo-scientifique, une pratique parfaitement empirique de la formation et de l'intervention psychosociologiques et d'ouvrir la porte à l' « analyse sauvage » des individus et des groupes.

Examinons de plus près ce modèle du groupe comme machine. Il s'agit là d'une analogie récente qui s'inscrit dans la lignée de la théorie cartésienne des animaux-machines et dans celle des procédés du taylorisme pour l'organisation rationnelle du travail industriel. L'organisme humain est considéré comme une machine ; le problème est de mettre au point cette machine, de l'entretenir, de l'accommoder et de la faire fonctionner dans des conditions de rendement maximum ; comme toutes les machines, la machine humaine sert à une exploitation, elle-même intensive et rationalisée, des ressources de la nature extérieure. D'où la mécanisation des gestes et le planning des opérations.

Mais l'organisme humain est une machine médiocre, qui ne perçoit que des signaux grossiers, dont la vigilance est faible, la force limitée et qui se fatigue vite. Grâce au développement des servo-mécanismes, on a pu fabriquer des ensembles automatisés, qui contrôlent eux-mêmes leur travail en fonction du programme qui leur est assigné, l'homme étant réduit aux tâches de surveillance et de réparation.

Sous l'influence de la cybernétique, ce schéma a été étendu au groupe humain. Le groupe est alors conçu comme une structure en équilibre, comme un système de fonctions interdépendantes, l'interdépendance des fonctions étant jugée plus importante que celle des individus. L'énergie qui fait marcher cette machine est la motivation des membres ; le programme est établi après confrontation des perceptions que chacun se fait du but ; l'entretien de la machine est assuré, sans jeu de mots, par les entretiens de groupe, c'est-à-dire par les discussions en commun ; le mécanisme régulateur est constitué par le bilan de satisfactions et des insatisfactions des membres par rapport aux objectifs poursuivis et par le réajustement consécutif et permanent de la conduite du groupe. Comme dans un système automatisé, le *feed-back,* c'est-à-dire l'information en retour que le système collecte sur son propre fonctionnement et ses propres résultats, rend possible l'autorégulation. Entraîner les coéquipiers à émettre et à recevoir le *feed-back* et à œuvrer de façon programmée devient dans cette perspective la préparation par excellence au travail en équipe. Des psychologues de groupe et des animateurs de formation ont institué des sessions d'entraînement au travail et au diagnostic de groupe selon ce schéma. Inviter un groupe naturel à projeter l'image de son propre fonctionnement sur des psychosociologues qui lui renvoient en retour cette image s'impose alors comme modèle de l'intervention psychosociologique dans les organisations et du changement social contrôlé. Le groupe naturel (comité de direction, conseil d'administration, etc.) comparerait les buts visés par lui aux résultats, en fait obtenus mais jusque-là méconnus, et apprendrait à se servir d'une « commande de contrôle », qui transformerait la marche arbitraire ou aveugle du groupe en celle d'un système asservi.

Mais l'expérience montre que les groupes, qu'il s'agisse de groupes naturels ou de groupes occasionnels à visée de formation, se comportent autrement et que le modèle ainsi proposé est aussi idéal et artificiel que le mythe communautaire biologique. Au lieu de dégager les lois et les processus du fonctionnement réel des groupes, on échafaude une théorie des groupes sur la manière dont ils devraient fonctionner. Cet obstacle que la psychologie individuelle a mis très longtemps à surmonter grève actuellement la psychologie des groupes. L'auto-analyse du groupe entraînerait son autorégulation, laquelle entraînerait à son tour l'autoprogrammation : on retrouve là un schéma pré-scientifique qui sévissait jadis pour expliquer la volonté individuelle et la conduite morale, l'examen de conscience étant censé aboutir à des résolutions qui allaient à leur tour s'organiser en un programme de vie.

Dans les réunions de groupe, il arrive que le *feed-back* des sentiments éprouvés par certains des membres envers d'autres améliore la compréhension interpersonnelle et résolve les tensions intragroupe. Mais cela se produit dans un climat fortement émotif, voire dramatique, et s'accompagne de remous, de transformations psychologiques internes et de prises de conscience chez plusieurs. Un tel *feed-back* est d'une autre nature que le simple ajustement de l'information échangée dans les communications réciproques entre un émetteur et un récepteur. Par ailleurs, souvent le *feed-back* à l'intérieur des groupes est inefficace, interminable, inopportun et intempestif ; il arrive que dans certaines circonstances le *feed-back* dérègle le fonctionnement du groupe ou désagrège celui-ci ; le *feed-back* peut aussi être une manœuvre d'une coterie pour imposer ses vues, pour satisfaire ses désirs, ou une manœuvre d'une minorité pour contrarier l'action constructive de la majorité.

La notion de programme ou de programmation prête à de semblables confusions. Qui a jamais vu un groupe tenir le programme qu'il s'était fixé, à l'exception d'activités matérielles précises et épisodiques ? Le programme d'une machine est un enchaînement automatique d'opérations fixées à l'avance, minutées, quantifiées. Le programme d'un groupe est un guide pour l'action, une orientation générale, une articulation entre des buts immédiats et limités et des objectifs lointains. Enfin, même en admettant qu'il soit préférable qu'un groupe, afin de mieux le prendre en charge, établisse lui-même son propre programme au lieu de le recevoir tout prêt d'une autorité supérieure, il n'en reste pas moins qu'un groupe ne peut pas tirer de lui-même son propre programme. Le programme requiert des informations sur le secteur de la réalité où le groupe déploie son action et sur les autres groupes complémentaires, concurrents et antagonistes, qui œuvrent dans le même secteur. Cette réalité peut être changeante, l'action des autres groupes peut la modifier ; ces groupes peuvent évoluer : le programme est à réajuster. Il existe des données, imposées par la réalité, ou dont la connaissance est détenue par d'autres groupes, données dans l'ignorance desquelles un programme sera une erreur et un échec. La négociation avec d'autres groupes, la subordination à certains, le recours à des intermédiaires, membres de groupes différents et qui véhiculent l'information de l'un à l'autre, sont des phénomènes constants.

L'idée d'une autoprogrammation et d'une autorégulation des groupes est un mythe ; comme tout mythe, cette idée exprime un espoir, un « programme », en même temps que ses auteurs prennent leurs désirs pour la réalité. Des éléments d'autorégulation existent dans tout groupe ; ils fonctionnent plus ou moins bien et sans que le groupe soit nécessairement conscient d'eux. On peut chercher à les améliorer. Mais privilégier l'autorégulation, l'ériger en absolu, en faire l'instrument de résolution de tous les problèmes du groupe est contraire à la nature groupale. L'interrégulation par contre est un fait, avec ses difficultés, ses ratés, son utilité. Un groupe, pour survivre, pour réussir, remanie son programme en fonction des conseils, des critiques, des exigences, des manœuvres d'autres groupes, formulés valablement ou exprimés indirectement par des actes. Un groupe qui se soustrait à la régulation exercée par les autres groupes, qui se retranche sur lui-même, qui se prive de la nourriture apportée par le tissu social est un groupe schizophrène. De même l'individu qui soumet sa conduite à son seul autocontrôle et tente de se tenir à distance des influences d'autrui comme l'obsessionnel, ou d'échapper au contrôle social comme le délinquant, est un cas pathologique. On pourrait esquisser une typologie et une psychopathologie des groupes, en étudiant la façon dont ceux-ci trouvent un équilibre entre les deux nécessités de l'autorégulation et de l'interrégulation. Le groupe suggestible sacrifierait l'autocontrôle à l'interrégulation ; le groupe pervers ne connaîtrait que l'autocontrôle. Le groupe hystérique se rapprocherait du premier ; le groupe paranoïaque du second. Le groupe normal se reconnaîtrait à sa capacité de réaliser des compromis entre les deux nécessités.

B. Résumé : pour introduire à l'imaginaire dans les groupes (1)

L'observation, l'animation et l'analyse des groupes humains réels ou artificiels suggèrent un certain nombre d'hypothèses et de perspectives de recherche. Quelles sont les idées admises en psychosociologie des petits groupes ? On sait que Lewin, interprétant les phénomènes de groupe en termes de jeu de forces physiques, a tenté une première représentation scientifique de ces phénomènes. Ainsi la conduite d'un groupe se ramènerait à la résultante des forces internes et externes auxquelles il est soumis.

La validité de ce schéma fait problème car peu de groupes se comportent réellement selon ces rapports de forces. L'observation montre au contraire que les difficultés du groupe commencent quand ce qu'il veut faire est en décalage avec la réalité externe et avec sa propre réalité interne. En général, c'est cette « dramatique » du groupe qui justifie qu'un psychosociologue intervienne pour en améliorer le fonctionnement.

On peut alors formuler une autre hypothèse : entre le groupe et la réalité, entre le groupe et lui-même, il y a autre chose que des rapports entre des forces réelles ; il y a primitivement une relation *imaginaire*. Les images qui s'interposent entre le groupe et lui-même, entre le groupe et l'entourage expliquent des phénomènes et des processus qui ont été jusqu'ici ou négligés ou attribués à d'autres causes.

*

(1) Ce *Résumé* correspond au compte rendu de notre conférence prononcée à Aix-en-Provence en février 1965. Il reprend sous forme condensée la plupart des thèmes abordés dans la première partie du présent chapitre.

A cet égard l'expérience menée en 1942 par Lewin et ses collaborateurs sur le changement d'attitudes alimentaires des ménagères américaines mérite d'être discutée.

Le point de départ, c'est l'observation d'une résistance à l'achat de « bas morceaux » tels que rognon, ris de veau ou cœur dont le prix est alors inférieur à celui de la viande « noble ». L'hypothèse est que cette résistance repose sur des préjugés. L'objectif du groupe de discussion (non-directif) est d'amener les participantes à une prise de conscience de ces préjugés et du même coup à une modification de l'habitude alimentaire. Si l'interprétation lewinienne porte sur les bases dynamiques de la décision, elle n'explique pas le contenu psychologique du préjugé. Or ce préjugé touche, dans l'imaginaire, une zone qui, au cours de l'histoire individuelle, est la zone du sale, du malpropre, du défendu. Les « abats » appartiennent à la catégorie des « mauvais objets » (M. Klein), or on ne mange pas sans danger les mauvais objets. Lors de la discussion, il a suffi aux animateurs de quelques considérations sur la richesse des abats en calories ou sur la manière de les cuire pour objectiver les associations sous-jacentes au préjugé (par exemple odeur des rognons et urine) et pour transformer le mauvais objet en bon objet. Le changement s'est opéré sur le plan de l'imaginaire.

Certaines observations plus récentes montrent que la situation d'un groupe est vécue d'abord et essentiellement au niveau des représentations imaginaires les plus archaïques. Pour déterminer ces représentations, un premier fait nous met sur la voie : le mot même de « groupe » est un des mots les plus tardifs des langues occidentales. Terme du lexique des beaux-arts, il est importé d'Italie en France à la fin du XVIIe siècle et désigne un ensemble de sujets peint ou sculpté. C'est dans le poème de Molière sur le Val de Grâce qu'il fait sa première apparition littéraire. Au milieu du XVIIe siècle, le mot de groupe signifie toute réunion de personnes vivantes et, à partir du XIXe siècle, il subit une expansion prodigieuse (groupe électrogène, groupe scolaire, théorie mathématique des groupes, étude psychologique des groupes restreints). Alors que ce mot aurait pu désigner la réalité très précise dans laquelle nous vivons continuellement (groupe familial, groupe d'amis, cellule, syndicat, groupe de travail, équipe), on constate qu'il n'y a pas de terme distinctif pour désigner cette réalité. A peine existe-t-il qu'il prend des sens lexicographiques destinés à occulter la réalité psychologique qu'il aurait pu désigner. De plus, on ne trouve pas d'équivalent lexical de « groupe restreint » en latin ou en grec ; c'est dire que le concept de groupe n'existe pas. Il n'y a que d'une part l'individu, d'autre part la société et cette opposition est devenue un des plus beaux thèmes imaginaires de la sociologie. Car l'individu « seul » relève de la pathologie mentale et on ne voit pas de société globale sans groupes destinés à faire passer les normes, les structures, les institutions et les idéaux dans la réalité concrète des activités et des personnalités humaines. Le seul « observable » c'est le groupe. S'il y a une résistance à la notion de groupe, cette résistance doit s'articuler à des phénomènes psychologiques précis.

Les recherches utilisant la méthode expérimentale, les analyses du contenu des discussions sur le groupe, ont montré que la seule forme de groupe admise, c'est le groupe de « copains ». Le groupe de travail ou le groupe institutionnellement imposé sont perçus comme une atteinte et une menace à la liberté individuelle.

*

Le groupe de diagnostic représente une technique plus pure, dans la mesure où les ponts sont coupés avec l'extérieur. Les rôles professionnels et sociaux restent dans l'ombre, on ne se connaît pas, on s'appelle par son prénom. L'expérience de ces groupes ou de tout groupe qui recrée la même situation (tel que : expédition polaire, équipage d'un sous-marin, patrouille isolée) permet de faire une hypothèse : le groupe est ressenti par chacun comme un miroir à multiples facettes lui renvoyant une image de lui-même déformée et répétée à l'infini. La situation de groupe éveille cette image du morcellement indéfini de sa personne et avant tout de son corps. De même les psychanalyses d'enfants, l'étude de la schizophrénie précoce, de l'hospitalisme ont montré que le démembrement de l'image du corps propre constitue le noyau de la maladie mentale. Une des angoisses les plus profondes est celle de perdre l'unité de son corps et de son psychisme. La situation de groupe dans laquelle je ne sais pas qui « ils » sont et ils ne savent pas qui « je » suis, est, comme telle, source d'angoisse. C'est pourquoi les premières rencontres sont consacrées à lutter contre cette image et contre cette angoisse. Citons pour exemple l'extraordinaire effort d'organisation pour mettre une structure là où toute structure est suspendue (élire un président, se donner un ordre du jour), ou encore le recours aux présentations de chacun, dont le résultat est singulièrement pauvre : chaque participant a d'autant moins à dire sur ce qu'il est qu'il se sent mis en question.

Qui suis-je ? Voilà la mise en question que la situation de groupe exerce sur chaque membre. Et cette question est pour l'homme la plus difficile à poser et à assumer. Il convient de former l'hypothèse que cette image du corps menacée explique la résistance à vivre en groupe, à travailler en groupe et au concept même de groupe. Quelques exemples peuvent être évoqués à titre de preuves de cette hypothèse.

Lorsqu'un groupe a réussi à dépasser cette angoisse primaire de morcellement, c'est qu'il a enfin éprouvé une émotion commune qui le lie, à l'occasion d'activités telles que rire, manger ensemble, c'est-à-dire restaurer le corps propre. L'image de soi du groupe est à ce moment : nous constituons un « corps ».

Mais il y a lieu de distinguer différentes catégories d'images, spécifiques des différents types de groupes. Le phénomène de la foule constitue, depuis Le Bon, un problème pour la sociologie. Tarde souligne son caractère contradictoire : d'une part la foule est passive, d'autre part elle présente des conduites paroxystiques. La foule est un lieu de contagion des émotions (la peur devient panique, la colère tourne au lynchage) et des croyances. Le Bon infère de ce comportement contradictoire que la foule est femme, pour Hugo cette femme est saoûle, pour Zola elle est une prostituée. L'autre métaphore c'est l'image océanique : la foule est associée au risque d'être englouti, noyé, à l'angoisse d'être piétiné, perdu. Cette comparaison réactualise la relation primitive de l'enfant à sa mère, relation qui s'effectue sur le plan de deux images antagonistes et complémentaires : chaleur, nourriture, sécurité d'une part, première représentation du danger interne d'autre part (la mère dévoratrice). C'est dire que les hommes en foule sont mus par la relation à une image qu'ils ont en commun, l' « imago » maternelle.

La bande met en œuvre un autre type de relation imaginaire. Dans la bande je viens chercher la présence d'autres qui n'exercent sur moi ni contrainte, ni critique, d'autres qui me sont semblables. L'image impliquée est ici ma propre image, mais décuplée, renforcée, justifiée par ce que les autres sont ; c'est une image narcissique rassurante.

Observation n° 2 :

Le dernier exemple est un témoignage personnel qui illustre la tâche du psychologue face à ces difficultés « imaginaires » à l'intérieur d'un groupe réel. Il s'agit d'une entreprise provinciale dont le comité de direction fonctionne si mal qu'il ne se réunit plus. Il est composé de quatre personnes : un président-directeur général, un directeur du personnel, un directeur technique et un responsable de l'atelier. Quelques entretiens individuels vont suggérer que le problème du comité est un problème d' « imaginaire ».

L'ancien directeur et fondateur de l'entreprise a pris sa retraite pour raisons de santé et désire voir son propre fils lui succéder. Mais le conseil d'administration manifeste son désaccord : il désigne l'ancien directeur commercial pour remplacer le malade et nomme le fils directeur du personnel, par scrupule moral envers le père. Depuis lors les membres du comité sont unanimes à dénoncer l'incurie du fils à qui toutes les fautes sont imputées. De plus, le nouveau directeur n'est pas un familier de l'entreprise car il résidait précédemment à Paris où il devait négocier les commandes : il hésite donc à s'imposer au comité et à prendre les mesures relevant de sa responsabilité. Quant à l'actuel directeur technique il s'estimait seul capable de faire marcher l'entreprise et pensait devenir directeur général.

Le psychologue consulté découvre alors que le « Vieux » occupe toujours un logement de fonction en compagnie de son fils. De sa retraite, il reste très au courant de la vie de l'entreprise ; il est en liaison téléphonique directe avec le bureau du fils à l'usine. L'enquête révèle que le Père a toujours mené son affaire de manière autoritaire. Le fils, qui souhaitait faire une carrière dans la banque, a dû se soumettre à la décision du père, sous promesse du poste de directeur général. Et devant le refus du conseil d'administration, le père a notifié au fils d'accepter quand même le poste de directeur du personnel.

Quelle est, dans ces conditions, la représentation imaginaire qui lie toutes ces personnes entre elles ? C'est le remords et la culpabilité à l'égard du vieux chef détrôné : le nouveau chef estime avoir usurpé la place du fils ; le fils a le sentiment d'avoir été trahi par son père et par ses collègues si bien qu'il fait du sabotage inconscient afin de prouver que le nouveau directeur est un incapable. Quant au directeur technique, il éprouve le même sentiment d'avoir été trahi. Le vrai leader c'est l'absent, le disparu dont l'image continue à régenter tout le comité.

L'intervention a consisté à faire prendre conscience à chacun de son attitude à l'égard de ce nœud conflictuel. Le nouveau directeur a compris qu'il était le chef et qu'il devait commander. Le fils a compris pourquoi les autres lui tombaient tous dessus : il était en train de se saborder en sabordant son secteur de travail, et de prouver que l'on avait bien eu raison de ne pas le nommer directeur général ; c'est comme directeur du personnel qu'il devait se montrer à la hauteur. Le père enfin décida de partir en vacances.

Autrement dit c'est le mythe de *Totem et tabou*, qui s'est déroulé là : un meurtre symbolique du père par les frères a permis aux frères de se constituer en corps solidaire. Tant que le père restait présent en image, seule la rivalité pouvait être l'attitude des successeurs, pour prendre sa place. Avec la prise de conscience de cette image, les problèmes de l'entreprise pouvaient désormais être situés dans l'ordre de la réalité économique et sociale. (Voir chapitre 9 l'étude détaillée de cette intervention.)

Au total, on peut d'abord admettre que, dans toute situation de groupe (grand ou petit, de travail ou de loisir, de culture ou de vie économique), il y a une représentation imaginaire sous-jacente, commune à bien des membres du groupe. Mieux : c'est dans la mesure où il y a une telle représentation imaginaire qu'il y a une unité, quelque chose de commun dans le groupe.

Ces représentations peuvent être un obstacle au fonctionnement du groupe, par rapport aux buts qui lui sont assignés par la société, par ses statuts ou par les motivations de ses membres et peuvent être la cause des paralysies dans le fonctionnement interne du groupe ou des erreurs dans son attitude à l'égard de la réalité.

Mais quand un groupe fonctionne efficacement, c'est aussi une représentation imaginaire qui lui permet de trouver la solidarité et l'efficacité. Il n'y a pas de groupe sans imaginaire. On peut chasser un imaginaire, il est remplacé par un autre.

La tâche du psychologue est d'être perméable à ces représentations imaginaires de façon à pouvoir, avec les groupes dans lesquels il vit et par lesquels il est consulté, les élucider et amener le groupe lui-même à les élucider, dans la mesure où ces représentations font obstacle à son fonctionnement.

Mais la prise de conscience des fantasmes inconscients, pour un individu, un groupe ou une culture, est toujours l'opération la plus difficile et la plus dramatique. Aussi bien, des mots comme « levée » ou « élucidation » sont des termes positivistes impropres. Car cette opération ne se fait qu'au cours d'une crise, par un processus vécu par les intéressés comme dramatique et qui est au fond ce que le philosophe Hegel a tenté de conceptualiser comme étant *aufheben,* c'est-à-dire à la fois nier, dépasser et conserver. Et ces images conservées et dépassées constituent finalement la réalité interne essentielle des groupes humains.

3 Analogie du groupe et du rêve : le groupe, accomplissement imaginaire de désirs et de menaces ([1])

Le présent chapitre vise à appliquer la théorie et la clinique psychanalytiques à la compréhension non seulement des groupes dits occasionnels ou artificiels (groupes psychothérapiques ou groupes de formation), comme cela a été souvent fait, mais à celle des groupes sociaux dits réels ou naturels (associations, organisations de toutes sortes, équipes de travail, réunions professionnelles, etc.). Pour cela, deux obstacles sont à surmonter. Les psychanalystes de métier s'inquiètent souvent de voir la psychanalyse appliquée hors de son lieu naturel, qui est l'appareil psychique individuel et ses maladies. Quant à la plupart des psychosociologues, ils admettent mal la thèse selon laquelle l'essentiel, dans les groupes réels comme dans les groupes thérapeutiques, c'est l'inconscient.

Partons de la première grande découverte de Freud : le rêve, le rêve nocturne, c'est la réalisation hallucinatoire du désir ; les processus psychiques primaires y apparaissent dominants, malgré leur intrication avec des processus secondaires ; autrement dit, le rêve, comme le symptôme névrotique, c'est un débat avec un fantasme sous-jacent. Selon moi, le groupe, le groupe réel, c'est avant tout la réalisation imaginaire d'un désir ; les processus primaires, voilés par une façade de processus secondaires, y sont déterminants ; autrement dit, le groupe efficace, aussi bien que celui qui est paralysé dans son fonctionnement, le groupe, comme le rêve, c'est un débat avec un fantasme sous-jacent. Les sujets humains vont à des groupes de la même façon que dans leur sommeil ils entrent en rêve. Au point de vue de la dynamique psychique, le groupe, c'est un rêve. Voilà ma thèse.

(1) Texte d'une conférence faite le 11 novembre 1965 à la Société Française de Psychothérapie de Groupe, puis publiée dans *Les Temps modernes* en juillet 1966, pp. 56-73. — Cette analogie du groupe et du rêve n'est qu'une analogie, comme telle criticable, et qui a été critiquée de façon intéressante par Bérouti (1973). Ce qui compte, c'est la fécondité dont elle a fait preuve.

Je tire un premier argument des prises de position contemporaines à l'égard du groupe. Pour certains, en hygiène sociale, en pédagogie, dans la formation des cadres industriels, le « groupe » est devenu un fanion ; on fait du groupe, on ne jure que par lui ; on attend du groupe la solution aux problèmes des organisations économiques et administratives, à ceux de l'enseignement supérieur, de la santé mentale, de la recherche scientifique. Bref, c'est un nouveau « meilleur des mondes ». L'enthousiasme des zélateurs leur a mérité le surnom de « groupistes » et la maladie dont ils sont atteints a pu être appelée « groupite ». Le groupe est bien pour eux une réalisation imaginaire de leurs désirs. D'autre part, les résistances à œuvrer en groupe, à penser en termes de groupe et non plus d'individus sont bien connues. Freud parlait des résistances à la psychanalyse. Que dire alors des résistances à la dynamique des groupes ! Le concept de groupe émerge lentement et péniblement. Les langues anciennes ne possédaient aucun mot pour désigner ce degré concret de la réalité sociale, elles ne connaissaient que l'individu et la cité et beaucoup en sont restés encore à l'opposition simpliste de ces deux termes. Le mot « groupe », terme technique italien des beaux-arts, fait son apparition en français, en anglais, en allemand vers la fin du XVIIe siècle ; c'est seulement au milieu du XVIIIe siècle qu'il commence à désigner une réunion de personnes. Mais l'extension rapide et incoordonnée de ses acceptions en fait un des termes les plus confus des langues modernes. Des enquêtes menées par des psychosociologues sur les représentations collectives du groupe ont mis en évidence que, pour la majorité des gens, « la notion de groupe est inexistante... Le groupe est éphémère, dominé par le hasard. Seules existent les relations interindividuelles » *(Evaluation des résultats de la formation*, n° 3, l'A.F.A.P., 1961). On se représente généralement le groupe comme une aliénation de la personnalité, de la liberté, de la dignité individuelles.

L'essor des méthodes de groupe est ressenti comme une menace pour le bon équilibre de l'individu et pour le bon ordre de la société. Il est inévitable que le groupe, lieu privilégié du désir, mobilise les mécanismes de défense du Moi chez les chefs d'entreprise et chez les dirigeants syndicaux, chez les psychiatres, les psychologues, les pédagogues, les psychanalystes eux-mêmes.

La situation de groupe est ainsi vécue comme source d'angoisse avec la même intensité qu'elle est vécue comme réalisation imaginaire du désir. Cela nous confirme que le groupe, comme le rêve, comme le symptôme, est à chacun de ses épisodes l'association d'un désir et d'une défense.

Que sous mille variantes au cours de l'histoire des idées, le groupe ait été imaginé comme ce lieu fabuleux où tous les désirs seraient satisfaits n'a rien d'original : l'*Utopia* de Thomas More, l'Abbaye de Thélème de Rabelais, le phalanstère de Fourier, *les Copains* de Jules Romains, les légendes tenaces qui se sont construites autour de quelques situations réelles : le paradis tahitien, l'ordre des haschichins, l'îlot communautaire des révoltés du *Bounty* dont l'ethnologue Métraux a rêvé toute sa vie avant de se suicider, en fournissent quelques exemples.

Le phalanstère fouriériste l'exprimait peut-être le plus clairement : l'homme est régi par douze passions fondamentales, plus ou moins importantes chez chacun ; d'où 810 caractères possibles en fonction du classement hiérarchisé de ces passions ; la phalange idéale comporte deux représentants, un homme et une femme, de ces 810 caractères : ainsi chacun est assuré à chaque moment de trouver la tâche et le partenaire répondant à l'économie de ses désirs. Le rêve d'un groupe qui rendrait possible à chacun la satisfaction immédiate et inconditionnelle de tous ses désirs, où chacun rencontrerait sans cesse le désir complémentaire du sien, c'est le rêve d'une société exclusivement régie par le principe de plaisir, d'une vie collective où les processus primaires agiraient à l'état pur. C'est le rêve d'un rêve. Dans la bande, groupe réel, on observe la tentative de faire fonctionner l'utopie ci-dessus décrite. Naturellement, ce désir, de la réalisation imaginaire duquel le groupe entretient le mirage fascinant pour ses membres, c'est le désir irréalisable, c'est l'absolu du désir impossible.

Un tel désir, le lecteur informé de psychanalyse l'aura reconnu, c'est le désir œdipien, le désir interdit. Ceci, à notre sens, rend compte des attitudes et des mesures antigroupe que l'on rencontre à toutes les époques et un peu partout : pour l'individu et pour la société qui défendent l'un et l'autre la stabilité de leur système psychique, le groupe évoque le danger, c'est-à-dire le danger représenté par la pulsion. D'où les accusations dont les groupes, les sectes, les ghettos, les clans, les ordres de chevaliers, les loges maçonniques, etc. n'ont cessé d'être l'objet, généralement sans preuve : ceux qui se retirent à l'écart des autres pour se réunir, ceux qui se rassemblent de façon secrète sont suspects de se conduire ainsi pour accomplir quelque mal ; toute activité fractionnelle est ressentie comme la possibilité pour le désir d'échapper à la censure de la défense. Toujours ce sont les désirs réprimés par un individu ou une société qui sont projetés dans de telles suspicions : que peuvent bien faire ceux qui se réunissent en groupes dans des huis plus ou moins clos, sinon se livrer à la débauche sexuelle, à la cruauté sadique, à l'exhibitionnisme, à la souillure, à la conspiration homicide ? Comme en plus il arrive une fois ou l'autre que ce soit vrai, la réalité est aussitôt utilisée pour donner crédit au fantasme, selon un procédé naturel à l'appareil psychique anthropomorphique de l'être humain et qui culmine dans la névrose ou la psychose.

Ceci explique aussi que le groupe constitue une dimension privilégiée pour l'exercice des perversions. On a noté depuis longtemps combien les individus pervers s'imposent aisément comme leaders de groupe et combien sous leur influence ces groupes deviennent aisément pathogènes ou délictueux : la fascination du désir interdit, au lieu de trouver, dans l'association des membres du groupe, sa réalisation imaginaire, y provoque le passage à l'acte où le fantasme porteur du désir trouve un mode d'accomplissement spécifique. Par exemple, une forme relativement nouvelle de délit inquiète la justice et la police depuis quelques années en raison de sa recrudescence parmi la jeunesse dorée des très grandes villes : le viol collectif. On devine la quête imaginaire sous-jacente à un tel comportement, l'accomplissement en commun par les frères de l'inceste désiré et interdit sur un substitut de leur sœur ou de leur mère.

La question si souvent soulevée de l'influence des personnalités individuelles sur la dynamique d'un groupe pourrait progresser si l'on comparait le mode d'appropriation du désir propre à l'hystérique, à l'obsessionnel, au paranoïaque, au dépressif, à l'homosexuel, au caractériel, et le mode d'appropriation du désir fantasmé dans les groupes où de telles personnalités se trouvent présentes. Cela permettrait sans doute d'aller plus loin que n'ont fait les recherches qui se sont seulement intéressées au niveau intellectuel ou économico-social des membres d'un groupe.

Certaines de ces interrelations sont déjà connues : un groupe comme le gang affaiblit les défenses et renforce les désirs chez les membres ; il privilégie le principe du plaisir à l'encontre du principe de réalité ; il est ainsi un terrain d'élection pour les abandonniques, les psychopathes, les « indifférents affectifs ». Autre cas : une personnalité perturbée, à la limite de la psychose, avec des angoisses et des fantasmes sous-jacents très archaïques, par exemple, un impuissant, qui lutte contre une tendance à la dépersonnalisation, et à surcompensation hyperactive, diffuse dans le groupe une telle angoisse d'abandon qu'il devient ou bien le leader tyrannique de ce groupe ou bien le déviant à rejeter : dans la première issue, son autorité sur le groupe vient de ce qu'il est celui qui rend présente et aiguë à chacun sa propre angoisse d'abandon ; dans la seconde issue, c'est lui à qui le groupe inflige réellement l'abandon qu'il redoute et appelle.

On sait également qu'un obsessionnel prend volontiers la présidence des débats, qu'il se sent même une vocation d'animateur de sessions d'entraînement à la conduite des réunions, car il est alors lui-même à l'abri de toute mise en question et, en programmant la réunion, en contrôlant à chaque moment son déroulement, il surveille constamment tout désir qui pourrait naître et se répandre par contagion dans le groupe ; il incarne l'instance du Surmoi. Avec un caractériel brillant, à prédominance narcissique et perverse, les phénomènes de culte de la personnalité, de dénigrement infamant des adversaires ou des hésitants, l'exaltation lyrique, voire prophétique, l'excitation homosexuelle cérébralisée passent au premier plan dans le groupe : son fantasme devient le leurre de tout le groupe : « Suivez-moi et je vous mènerai au bout du monde, au terme du savoir, au sommet de la puissance. » Traduisons en termes psychanalytiques : l'amour premier et perdu de la mère, nous le reconquerrerons pour toujours ; la possession de ce à quoi l'instauration œdipienne a rendu nécessaire de renoncer, cette possession désormais interdite redevient possible.

Un dernier exemple : la façon dont une certaine psychologie enseigne à des moniteurs de groupes de formation à observer sans participer, et à consolider leur position d'observateur en remplissant au fur et à mesure des grilles préétablies d'observation, c'est la façon du pyromane qui allume les incendies pour les regarder brûler, c'est encourager la mise à distance de la conscience devant le désir, nié chez moi et que, voyeur, je dévore des yeux quand il flambe chez les autres ; un tel moniteur vit mort et veut voir les autres vivre vivants, c'est-à-dire qu'il veut voir les pulsions de vie chez les autres, mais non chez lui ; on devine les difficultés qu'un tel fantasme de mort exprimé de façon muette par le moniteur peut induire dans le groupe et, ces difficultés, nulle technique psychosociologique ne les lèvera si personne ne formule dans ce groupe le fantasme de mort du groupe et le fantasme corollaire de mort du moniteur.

Revenons à notre parallèle du groupe et du rêve. Il peut se condenser en trois énoncés.

Premièrement, le désir réalisé dans le groupe et le rêve est un désir réprimé la veille ; ce sont des désirs non satisfaits dans les relations interindividuelles, dans la vie privée et dans la vie sociale, qui sont reportés sur le groupe. Ceci recoupe des observations banales : la bande d'adolescents s'effrite avec l'instauration des relations amoureuses ; l'impérialisme du couple et du groupe rendent leur coexistence difficile, chacun tendant à accaparer le plus complètement possible l'individu au détriment de l'autre. Une des résistances à la vie en groupe provient de ce que l'égalité théorique entre les membres constitue un obstacle au désir œdipien d'entretenir des relations amoureuses partagées avec le leader.

Mais il faut aller plus loin. Le désir réalisé dans le groupe et le rêve est un désir réprimé de l'enfance. Le second énoncé est beaucoup plus important et, croyons-nous, nouveau. Il permet de rendre compte d'observations dont on ne savait que faire jusque-là. Dans leurs jeux de groupe, les enfants, on le sait, imitent les activités des adultes ; ils jouent au football, à la guerre, au gendarme et au voleur, au papa et à la maman ; en un mot, ils jouent à être des adultes. Inversement, quand des adultes se trouvent réunis dans un groupe qui leur laisse une certaine liberté, comme au cours d'un stage de formation, ou d'une réunion amicale, ils redeviennent enfants, ils se conduisent comme des enfants (l'idée a été développée dans la thèse du 3e cycle de Jean Muller, *Dépendance et Formation,* Strasbourg, novembre 1965) : le monologue collectif, les jeux de mots et les bonnes histoires, les grossièretés, à qui parlera plus fort que l'autre, les règlements de compte entre les personnes, l'incapacité d'entreprendre une tâche sans un guide, tout cela fleurit. Le psychanalyste de groupe sait depuis toujours que la situation de groupe libre provoque une régression : cette régression lui apporte le matériel nécessaire à l'exercice de sa technique curative. Mais comment le psychosociologue qui recourt à cette technique résout-il l'antagonisme entre le but qu'il vise, former des adultes (non les guérir) et la méthode qu'il emploie, les faire se retrouver enfants ?

Un troisième énoncé enfin : le désir, dans le groupe et le rêve, est aussi bien le désir figé dans un symptôme ou une structure pathologiques que le désir émergeant de l'inconscient, un désir dont le sens demeure incompris mais qui est annonciateur d'entreprises réelles où il cherchera à s'accomplir. Freud a expliqué ainsi les rêves-présages, notamment le fameux songe d'Alexandre le Grand lassé d'assiéger Tyr et qui la nuit avait rêvé d'un Satyre : *SA*, forme dorique de l'adjectif possessif ; *SA* — *TYR* = Tyr est tienne. Le rêve révélait à Alexandre sa propre confiance méconnue en la victoire : il ne lui restait qu'à donner l'assaut pour vaincre. C'est l'interprétation que le devin attaché à son service ne manqua pas de lui donner, et avec succès. Ainsi des groupes. Certains rêvent leur désir et, satisfaits de cette réalisation hallucinatoire, ne font rien. D'autres groupes agissent leur désir, mais sur un objet substitué ou dérivé de l'objet premier du désir. Dans le groupe, comme dans le rêve, les actions sont les déplacements, des condensations et des figurations symboliques du désir. En tout cas, c'est une chose bien connue des sociologues que les activités réelles d'un groupe correspondent rarement à ses buts avoués ou officiels et il serait aisé de décrire, dans certains aspects de l'idéologie ou des croyances d'un groupe, une rationalisation, une surcompensation, une formation réactionnelle, voire une annulation des désirs effectivement satisfaits dans la pratique.

Le névrosé présente des symptômes permanents ; l'homme normal n'en a que peu et peu souvent. Mais l'un et l'autre rêvent : l'activité fantasmatique est propre à l'appareil psychique et on la rencontre aussi bien chez le normal que chez le névrosé. On a pu dire que la névrose était une symbolique ou une poétique personnelles, ou encore un mythe individuel, mais la personnalité saine a aussi sa symbolique et sa destinée propres. Le choix qu'elle fait de ses activités et de ses partenaires en atteste la présence et en dessine la trajectoire. De même tout groupe a sa symbolique et ses mythes, c'est-à-dire que tout groupe est un lieu d'échanges entre inconscients et que ces échanges aboutissent à des constructions fantasmatiques parfois fugitives, parfois stables, parfois paralysantes, parfois stimulantes pour l'action. Ici, nous rejoignons les conceptions de Bion (1961) : cet auteur a eu l'intuition féconde, quand un groupe est bloqué dans son travail, de chercher les présupposés de base, c'est-à-dire les nœuds imaginaires, qui empêchent son fonctionnement rationnel ; mais l'erreur serait de penser qu'un groupe fonctionne rationnellement quand sa fantasmatique, ayant été formulée, a disparu. L'expérience prouve le contraire : dès qu'il y a groupe, une fantasmatique circule entre les membres ; c'est elle qui les relie, aussi bien dans leur cohésion agissante que dans leur angoisse collective. L'expérience l'avait déjà prouvé à Freud ; dans son article célèbre et unique sur le groupe *Psychologie collective et analyse du Moi* (1921), il montrait que les collectivités religieuses ou militaires sont bien soudées, qu'elles ont un moral élevé et que leur niveau d'énergie entraîne le succès de leurs actions, quand l'identification des membres au chef et entre eux s'est réalisée et qu'un « Idéal du moi » commun à tous est venu contrebalancer la disparité des « Moi » individuels.

Prenons un exemple allégorique. Au XIe siècle, la chrétienté d'Occident, pour oublier la pauvreté, la peste, le brigandage, se lance dans une aventure toute nouvelle, la Croisade, qui va modifier les rapports entre l'Orient et l'Occident, entre les seigneurs et leurs vassaux : reconquérir les Lieux saints. Selon nous, chaque groupe agissant répète à sa façon ce modèle mythique de la Croisade (ou de la quête du Graal) : son désir définit son lieu saint, dont il est privé et dont il entreprend la conquête (répandre une idée, s'emparer d'un marché, fabriquer un produit, changer les mœurs, créer un nouveau style) ; ce lieu saint, c'est la re-possession de la mère dont le complexe d'Œdipe et le tabou de l'inceste nous ont dépossédés. On lutte contre les infidèles qui possèdent indûment ce lieu ; dans le groupe, des rôles complémentaires sont assurés par les membres pour la reconquête du lieu. Certains prêchent la croisade, d'autres l'organisent ; tel porte la bannière, tel les armes, et tel fournit l'argent ; tous quittent leur famille, leur pays, et si tous n'en meurent pas, tous rencontrent la peste en route, c'est-à-dire, pour achever de traduire en clair mon récit mythique, l'angoisse de castration.

Les bandes d'enfants illustrent avec une grande simplicité ce schéma. Leur activité principale, sans le succès de laquelle ils ne parviennent point à en poursuivre une autre, c'est la construction d'une cabane, par exemple au milieu de la forêt, cabane où ils se rassemblent pour diverses cérémonies, allant du pique-nique à l'initiation des nouveaux, en passant par les conseils de guerre contre les bandes rivales. La cabane est aussi le lieu où la bande dissimule son trésor. Trésor dérisoire aux yeux des adultes : quelques pierres, des provisions, le butin des chapardages ou des rançons. Mais trésor pour eux, c'est-à-dire châsse qui rend sacré ce lieu, qui y situe la dimension imaginaire de leurs désirs et qui témoigne du rêve poursuivi en commun. La bande rivale ne s'y trompe pas, comme l'a fort bien décrit Louis Pergaud dans *La Guerre des Boutons* : pour porter un coup sérieux à l'ennemi, elle tente de détruire la cabane et de disperser le trésor qui supportent la fantasmatique unifiante du groupe. Dans les groupes d'adultes, naturels ou occasionnels, la cabane est souvent remplacée par le café, lieu où les participants, les subordonnés se retrouvent sans leur moniteur, sans leur chef, et peuvent parler librement et joyeusement ensemble ; c'est-à-dire partager leurs rêves et opposer un groupe imaginaire à leur groupe réel. Dans les sessions de formation, l'interprétation du fantasme du café-cabane est dans ce cas nécessaire.

Cette fantasmatique qui sous-tend les groupes réels est accessible au psychanalyste qui veut bien rester psychanalyste quand il cherche à comprendre un groupe réel. Il échappe souvent au psychosociologue lorsque celui-ci n'est pas formé et lorsqu'il n'est pas motivé à le reconnaître. On peut ainsi critiquer l'interprétation que Kurt Lewin (1947) a donnée de son expérience sur le changement des habitudes alimentaires : le dégoût des ménagères pour des bas morceaux à fumet et à consistance d'urine et de sexe avait été surmonté grâce à la neutralité bienveillante de l'animateur non-directif de la réunion ; ce dégoût avait pu être dit et ainsi détaché des abats sur lesquels il avait été déplacé ; de mauvais objet à expulser, la bienveillance de l'animateur et ses conseils culinaires en avaient fait de bons objets à incorporer. La théorisation lewinienne en terme de système physique et d'équilibre quasi-stationnaire passe à côté du processus.

Le psychosociologue qui conduit un groupe de diagnostic ou qui est consulté par une entreprise se trouve dans une situation qui est de nature psychanalytique : les amarres des processus secondaires (perception, jugement, raisonnement) sont larguées, et l'activité fantasmatique passe au premier plan. Qu'il s'annonce psychiatre, psychologue, psychanalyste, sociologue, dans un groupe réel — de la simple réunion mondaine au colloque savant en passant par l'école, l'hôpital ou l'usine —, celui dont la fonction est de comprendre ce qui est caché et de dire la vérité, c'est-à-dire d'amener à la parole le fantasme, mobilise, par sa seule présence comme tel, tout le refoulé inconscient, immobile et figé chez les présents. A travers ce qu'on lui dit, et par le biais de la demande officielle ou informelle qui s'adresse à lui, une autre demande est véhiculée et le déploiement des productions fantasmatiques commence ses fastes et ses terreurs. S'il y consent, c'est-à-dire s'il consent à la communication des inconscients, s'il se laisse toucher par les fantasmes qui circulent dans le groupe (c'est-à-dire s'il s'implique) mais sans en être le captif (c'est-à-dire sans être impliqué), autrement dit s'il participe sans être agi par les fantasmes mais en les accueillant, en les connaissant et en en communiquant sa connaissance, l'inconscient interindividuel entrera en métamorphose et le psychiatre dans son asile, le psychanalyste dans sa réunion, le psychosociologue dans son entreprise seront les témoins-participants de ces métamorphoses de la vie inconsciente sous-jacente au groupe ou à l'institution. Notamment, le passage d'un état où le fantasme est figé dans un symptôme, quand le groupe est malade, à la libération de la fomentation fantasmatique dans un groupe triomphant sera aisé à observer.

Observation n° 3 :

Un groupe de diagnostic conduit selon cette attitude permet souvent d'assister à cette libération de l'énergie créatrice auparavant captée dans les fantasmes, si l'interprétation de la fantasmatique sous-jacente à la résistance a été juste. Ainsi tel groupe de diagnostic que j'ai conduit, dans le Midi de la France, a composé spontanément pendant une heure et demie une sorte de chant en prose sur la Camargue voisine ; de même que le poème homérique racontait les hauts faits des guerriers ayant combattu sous Troie et les péripéties de leur retour, ce chant narrait, en un langage allégorique, c'est-à-dire métaphorique, à travers la vie des animaux et des hommes en liberté sur cette terre enchanteresse, les péripéties du groupe, ses angoisses et ses hauts faits ; à ce moment, ce groupe trouvait sa Camargue, son lieu saint, l'objet imaginaire de son désir.

Le groupe a affaire comme le rêve aux mêmes pulsions fondamentales : les pulsions libidinales, les pulsions agressives, y compris, croyons-nous, la pulsion de mort. En effet, bien que l'hypothèse d'une telle pulsion soit controversée chez les psychanalystes eux-mêmes, certains phénomènes de groupe paraissent en supporter l'hypothèse. Les fantasmes sont des organisations de l'inconscient dans lesquels les représentants psychiques de la pulsion, barrés par les défenses du Moi, sont confinés : la force du désir est tout entière localisée dans le fantasme. Mais le fantasme, doté d'une telle force, ne reste pas inactif ; il infiltre le corps (c'est par exemple le symptôme hystérique), la pensée (c'est par exemple la rumination obsessionnelle), l'action (dans laquelle il peut être déchargé), la réalité extérieure (sur laquelle il peut être projeté). Dans le groupe il n'y a pas d'autres processus psychiques que ceux connus et décrits dans l'appareil psychique individuel. La difficulté majeure de tous les groupes, qui est de penser leur action en tenant compte des segments de réalité dans lesquels ils sont insérés et sur lesquels ils cherchent à agir, provient de ce que leurs modes de pensée et d'action et leurs perceptions de la réalité sont infiltrés par des fantasmes individuels prévalents, qui émanent de certains membres et qui développent chez les autres des effets de contagion ou de résistance. Les erreurs de jugement des groupes et leurs dissensions internes découlent principalement de là. Le dégagement du groupe par rapport à la fantasmatique qui fausse sa pensée et son action n'est pas chose commode. J'en connais deux voies, sans prétendre qu'il n'en existerait point d'autre : ou bien une personnalité prestigieuse — remplissant la fonction décrite par Freud de l'Idéal du moi — révise les conceptions du groupe, qui adopte par identification cette révision ; ou bien les gens se mettent à parler librement entre eux en dehors de la situation collective où une fantasmatique inconsciemment présente et omnipotente les paralyse, la parole qui était figée circule (c'est cela, le non-directivisme) et une nouvelle analyse de la réalité naît de leurs échanges. Mais, dans les deux cas, le processus de dégagement requiert une montée de la tension s'achevant en une crise, des déchirements dramatiques, voire des scissions, qui éliminent les personnalités les plus rigides ou celles dont les mécanismes de défense ou l'angoisse coïncident le plus avec la fantasmatique dominante. Le film *Douze hommes en colère* fournit l'exemple et d'une telle crise collective et de la résistance ultime manifestée par un membre du jury qui revivait sur l'accusé le mouvement, autrefois, accompli par lui dans la réalité, de rejet radical de son propre fils.

Observation n° 4 :

Voici un exemple personnel sur l'importance de la vie fantasmatique dans les groupes (il est repris p. 69 sq.).

Dans un autre groupe de diagnostic également situé dans le Midi de la France et d'une durée de trois jours, vers les deux tiers de la session, à la pause entre deux séances, je sors ; le reste du groupe reste dans la salle et élabore au tableau un dessin collectif : le groupe est un bateau où tout le monde rame, sauf le moniteur qui tient le gouvernail ; au mât flotte un oriflamme avec un cœur, symbole de l'amour mutuel ; le bateau a embarqué pour Cythère ; le voilà maintenant à l'autre bout du tableau, arrivé sur l'île ; un homme et une femme nus sont séparés par un arbre ; sur l'arbre au-dessus d'eux, le moniteur est représenté sous forme de serpent. Ce dessin révèle la fantasmatique qui fait obstacle depuis plusieurs séances à la progression du groupe. Il s'agit d'un groupe de formation, c'est-à-dire d'un groupe où l'on vient en principe pour apprendre la psychologie de groupes et pour perfectionner sa compréhension psychologique des autres. Or, la compréhension des autres est barrée par la déclaration d'amour mutuel symbolisée par le drapeau et le groupe s'est par ailleurs obstinément refusé à s'analyser lui-même. Cythère, c'est le rêve des relations humaines exclusivement libidinales. Mais Cythère se transforme brusquement en Paradis où Adam et Eve, honteux de leur nudité, se tiennent sous l'arbre de la connaissance du bien et du mal : ils connaissent que l'amour désiré est interdit et ils sont séparés. Il me fut alors possible d'interpréter au groupe la fantasmatique qui fondait sa résistance : se connaître les uns les autres, connaître les phénomènes du groupe, c'est goûter aux fruits de l'arbre de la connaissance du bien et du mal, c'est connaître le secret de la naissance, le mystère de la procréation ; c'est, pour l'enfant, assister à la scène primitive, c'est-à-dire à l'acte par lequel ses parents l'ont conçu. Le sentiment de culpabilité est là si massif qu'il rend inacceptable la curiosité de savoir. La connaissance psychologique que les participants étaient venus chercher, ils la vivaient comme secret inaccessible, comme mystère interdit. Le besoin de comprendre, libéré par là-même, aboutit à la demande collective d'une séance supplémentaire, où un certain nombre d'éclaircissements sur ce qu'avaient vécu les participants purent être donnés.

Un mot sur les angoisses de groupe. La situation de groupe éveille certaines angoisses spécifiques. Si le mérite d'Elliott Jaques (1955) et de Max Pagès (1968) est de l'avoir reconnu, nous faisons toutefois nôtre la critique que leur adresse Pontalis (1963) : déceler une angoisse est insuffisant si l'on n'élucide pas le fantasme qui la sous-tend. A côté des angoisses œdipiennes, que nous avons déjà citées, le groupe mobilise des angoisses prégénitales.

L'angoisse de morcellement du corps et du psychisme tout d'abord. L'identité du Moi est mise en question dans tout groupe caractérisé par l'anonymat de ses membres ; chaque Moi sent le risque de se perdre et de se décomposer en les autres personnes présentes. Mais les groupes non-directifs servent là de révélateurs à une angoisse latente dans tous les groupes, réels ou artificiels. Dans leur *Contribution à la perspective génétique en psychanalyse,* Evelyne et Jean Kestemberg (1966) citent une observation d'une fillette miraculeusement rescapée du camp d'Auschwitz et dont la psychothérapie, menée par Edith Gyomroi, fut difficile pour la thérapeute :

« Cette adolescente racontait volontiers des événements et des actions qu'elle s'imputait à elle-même et qui étaient manifestement contradictoires entre eux. » Elle disait avoir vu ou fait au même moment des choses qui ne pouvaient coexister entre elles. L'analyste prit cela pour une attitude mythomaniaque. « En fait, grâce aux progrès de l'analyse, l'adolescente se rendit compte que les événements et les actions qu'elle s'était ainsi attribués appartenaient en réalité à tel ou tel autre enfant du groupe : elle avait vécu avec le sentiment que tous ces enfants et elle-même ne faisaient qu'un : elle s'était identifiée à chacun d'entre eux et à tous, sans pouvoir isoler son identité propre. »

Angoisses et fantasmes du groupe au niveau pré-moïque restent à étudier. Que le groupe uni s'appelle « corps » et qu'il dénomme ceux qui le composent ses « membres » nous paraît être la survivance, dans le langage courant, de l'angoisse de morcellement éveillée par la situation de groupe.

D'autres productions fantasmatiques dans les groupes s'articulent autour des deux positions décrites par Mélanie Klein, la position paranoïde-schizoïde et la position dépressive. Un psychosociologue intervenant dans un groupe ou une institution réels suscite une de ces formes d'angoisse primitive et il a d'abord affaire aux réactions de défense du groupe ou de l'institution contre elle. Il reste impuissant tant qu'il n'a pas pu formuler, dans une discussion sérieuse avec les intéressés, les fantasmes sous-jacents d'espion destructeur du groupe ou de juge dévalorisant de celui-ci qui se rapportent à son intervention. La demande du groupe vise le psychosociologue — ou plus généralement l'expert —, soit comme quelqu'un qui peut mais qui ne veut pas rendre le bon objet perdu (angoisse dépressive), soit comme mauvais objet à expulser (angoisse persécutive).

Les « imagos » parentales découvertes par Freud jouent un rôle structurant dans certaines situations du groupe. Comment, par exemple, comprendre autrement que par l'unité sous-jacente d'une imago les phénomènes en apparence si disparates qu'on observe dans une foule spontanée ? La densité de l'agrégat humain, cette masse où chacun se sent petit, à la fois noyé, perdu, menacé d'être étouffé, écrasé, piétiné, enseveli et aussi abrité, enveloppé, réchauffé, les longues périodes d'apathie repue, les phases paroxystiques d'angoisse collective, la panique d'excitation collective (convulsions, danses, beuveries, fornications, mutilations) ou de colère collective (le lynchage, les dépradations, des destructions à coups de pavé, de barre de bois ou de fer, les objets et les gens qu'on jette par les fenêtres dans le vide et qui s'écrasent et se brisent sur le sol, ou sont engloutis par des flots ou des flammes), tout cela n'indique-t-il pas la présence centrale et inconsciente de l'imago maternelle dans cette collectivité humaine, réduite à cette bouche nourricière, à des dents dévoratrices, à la chaleur du sein, à un ventre gigantesque où grouillent par centaines les substances qui s'y digèrent et les êtres qui s'y enfantent ?

L'imagerie populaire et les textes concernant la foule le confirment à condition de les prendre à la lettre : la foule, entend-on dire, est femme, capricieuse, changeante, sentimentale, prête à se donner au premier venu qui sait lui plaire ou la forcer ; la foule est un stupéfiant, qui endort la conscience et la raison, libère l'imagination, l'émotion, l'instinct ; la foule est une boisson forte qui provoque l'ivresse ; la foule gronde comme l'Océan, déferle par vagues, reflue, ravage comme un raz de marée. La foule est comparée à une femme soûle, délirante, dangereuse, à une bacchanale s'achevant en sacrifices humains ; la foule, mangeuse d'hommes, terre mouvante, avale les imprudents qui s'y aventurent ; la foule exerce l'attrait et l'angoisse du vertige ; c'est une béance qui fascine et, captés par milliers, les hommes s'y précipitent ; la foule encore est un nourrisson, qui vagit, crie, s'exprime par monosyllabes, chantonne, réclame à manger, à boire, à mordre, fait des colères et des excréments, montre ses dents, trèpigne, rage, s'endort brusquement, abruti de sommeil, de lait pur, de grand air. La labilité émotionnelle, l'impulsivité motrice, la perméabilité à l'angoisse, le caractère concret, intuitif, syncrétique des idées, la pensée par couple de contraires, tout ce qu'a décrit Le Bon (1895) ne prend son sens que par la présence de cette imago. En même temps, la solution bien connue aux dangers émanant d'une foule spontanée prend son plein sens : l'encadrer, la noyauter, l'organiser, la discipliner, c'est assurer, sur l'imago maternelle, la suprématie de l'imago paternelle.

Est-il possible d'appliquer au groupe la seconde métapsychologie freudienne ? Autrement dit, le Ça, le Moi, le Surmoi ont-ils un sens en dynamique des groupes ?

Le Ça est présent dans un groupe sous la forme suivante : la pluralité des individus évoque pour chaque membre la diversité des pulsions libidinales et agressives ; la pulsion est en groupe davantage présente et pressante car elle n'est pas pulsion d'un seul. D'un point de vue psychanalytique structural, il n'y a pas d'autre problème dans un groupe que ceux de la satisfaction de la pulsion et de la nature des mécanismes mis en œuvre pour y parvenir. Cela semble assez correspondre à l'observation clinique des groupes.

La pulsion ou « Ça » ne se constitue que corrélativement à la constitution d'un Moi, d'abord archaïque et corporel, puis apte à remplir les fonctions de contrôle, de choix envers les pulsions et de sens de la réalité. Le Moi archaïque que le groupe s'assigne pour le défendre contre les pulsions et pour tenir compte de la réalité, c'est le *leader* ou le président de séance. Mais les groupes ont tendance à forger, à partir des Moi évolués de chacun, la fiction d'un Moi commun relativement autonome, qui rendrait le groupe capable d'autorégulation et assurerait le contrôle de la pulsion et une perception de la réalité accompagnée de sens critique.

De ce Moi fictif du groupe se différencient un Surmoi du groupe — la règle commune née du consentement de tous et qui oblige chacun — et un Idéal du Moi du groupe, dont Freud a décrit le fonctionnement dans l'Armée et l'Eglise. Si l'on retient la distinction supplémentaire du Moi idéal et de l'Idéal du moi, il conviendrait de décrire le primat de Moi idéal, c'est-à-dire de l'idéal de toute-puissance narcissique, dans certains gangs ou bandes.

La dynamique des groupes pourrait effectuer de grands progrès si étaient précisées la nature, la genèse et les fonctions de ces instances dans les groupes, si les phénomènes de groupe étaient rapportés aux conflits entre ces instances et si divers types de groupe étaient distingués selon leur configuration structurale métapsychologique.

Pour conclure, disons qu'il y a deux façons très différentes d'étudier le groupe, selon le niveau visé.

Dans une première perspective, le petit groupe humain est vu comme une société en miniature : en effet on y trouve, à l'état naissant, grossis ou simplifiés, des phénomènes sociaux fondamentaux : la circulation de l'information, l'exercice de l'autorité, les variations du « climat » et du « moral », la résistance au changement, les négociations, les pressions, la tension entre l'intérêt général et la satisfaction des besoins individuels, le conflit entre les nécessités de l'organisation et la préservation des particularismes individuels et de la spontanéité créatrice, les normes, les codes, les croyances, le langage commun, les commémorations, l'hésitation entre la tolérance et l'ostracisme à l'égard des déviants et des coteries qui affaiblissent l'unité collective, l'antagonisme des personnalités marquantes, en général renforcé par celui de sous-groupes correspondants, les rapports de force changeant sur le thème : majorité — minorité — unanimité, les boucs émissaires, les suspects, les héros, les gros bras et la piétaille. Dans cette cité expérimentale, restreinte en son volume et sa durée, et dont certains réformateurs ont épuré le modèle jusqu'à l'utopie, on peut vivre et étudier à chaud plusieurs problèmes de philosophie politique, de sociologie, d'histoire sociale, à l'exception naturellement de ceux qui se rapportent au volume et à la permanence des cités réelles. Une telle étude mérite le nom de microsociologie.

Mais un petit groupe humain est aussi une rencontre de personnes, un lieu d'affrontements et de liens entre ces personnes hors de toute référence sociale. Les affinités et les oppositions de caractère y fleurissent. Les désirs individuels, toujours présents en sourdine, attendent passivement ou réclament avec violence d'y être comblés : appel à l'aide et à la protection, volonté de puissance, exhibitionnisme, esprit de dénigrement ou de contradiction, curiosité, admiration, idôlatrie. Le narcissisme de chacun y éprouve de douces victoires et d'amères blessures, victoires sur les autres traités comme objets de mes désirs, blessures que tant d'autres narcissismes, sans le vouloir (et parfois en le voulant), infligent par leur existence même au mien. L'angoisse commune au groupe, et qui est fonction de son stade d'évolution et du type de situation auquel il a à faire face, cette angoisse réveille et ravive les peurs personnelles les plus anciennes. La peur d'être groupe, de perdre son identité dans le groupe, est sans doute la difficulté première rencontrée. Au fond de ces peurs se trouvent des fantasmes, des scénarios imaginaires inconscients où se nouent les désirs les plus secrets avec les mécanismes de défense les plus archaïques, où s'amarrent nos points vulnérables, et d'où peuvent émerger l'œuvre d'art, la folie et le crime aussi bien que les rêves nocturnes et les chères rêveries éveillées. Le groupe est ici le laboratoire d'autres expérimentations : par-delà les programmes, les buts avoués, les tâches accomplies en commun, le groupe provoque le heurt de tous ces fantasmes individuels. Comme les inconscients communiquent directement entre eux, la disparité de ces fantasmes provoque la désunion du groupe ; l'angoisse devant une fantasmatique prédominante provoque sa paralysie ; la convergence des fantasmes et leur élaboration unifiante peut soit donner naissance à une idéologie, voire à une mythologie, l'une et l'autre défensives et propre à ce groupe, soit mettre à sa disposition l'énergie d'accomplir ses activités. Cette seconde perspective est celle de l'étude psychanalytique des groupes, qu'ils soient occasionnels comme les groupes de formation et de psychothérapie ou qu'il s'agisse de groupes sociaux réels.

4 L'illusion groupale : un Moi idéal commun ([1])

Aux trois grandes formes sociales de l'illusion décrites par Freud dès *Totem et tabou* (1912-1913) et approfondies ensuite par lui dans ses travaux de psychanalyse appliquée à la culture : l'illusion religieuse, l'illusion artistique et l'illusion que j'aime mieux appeler idéologique que philosophique, je propose d'ajouter une quatrième : l'illusion groupale.

L'analogie énoncée ci-dessus entre le groupe et le rêve me semble maintenant pouvoir être poussée plus loin. Premier point : le rêve, qui est l'illusion individuelle par excellence, se produit dans l'état de sommeil, c'est-à-dire de désinvestissement maximum de la réalité extérieure. Or les séminaires de formation ne se déroulent-ils pas en situation d'isolement culturel, en un lieu retiré de la vie sociale et professionnelle et pour une durée qui constitue une pause par rapport aux activités habituelles ? La réalité extérieure s'y trouve suspendue, mise entre parenthèses. A ce désinvestissement objectal correspond, en termes économiques, un surinvestissement du groupe, c'est-à-dire un report de la libido ainsi libérée sur la seule réalité présente ici et maintenant. Le groupe devient ainsi objet libidinal. L'observation des groupes réels confirme que chez eux aussi fonctionne le même équilibre économique que celui découvert par Freud pour l'appareil psychique individuel (cf. *Pour introduire le narcissisme,* 1914) entre la libido d'objet et la libido du Moi : il existe une corrélation inverse entre l'investissement groupal de la réalité et l'investissement narcissique du groupe.

Deuxième point. Dans le groupe comme dans le rêve, l'appareil psychique subit une triple régression ; chronologique, topique, formelle. La situation de groupe produit en effet une régression chronologique non seulement au narcissisme secondaire, mais même, c'est ici une de mes thèses, au narcissisme primaire. Pour me limiter à l'exemple du narcissisme secondaire, la confrontation aux autres est vécue comme une menace angoissante de perte

([1]) Texte d'une conférence prononcée le 24 mai 1971 à l'Association Psychanalytique de France et qui a primitivement paru, à quelques variantes près, dans la *Nouvelle Revue de Psychanalyse*, 1971, n° 4, pp. 73-93.

de l'identité du Moi. A cette menace, répond le contre-investissement narcissique, dont tout le monde connaît bien les difficultés de communication et de cohésion qu'il entraîne dans la vie ou le travail en groupe. La situation groupale avive, chez les membres, la blessure narcissique. Certains réagissent par un repli protecteur sur eux-mêmes, d'autres, par l'affirmation, obstinée ou revendiquante, de leur Moi.

Le groupe comme le rêve produit également une régression topique. Ni le Moi ni le Surmoi ne peuvent plus contrôler suffisamment les représentants-représentations de la pulsion. Les deux instances maîtresses de l'appareil psychique se trouvent être alors le Ça et, mal différencié de lui, le Moi idéal, lequel, on le sait, cherche à réaliser la fusion avec le sein, source de tous les plaisirs, et la restauration introjective de ce premier objet — partiel — d'amour perdu. Le groupe devient pour les membres le substitut de cet objet perdu.

La troisième forme de régression, la régression formelle, s'observe dans le recours à des modes d'expressions archaïques plus proches du processus primaire, comme la pensée figurative, le discours mytho-poétique, les jeux de mots, les interjections, voire les onomatopées, les borborygmes, ou encore les signes infralinguistiques, gestes, regards, sourires, postures, mimiques, empruntés à l'expression des émotions ou aux premiers simulacres symboliques découverts par l'enfant dans ses jeux avec sa mère et avec son entourage. De là provient la difficulté, fréquente dans les classes scolaires ou dans les sociétés savantes, de maintenir les échanges entre les membres au niveau du processus secondaire.

La régression de l'appareil psychique dans la situation de groupe ou de sommeil se manifeste encore par d'autres caractéristiques relevant du domaine spatio-temporel. Nos observations ont amené les collègues avec qui je travaille et moi-même à constater que l'espace imaginaire du groupe est la projection du corps fantasmé de la mère, avec ses organes internes, y compris le phallus et les enfants-fèces. Le temps subit également la régression : il n'est plus chronologique ; son irréversibilité est abolie, laissant la place tantôt à la répétition et à l'éternel retour, tantôt à la fantasmatisation du retour aux origines et d'un recommencement.

Un lieu hors de l'espace, c'est une utopie ; une durée hors du temps, c'est une uchronie. Les êtres humains viennent aux groupes comme à une utopie et à une uchronie. La catégorie spatio-temporelle propre au groupe vécu se trouve être celle de l'ailleurs. L'inconscient, s'il est vrai qu'il soit universel, éternel, et indestructible, est aussi pour l'homme l'altérité par excellence. Il est un toujours là que chacun de nous situe toujours ailleurs. Aux individus qu'il réunit, le groupe se propose fantasmatiquement comme ce lieu hors du temps, comme cet autre côté du miroir où leur inconscient se trouverait enfin représenté et réalisé en tant qu'il serait ce qu'ils ont en commun. On se rassemble en ce qu'on se ressemble.

L'ailleurs du groupe, par exemple l'utopie collective qu'il élabore, sert à chaque individu-membre de mécanisme de défense contre son inconscient individuel ; l'inconscient est en effet saisi dans les groupes comme une réalité non plus intra- mais inter- et trans-individuelle. Toutefois, de ce fait il peut être inséré dans un code commun par lequel, comme je l'ai montré dans mon travail sur « Freud et la mythologie » (D. Anzieu, 1970 *b*), chaque secteur du monde prend sens à partir d'un fantasme et réciproquement chaque processus inconscient reçoit une dénomination comme métaphore ou comme métonymie d'un phénomène naturel. Ainsi, en même temps qu'un rôle de défense, les productions psychiques groupales remplissent un rôle de transition entre la réalité psychique interne et la réalité naturelle et sociale extérieure.

*

Je viens d'établir que la production de l'illusion peut être aussi bien groupale qu'individuelle. Il convient maintenant de préciser la forme spécifique prise par l'illusion en groupe. J'appelle « illusion groupale » un état psychique particulier qui s'observe aussi bien dans les groupes naturels que thérapeutiques ou formatifs et qui est spontanément verbalisé par les membres sous la forme suivante : « Nous sommes bien ensemble ; nous constituons un bon groupe ; notre chef ou notre moniteur est un bon chef, un bon moniteur. » Je procéderai à l'étude de ce phénomène de groupe en présentant trois observations. Ces trois observations ont chronologiquement jalonné les progrès de ma réflexion et ma pratique sur les conditions auxquelles peut s'effectuer un travail véritablement psychanalytique dans les groupes de formation.

Observation n° 4 (suite) *:*

Il s'agit d'un groupe de diagnostic [1] qui s'est déroulé dans le Midi de la France en douze séances d'une heure et demie réparties sur quatre jours. J'étais le moniteur. Je suis redevable à un des deux observateurs non participants, René Kaës, d'en avoir rédigé un protocole détaillé. La réflexion sur le déroulement de ce groupe m'a pour la première fois permis d'entrevoir l'existence de l'illusion groupale.

Les treize participants, six femmes et sept hommes, étaient tous, pour reprendre un terme créé par William James, ensuite oublié et depuis réinventé par André Berge, des « psychistes », c'est-à-dire des gens qui, psychologues, psychiatres, éducateurs, travailleurs sociaux, travaillent sur la réalité psychique, non sur la réalité extérieure.

(1) J'ai extrait du protocole de ce groupe, dénommé tantôt groupe de Cythère, tantôt du Paradis perdu, tantôt groupe de la Galère, ce qui concerne l'illusion groupale. R. Kaës, l'a utilisé d'un autre point de vue dans son article « Processus et fonctions de l'idéologie dans les groupes » (1971 *b*). A. Béjarano le commente également dans son chapitre « Résistance et transfert dans les groupes » (1972, pp. 83-89). Le texte intégral du protocole est publié par R. Kaës et nous-même dans un volume de la Collection *Inconscient et Culture,* intitulé : « Chronique d'un groupe : observation et présentation du groupe du Paradis perdu ».

La première séance a lieu le premier jour dans l'après-midi. Elle commence par la contestation du rôle des observateurs ; elle continue par un tour de table où chacun précise ses attentes et où apparaît à plusieurs reprises l'idée que la connaissance d'autrui qu'on espère acquérir ici devrait permettre d' « égaliser les rapports, de niveler les différences », la seule différence explicitement mentionnée se trouvant être entre le moniteur et les autres membres. Un des participants, Nicolas, en voulant jouer au psychanalyste, cristallise sur lui l'agressivité restée latente. La séance se termine par un aveu, impressionnant pour le groupe, d'une participante, Léonore, qui a déjà retenu l'attention de tous les hommes au cours du tour de table en se présentant comme femme-orchestre et comme femme-médecin : elle déclare qu'elle est spécialiste du planning familial et qu'elle a antérieurement participé à un groupe d'assistantes sociales : ce groupe a poursuivi pendant longtemps ses réunions (« nous ne voulions pas mourir », dit-elle) et chacune des participantes y a éprouvé de vives satisfactions (« nous étions très bien ensemble »).

Le destin que va connaître ce groupe pendant et après la session se noue là : le transfert négatif qui n'osait pas se porter sur le moniteur s'est déplacé sur Nicolas. Celui-ci gardera jusqu'à la fin cette fonction. Léonore, en se présentant comme spécialiste du planning familial, est perçue inconsciemment par la plupart comme celle qui connaît et maîtrise les secrets de la vie, de la naissance et du sexe. J'interpréterai par la suite sa fonction de bonne mère du groupe, mais cette interprétation sera inefficace parce qu'insuffisante : il m'apparaît en effet maintenant que le groupe n'a plus rien espéré de moi à partir du moment où il a attendu de Léonore le savoir, c'est-à-dire la révélation de ces mystères de la séduction, de la scène primitive et de la différence des sexes. Le groupe le dira en clair à travers un dessin collectif fait au tableau entre les deux dernières séances, mais je l'entendrai, par un contre-transfert narcissique, comme se rapportant à moi, alors que ce dessin exprimait la relation du groupe à Léonore, relation dont j'étais le tiers exclu. Dans ces conditions, l'utopie du bon groupe, où tout le monde s'aime et où on n'arrive pas à se séparer, et que Léonore propose, ne pourra qu'être adoptée par lui : nous aussi nous allons être ce bon groupe qui répondra au désir de Léonore et dont Léonore deviendra la bonne monitrice En fait, après la fin de la session, ce groupe se réunira, régulièrement et longtemps, sans le moniteur ni les observateurs, tous les trois masculins, qui lui avaient été affectés au départ.

Les séances suivantes, le soir du premier jour et le matin du second, tournent autour de la neutralité silencieuse et frustrante du moniteur, neutralité qu'adopte également pour un temps Léonore. Elle s'en explique en faisant une nouvelle révélation impressionnante : elle a fait une psychanalyse. Les autres psychistes parlent de leur impuissance professionnelle dans leur métier. Puis ils décrivent le présent groupe comme une sphère sans ouverture, où chacun suffoque, isolé et exposé aux dangers d'un combat interne se déroulant en dehors de toute règle. Ils rêvent, à l'inverse, d'un groupe qui vivrait en internat et où moniteur et observateurs se mêleraient étroitement à eux. Ils forcent le moniteur à parler, puis se divisent pour ou contre l'interprétation de celui-ci sur leur crainte de l'effraction. Ensuite, les participants, que rapprochent des affinités naissantes, commencent à constituer des paires mais entre hommes ou entre femmes. Seule

Léonore jette son dévolu sur un partenaire de l'autre sexe. La présence de deux barbus dans le groupe (Nicolas et Raoul) fait se poser dans l'angoisse la question : qui porte la barbe, ou la culotte, ici ?

L'illusion groupale fait son apparition, comme c'est souvent le cas, au cours du déjeuner pris, le second jour, en commun par les participants, sans le moniteur ni les observateurs, après la quatrième séance. Au début de la cinquième séance, les participants, conformément à la règle de restitution, rapportent que, pour la première fois, ils ont à ce repas ressenti avec plaisir une cohésion de leur groupe ; ils ont également été unanimes à dire leur insatisfaction du moniteur ; certains ont proposé de l'exclure, en lui conservant toutefois sa rétribution.

Le moniteur interprète la dépendance et l'ambivalence envers lui que manifestent ces propos. Certains entendent l'interprétation comme venant d'un père redoutable et à éliminer. D'autres se déclarent satisfaits du ton et du contenu. L'agressivité collective se reporte aussitôt sur le substitut désigné depuis la première séance : après un simulacre de vote, le cahier sur lequel Nicolas consigne ses observations lui est retiré (le moniteur également prend des notes au fur et à mesure mais personne ne fait le rapprochement). On somme également Nicolas de s'exprimer sur ses relations antérieures avec le moniteur, dont il a été l'étudiant. De là, on fait le tour de tous ceux qui, eux aussi, anciens étudiants ou lecteurs de ses écrits, connaissaient auparavant le moniteur. Léonore déclare avoir au contraire fait depuis le début l' « économie du moniteur » : elle l'ignorait avant la session, elle continue de l'ignorer depuis. La fantaisie groupale d'exclusion du moniteur apparaît alors à plusieurs comme la réalisation par le groupe du désir de Léonore, ce qu'elle nie. Le moniteur interprète le désir du groupe d'avoir une bonne mère à la place d'un pouvoir mâle contesté. Interprétation exacte, mais, je l'ai dit, incomplète et qui ne suffira pas à faire saisir et dépasser par le groupe la fascination dans laquelle il s'installe devant la perspective d'une fusion narcissique collective avec l'image d'une mère toute-puissante. Ainsi se termine l'après-midi du second jour.

A la septième séance, au matin du troisième jour, une discussion s'instaure sur les effets perturbateurs pour les enfants des conflits entre les parents, allusion inconsciente à la lutte pour le pouvoir que le groupe ressent entre Léonore et le moniteur. Brusquement resurgit le thème de l'égalité qui avait conclu le tour de table de la première séance : « Que les creux et les bosses soient ici nivelés, les chefs rabotés, chacun réduit au commun dénominateur. » A l'exclusion du moniteur et des observateurs qui introduisent la distance, le jugement et la différence, tout le monde doit rentrer dans le rang, personne ne doit se distinguer des autres : à cette condition, chacun est sympathique à chacun. Des hommes disent à Léonore combien elle leur paraît séduisante. Ceci lui attire l'agressivité jalouse de plusieurs femmes du groupe. Elle en est si décontenancée que plusieurs, à la pause, s'efforcent à lui remonter le moral.

La huitième séance est marquée par une recrudescence de l'illusion groupale : dans un élan de bonté, le groupe « récupère », en s'intéressant à leur angoisse, les membres le plus éprouvés par la session : Nicolas, hier ; Léonore, tout à l'heure ; et jusqu'au moniteur, qualifié de « membre capital ».

Le déjeuner, juste après, est marqué par un agir qui vient contredire cet élan. Les participants vont ensemble, comme la veille, au restaurant universitaire ; il est tard ; la serveuse veut les disperser parmi les places libres, au lieu de mettre en service pour eux deux tables déjà nettoyées. Un des membres du groupe, Raoul, la rabroue si vertement qu'elle pleure, cède, et prépare les tables réclamées. Le reste des participants a laissé faire. Ainsi le groupe, qui se réclame du pur amour et d'une stricte égalité entre les humains, se fait complice, pour préserver son festin unitaire, c'est-à-dire son illusion groupale, d'une action tyrannique exercée sur une employée subalterne. Ce n'est par un hasard si ce second repas en commun est marqué du sceau de la position dépressive : tous avouent vivre la session avec un sentiment d'échec et de marasme.

Le moniteur, quand cette déception se trouve rapportée par bribes à la séance suivante, en profite pour souligner l'évitement par le groupe de tout ce qui risquerait de lui faire perdre l'unité et l'égalité, que ce soit en admettant l'existence d'affinités susceptibles de conduire à des couplages hétérosexuels ou celle d'antagonismes internes.

Raoul évoque alors une anecdote, qui va faire florès : il possède un bateau en copropriété avec Nicolas ; avec ce bateau, cela se passe entre eux à l'image de fonctionnement du groupe ; chacun a l'impression de supporter plus de charges que les avantages. L'anecdote déclenche une intense activité de fomentation fantasmatique. On est, dit-on, embarqué sur le même bateau, on est solidaire dans le plaisir et la peine. Puis le groupe devient une galère où chacun rame à son rythme et qui avance à l'aveuglette, ignorante de son cap. On lutte ensuite sur une mer déchaînée. Une question se pose enfin : les pestiférés peuvent-ils être admis ? Oui ,la peste est à bord... C'est seulement à ce moment que l'incident du restaurant avec la serveuse est rapporté, d'une façon d'ailleurs brève et purement factuelle.

Durant la pause, au milieu de l'après-midi, entre cette séance et la dixième quelques participants dessinent au tableau une galère d'où sortent douze rames égales ; au mât flotte le drapeau jaune de la quarantaine ; il est frappé d'un cœur. Le commentaire en est aussitôt donné à la reprise : l'amour, c'est la peste. A l'avant, la figure de proue est celle d'une femme aux seins nus et généreux. Deux poissons-observateurs émergent de l'eau. Le groupe se livre à partir de là à des associations d'idées collectives : le moniteur tient le gouvernail ; le bateau pourrait être celui des Croisés battant pavillon du Sacré-Cœur et allant reconquérir la Terre sainte ; ou encore celui d'amoureux embarquant pour Cythère.

Le moniteur rapproche l'épisode du dessin de celui du restaurant : il y a dans le groupe un désir de faire l'unité en surface pour colmater les contradictions entre les principes énoncés et les attitudes pratiquées. Un débat tendu éclate alors sur l'incident du restaurant. Léonore adresse à Raoul des reproches véhéments, différés jusque-là, pour avoir bafoué la servante à laquelle elle reconnaît s'être identifiée. La femme est-elle la servante de l'homme ? Tout à coup, on s'aperçoit que cette domination abhorrée fonctionne ici et maintenant : la plus jeune et si, j'ose dire, la plus célibataire des participantes a exprimé clairement, à propos du dessin, son refus de ramer avec les autres ; personne n'y a prêté attention et depuis elle ne participe plus aux échanges. On découvre, sur l'intervention du moniteur, que dans le groupe les femmes ont moins droit à la parole que les hommes et les célibataires moins que les mariés. Le moniteur souligne également l'importance de la rivalité des sexes. Un des deux barbus, Raoul, rapporte qu'un jour une femme a tiré si fort sur sa barbe qu'elle lui a décollé la peau du visage. L'angoisse envahit les participants à la question de savoir qui est un homme, qui est une femme et ce qui fait la différence.

Les deux dernières séances ont lieu le matin du quatrième jour. La onzième commence par la phrase : « A midi nous nous séparerons » ; elle continue en alternant l'expression de l'angoisse de mort et l'élaboration de l'expérience vécue pendant les trois jours précédents. Les participants reconnaissent n'avoir accepté de se voir vivre qu'à travers l'image idéale d'un phalanstère, bateau ou île, où l'amour et l'ordre, rendus compatibles, auraient permis à chacùn la satisfaction de ses désirs.

Pendant la pause, avant la dernière séance, nouveau dessin au tableau. C'est l'île du Paradis édénique, but supposé atteint par ce groupe-croisière : une femme et un homme sont debout et nus sous un palmier ; ils se tiennent de part et d'autre de l'Arbre de la Connaissance, qui donc les sépare, et dans lequel erre, on le dit à mi-voix lors de la reprise, le serpent-moniteur. On explique aussi avec difficulté, après un long silence que la femme, peut-être Léonore ?, est amputée de ses bras « pour ne pas se défendre contre les entreprises amoureuses de l'homme » et, après un autre silence, que tous deux sont purs, naïfs et innocents.

L'angoisse de la fin du groupe revient en force ; le dessin est oublié et le bilan de la session est repris et poursuivi. Les interventions du moniteur ne sont plus entendues. Un autre thème s'impose, celui de la prophétie d'une survie : « Le groupe meurt, mais il va porter ses fruits... » ; « Quand j'étais croyante, le corps mystique était pour moi une idée-force... » ; « Il est nécessaire de sentir qu'il y a un prolongement au-delà de la mort... » On élabore des projets de réunions futures. On affirme que cette session aidera à mieux vivre, que l'on a progressé ; on espère que « le monde dans lequel maintenant nous allons retourner est un monde changé, à cause de l'expérience du bateau ».

On découvre que Nicolas ne participe pas à cette euphorie ; il est isolé, silencieux, exclu : « Depuis qu'on lui a coupé la langue, il se tait. » Le groupe, ajoute-t-on, n'a commencé d'exister qu'en le condamnant parce qu'il n'avait pas consenti à la loi du groupe. Il a fallu « lui infliger la castration de son petit cahier » ; ce qu'on a condamné en lui, dit-on encore, c'est son identification au moniteur.

Cette réactivation de la question de la différence déclenche un jugement collectif agressif et dépréciatif à l'égard de la session ; artificialité de l'expérience, inégalité introduite par la présence du moniteur, croyance que des groupes existent ailleurs, où les rapports interindividuels peuvent être satisfaisants à la fois en groupe et en couple. Le projet, émis par Léonore, d'une réunion dans l'égalité sans moniteur ni observateurs est repris par la plupart.

Le moniteur annonce l'heure de la fin, mais les participants demandent à demeurer autour de la table, requièrent des observateurs de les y rejoindre et, avec l'assentiment (bien difficile à refuser) du moniteur, instituent une treizième séance supplémentaire, dotée d'un ordre du jour comportant trois questions.

La première concerne les observateurs : comment ont-ils vécu ces trois jours ? Leur réponse dissipe la crainte qu'ils n'aient rempli un rôle d'espion au détriment des participants. Ceci prouve que l'angoisse persécutive a, sans que sur le moment je m'en sois clairement aperçu, été présente dans le groupe tout au long de la session et qu'elle va de pair avec l'illusion groupale.

La seconde question s'adresse au moniteur : quelle comparaison a-t-il faite entre ce groupe et les autres groupes déjà animés par lui ? Je réponds en reprenant une intervention antérieure : dans ce groupe on a surtout cherché à se connaître les uns les autres ; d'où le fait que les tensions surgies en son sein ont été, non pas analysées en tant que processus groupaux, mais traitées en terme de conflits de personnes. Là aussi, en rédigeant maintenant cette observation d'après les notes de l'époque, je mesure ma méconnaissance du caractère transférentiel de cette seconde question, dont le sens latent devait être : avons-nous été le bon groupe aimé d'un bon moniteur, ou le mauvais groupe non-né, indéfiniment gardé dans son ventre par un moniteur indifférent et sans désir pour nous ? Parmi les autres enfants-groupes du moniteur, sommes-nous enfant préféré ou un avorton rejeté ?

Enfin, la dernière question : les participants n'ont-ils rien appris sur le groupe ? A cette époque, je travaillais avec le modèle théorique lacanien de l'imaginaire, du symbolique et du réel, et je répondis en proposant une interprétation de l'imaginaire du groupe que le dessin collectif aurait exprimé à travers la métaphore du Paradis : seul le moniteur pourrait avoir la connaissance, qui resterait interdite aux participants ordinaires ; la femme aurait été dessinée sans bras, non pas pour qu'elle ne puisse résister à l'homme comme le groupe l'avait prétendu, mais pour qu'elle ne puisse saisir la pomme d'un savoir coupable et la proposer à l'homme. J'ajoute, dans l'espoir, qui s'avérera vain, de faire passer les participants du registre imaginaire au registre symbolique, que seul le groupe dans sa totalité peut se connaître par la mise en commun des évaluations de chacun sur ce qu'il ressent et retire du groupe, que la connaissance du groupe par lui-même est une démarche « laïque », ne comportant nul savoir coupable ou réservé et que le moniteur n'est ni un serpent ni la haute stature d'un dieu. Tel est le dernier mot de la session.

Par la suite, on sut par des indiscrétions que les participants s'étaient réunis à plusieurs reprises. Au bout de deux mois, René Kaës, un des observateurs, reçut une carte postale qui comportait pour tout texte une signature : « le groupe », sous le dessin d'un drapeau blanc frappé d'un cœur rouge. La photographie, au recto de la carte, représentait un paysan, fourche à la main, surprenant derrière une haie un homme et une femme nus, avec la légende suivante : « Eh la petite mignonne, fallait point vous déranger pour moi, j'faisons que regarder. »

Ceci m'a conduit, dans mon article de 1966, en partie inspiré par l'expérience de cette session, et reproduit plus haut dans le chapitre *Analogie du groupe et du rêve*, à expliquer ainsi le refus de ces psychistes de comprendre les processus psychiques qui s'établissent entre les membres d'un groupe :

« Cythère, c'est le rêve de relations humaines exclusivement libidinales. Mais Cythère s'est transformé brusquement en Paradis où Adam et Eve honteux de leur nudité, se tiennent sous l'Arbre de la Connaissance du bien et du mal : ils connaissent que l'amour désiré est interdit et ils sont séparés. La fantasmatique qui fondait la résistance dans le groupe était celui-ci : se connaître les uns les autres, connaître les phénomènes de groupe, c'est goûter aux fruits de l'Arbre de la Connaissance du bien et du mal, c'est connaître le secret de la naissance, le mystère de la procréation ; c'est pour l'enfant assister à la scène primitive, c'est-à-dire à l'acte par lequel ses parents l'ont conçu. Le sentiment de culpabilité était là si massif qu'il a rendu inacceptable la curiosité de savoir. Les participants ont vécu comme secret inaccessible, comme mystère interdit, la connaissance psychologique qu'ils étaient venus chercher. »

Ce que j'ai manqué dans ce groupe, chose que son second dessin, sa troisième question, puis sa carte postale donnent à comprendre, c'est l'interprétation de l'angoisse devant le fantasme de la scène primitive. Le refus d'aborder la question des couplages dans le groupe, le refus de Léonore de se poser en partenaire du moniteur, le refus d'admettre que l'existence de ce groupe reposait sur une initiative conjointe du moniteur et de l'observateur principal, l'affirmation réitérée d'une absolue égalité de tous les membres, c'est-à-dire la dénégation de la différence des sexes, deviennent alors compréhensibles. De ce point de vue, l'illusion groupale dans laquelle ce groupe s'est entretenu lui a servi de défense contre le fantasme de la scène primitive, c'est-à-dire de défense contre l'explication de l'origine des êtres humains par l'union sexuelle d'un homme et d'une femme. L'illusion groupale traduit l'affirmation inconsciente selon laquelle les groupes ne naîtraient pas de la même façon que les individus, qu'ils seraient des productions parthénogéniques, vivant à l'intérieur du corps d'une mère féconde et toute-puissante. Ceci rend compte du désir inconscient qui pousse tant de nos contemporains, comme on dit, à « faire du groupe », désir qui s'avère en fait être celui de guérir ses propres blessures narcissiques et de se mettre à l'abri de leur répétition éventuelle par une identification projective au bon sein.

Observation n° 5 :

La seconde observation porte sur un groupe de diagnostic de trois jours, dans l'Est de la France, composé de huit participants (quatre hommes, quatre femmes) et tenu, avec l'accord de ceux-ci, dans un studio d'enregistrement. Je comptais procéder à la publication, accompagnée d'un commentaire, de la transcription intégrale des bandes. De ce matériel considérable, je ne retiendrai ici que les circonstances dans lesquelles l'illusion groupale est apparue. Le groupe évolue assez régulièrement de séance en séance jusqu'à la dixième. Un blocage apparaît à la onzième, marquée par des silences, par un climat lourd, par l'absence d'une thématique commune dans le discours explicite. Ce blocage est aussi le mien : j'ai perdu le fil. Mû par le désir de donner quand même aux participants quelque chose de ce qu'ils sont venus chercher, je me lance, à la douzième et dernière séance, dans une fuite en avant, sous forme de plusieurs longues interventions dont aucune ne réussit à constituer une interprétation correcte et efficace.

Que s'est-il donc passé ? A la dixième séance, les conditions de l'illusion groupale, que le groupe du Midi nous a laissé pressentir, sont réunies dans ce groupe de l'Est.

La première tient en ce qu'un des participants, Daniel, éducateur spécialisé, Alsacien affirmé, catholique à la charité militante, est devenu le bouc émissaire du groupe, comme Nicolas, manifestement juif, barbu et charitable, l'avait été précédemment. Tous deux irritent car on pressent un certain masochisme derrière leurs bons sentiments. Mais surtout, admirateurs déclarés du moniteur, ils facilitent le déplacement violent sur eux de l'agressivité collective latente envers lui. La croyance qu'ils professent est celle que Freud a décrite dans *Psychologie collective et analyse du Moi* (1921) : un groupe, c'est l'identification de tous à un chef, à un Idéal du Moi. Or cette conception est honnie des autres participants, venus à la session pour vivre un groupe qui s'organise autour non pas d'un personnage central mais du groupe lui-même. La première condition de l'illusion groupale est donc le clivage du transfert. Pour que le groupe puisse devenir le bon sein introjecté, il faut qu'il trouve un mauvais objet sur lequel le transfert négatif clivé soit projeté.

La seconde condition réside dans une idéologie égalitariste. Le groupe du Midi l'avait exprimée dans son désir de niveler les différences, dans son premier dessin de la galère aux douze rameurs. A l'exception de Daniel, le groupe de l'Est est composé de professeurs, de formateurs, de psychologues, tous français « de l'intérieur » ou alsaciens si parfaitement assimilés que leur origine ne se remarque plus, laïques militants ou protestants discrets, prêts à rallumer la guerre religieuse. Ils développent une croyance jacobine en la liberté, l'égalité et la fraternité démocratiques dans le groupe, avec menace de Terreur à l'égard des suspects, et affirmation du pouvoir central sur les particularismes régionaux, notamment sur le particularisme alsacien. Leur intention explicite est de vivre le groupe de diagnostic comme une expérience de philosophie politique, non de psychanalyse. Les neuvième et dixième séances sont consacrées à mûrir un projet utopique, équivalent de l'Eden dessiné par le groupe du Midi, et qui est d'organiser le groupe en Cité autogérée. Pourquoi la seconde condition de l'illusion groupale est-elle la production d'une idéologie égalitaire ? La régression provoquée par la situation de groupe ou de foule va souvent bien en deçà de l'organisation œdipienne à laquelle Freud s'est tenu dans ses écrits de psychanalyse appliquée à la culture. Les disciples anglais de Mélanie Klein ont justement vu et dit les premiers que cette situation mobilise les angoisses archaïques, persécutive et dépressive, liées à la relation duelle avec la mère. Or, l'illusion groupale est, dans cette situation régressive, la contrepartie de ces angoisses archaïques, comme la fusion avec la bonne mère est, pour le nourrisson, dans le cadre de la relation duelle, la contrepartie des fantasmes visant le mauvais sein ou le mauvais objet : « Nous sommes tous de bons objets dans le sein de la bonne mère et nous nous aimons les uns les autres en elle comme elle-même nous aime en nous concevant, nourrissant et soignant. » Il s'agit donc ici d'une égalité des enfants-pénis dans leur relation au sein comme objet partiel. Une telle égalité est très différente de celle décrite par Freud dans les organisations sociales dotées d'un règlement et d'une hiérarchie, où le chef est supposé aimer ses subordonnés d'un amour égal et où ceux-ci, fils symboliques du même père, se sentent fraternellement solidaires : ce qui joue entre eux sont des identifications secondaires et symboliques. Avec l'illusion groupale, nous avons par contre à faire à des identifications primaires ou narcissiques : l'égalité exigée de chacun par chacun des membres du groupe est une égalité d'être qui ne peut être obtenue que par la participation fusionnelle au sein tout-puissant et autosuffisant de la mère vécue comme objet partiel.

Un troisième trait commun au groupe du Midi et à celui de l'Est, est le refus de prendre en considération la différence des sexes, le refus du couplage, le refus des explications de type psychanalytique, c'est-à-dire le refus d'un savoir supposé sur la sexualité. Dans le groupe de l'Est, cela s'est manifesté à la dixième séance par la constatation que le projet d'autogestion était l'apanage des hommes, les femmes du groupe se demandant s'il y avait une place pour elles dans une Cité où il était si peu question d'amour. Cela nous met sur la voie d'une autre condition : l'illusion groupale est dénégation de l'existence des fantasmes originaires. On sait, grâce à l'analyse structurale faite par J. Laplanche et J.-B. Pontalis (1964), que les fantasmes originaires se rapportent aux trois phases du cycle de la sexualité : fantasmes de séduction, qui expliquent l'éveil du désir et l'attente du plaisir ; fantasmes de castration, qui expliquent la différence des sexes ; fantasmes de scène dite primitive ou originaire, qui expliquent l'origine des enfants. Dans les deux observations de groupes que je rapporte, l'idéologie égalitariste sert de défense contre l'angoisse de la castration en tant que celle-ci introduit entre les êtres la différence par excellence. Le refus du couplage est une défense contre les fantasmes de scène primitive. Le refus de l'interprétation psychanalytique est une défense contre le fantasme d'une séduction que le groupe pourrait exercer sur le moniteur ou le moniteur sur le groupe.

Néanmoins, l'illusion groupale est, elle aussi, un fantasme : « Nous avons été conçu par parthénogénèse, nous subsistons dans le ventre maternel par conception continue [1], nous sommes conçus mais non encore nés, notre naissance est indéfiniment reportée, le désir de notre mère étant de nous garder et notre désir étant de rester ainsi, tous bien ensemble et tous bien en elle. » Il s'agit là d'un autre type de fantasme des origines qui appelle une révision de la classification de J. Laplanche et J.-B. Pontalis. Par rapport aux trois autres types, il s'agit d'un contre-fantasme originaire ou mieux encore d'un fantasme contra-originaire. L'accent mis dans les deux groupes du Midi et de l'Est sur l'indifférence du moniteur envers le groupe ou du groupe envers le moniteur, le refus d'admettre celui-ci comme fondateur de celui-là, prennent là leur sens : « Nous sommes nés non pas d'un père, mais de notre propre groupe ; nous ne tirons pas notre origine d'un être ou d'une réalité extérieurs ; nous sommes un groupe-matrice qui s'engendre lui-même. » Descartes, discutant des preuves de l'existence de Dieu, reformule l'argument ontologique en disant que Dieu est, car il est cause de lui-même. Ainsi, dans l'illusion groupale, le groupe est et il est *causa sui*. Cycle qui se reproduit lui-même, temps circulaire de la fusion indéfiniment répétée, phénix qui se nourrit de ses entrailles et ressuscite de ses cendres. Des deux grandes métaphores que l'analyse sémantique a mises en évidence à propos du terme de groupe, et qui sont le lien (ou nœud) et le cercle (ou table ronde), c'est la seconde qui ne manque pas de surgir alors dans le discours collectif. L'attraction que les méthodes de groupe exercent à l'heure actuelle sur tant de gens provient pour une bonne part de la « philosophie » implicite attribuée ces méthodes : ici il est interdit de s'identifier au moniteur, à un chef quelconque ; c'est au groupe que chacun a à s'identifier.

(1) La théorie de la création continue de Malebranche me semble fournir une expression philosophique à cet aspect du fantasme.

Une différence toutefois est à noter entre le groupe du Midi et celui de l'Est. Le premier m'a considéré comme étranger à sa barque et à son île du début à la fin, tandis que le second a souhaité qu'une fois rentré dans le rang, je sois réintégré à sa Cité. Bien qu'ils ne l'aient pas évoqué très explicitement, je restais perçu par plusieurs de ces jacobins centralisateurs comme le professeur parisien qui avait enseigné pendant plusieurs années à l'Université de Strasbourg, donc comme un des leurs. Le microphone central dressé sur un long pied depuis le sol, au centre du losange que formaient les tables autour desquelles nous étions assis, était volontiers désigné avec un certain humour comme phallus ou oreille me symbolisant. Une participante avait exprimé involontairement la position du groupe à mon égard en déclarant qu'il faudrait envoyer « tous les vieux de quarante-cinq ans qui sont dans les entreprises se recycler », âge qui n'était pas loin d'être le mien cette année-là. Dans la session du Midi, l'illusion groupale avait été suscitée par Léonore et ne pouvait être maintenue que si le groupe me la dissimulait. Pour le groupe de l'Est, où l'initiative en revenait aux hommes, elle ne pouvait exister que si j'en étais le témoin plus bienveillant que neutre. Dans le premier cas, le transfert sur le moniteur a été minimisé ; le transfert sur le groupe comme objet libidinal, maximisé. Dans le second cas, me faire entrer dans le groupe, dans son utopie et dans son illusion a représenté une tentative pour fondre en un seul les deux transferts, celui sur le groupe et celui sur le moniteur. Un autre groupe que j'ai animé par la suite a trouvé dans un lapsus une formule heureuse pour désigner cette confusion des transferts : alors qu'il voulait dire : « Pour moi, le groupe est la mère et Anzieu le père », un participant déclara : « Pour moi, le groupe est *le* mère et Anzieu *la* père. »

Ainsi se trouvaient remplies dans le groupe de l'Est les trois conditions principales de l'illusion groupale. Venons-en à l'événement qui en est résulté.

Le second soir, à la fin de la huitième séance, Daniel invite tout le monde à venir prendre le café chez lui et essuie un refus. Le troisième et dernier jour, entre la dixième et onzième séances, à l'heure de midi, dans l'escalier, le groupe laisse partir Daniel, décide de déjeuner ensemble, me cueille au passage et m'invite, ainsi que le technicien et la secrétaire chargés respectivement de l'enregistrement et de la transcription. Pourquoi ai-je accepté ? Autrement dit, pourquoi ai-je consenti à l'illusion groupale ? Une raison en partie consciente a joué : j'avais pris en enregistrant ce groupe deux risques, celui que le groupe ne décide, à un moment donné de son évolution, de mettre fin à l'enregistrement (ce qu'il avait la liberté de faire), et le risque inverse qu'il ne laisse fonctionner le magnétophone jusqu'au bout mais en restant fasciné et paralysé par sa présence et sans arriver de ce fait à évoluer. Or, la session touchait à sa fin. Le groupe avait très vite oublié la présence du microphone, et, derrière la vitre de la cabine, celle de l'électronicien affairé à ses appareils. Il avait régulièrement évolué. A l'inquiétude succédait en moi une satisfaction narcissique : quoi qu'il se passe dans les deux dernières séances, j'étais assuré de détenir et peut-être de pouvoir publier, chose qui n'a pas encore été faite, non seulement le texte intégral d'un groupe de diagnostic, mais, qui plus est, celui d'un « bon » groupe.

Quand un moniteur prend son groupe pour un « bon » groupe et que ce groupe prend réciproquement son moniteur pour un « bon » moniteur, tout est mûr pour l'illusion groupale. C'est là un bel exemple de complémentarité du transfert et du contre-transfert. Seule l'élaboration de ce contre-transfert aurait pu me mettre sur la voie de l'interprétation correcte ; mais en acceptant l'invitation à ce repas collectif, je me privais du moment de recueillement intérieur nécessaire pour une telle élaboration. Une rationalisation a enfin surdéterminé mon consentement à l'illusion groupale : la pensée que ce banquet partagé ne saurait être de ma part une erreur si sa signification pour le groupe était analysée aussitôt après : je mis en effet la question sur le tapis dès la reprise de la séance, au début de l'après-midi ; un long silence fut la seule réponse du groupe dont le blocage commença là : moi-même, je ne savais pas encore bien ce qu'était l'illusion groupale et je me tus. Ainsi tourna court l'analyse collective sur laquelle j'avais à tort compté pour se substituer à mon auto-analyse défaillante.

Nous voilà donc attablés tous les dix dans un restaurant typiquement alsacien, au milieu de la gaieté des buveurs de bière ou de vin du Rhin. Nous célébrons une version mi-jacobine et mi-alsacienne de la Sainte Cène autour d'une monumentale choucroute renforcée de plusieurs jambonneaux chauds et complétée pour les uns d'un munster onctueux, puissant et poudré de cumin, pour les autres d'un vacherin glacé et montagneux dans un habit de crème chantilly, — pour moi, de l'un et de l'autre. Au bout de la table où je suis assis, les histoires drôles fusent dont je paie de bon cœur ma quote-part. Chacun mange sa part de ce bon groupe, on ne s'est jamais si bien senti ensemble. A l'autre bout, autour du jeune « couple » formé par le garçon de laboratoire et la secrétaire — oreilles accueillantes mais bouches muettes —, on parle sérieusement de choses qui n'ont pamais été dites pendant les séances et que les deux auditeurs « involontaires », ayant inconsciemment saisi qu'elles s'adressaient à moi par leur truchement, me rapporteront à leur tour dès qu'ils le pourront — ce sera une fois la session terminée —, me permettant ainsi de comprendre juste un temps trop tard.

Déjà à la pause de 10 h 30 le matin, j'ai accepté de me retrouver au même café que les participants et Fernand, un professeur, y a pour la première fois parlé de l'expérience de pédagogie institutionnelle qu'il tente avec ses élèves et dont les difficultés techniques l'ont conduit à s'inscrire à l'actuel groupe de diagnostic. Au déjeuner, à l'autre bout de la table d'où je ne l'entends pas, c'est d'une autre difficulté de cette expérience qu'il parle : sa classe est mixte ; l'autogestion qu'il y a instituée l'a conduit à entrer dans des rapports moins hiérarchiques, plus spontanés avec ses élèves, notamment avec les filles ; d'où une conséquence qui l'embarrasse beaucoup : il éprouve du désir pour une de ses élèves et le non-directivisme rogérien laisse la place entre elle et lui à des jeux de mots ou de mains dont il lui devient manifeste qu'ils n'ont plus guère à voir avec une stricte pédagogie. Fernand cite un incident de ce genre : une fois la jeune fille lui a lancé une pelote de laine qui a commencé de se dérouler et qu'il a renvoyée ; d'autres élèves l'ont attrapée et jetée jusqu'à ce que le fil soit complètement dévidé ; à la fin toute la classe était prise dans les entrecroisements d'un même écheveau.

A la reprise de l'après-midi, lors de la onzième séance, une allusion est faite par quelques participants à l'écheveau comme symbole du lien que les communications ont tissé entre les membres du présent groupe, mais nulle référence n'est faite au récit de Fernand. Pour la première fois, est transgressée la règle de restitution au groupe de ce qui s'est dit entre des participants en dehors des séances. La transgression de cette règle par le groupe constituait un renvoi immédiat en miroir de ma propre transgression, accomplie en déjeunant avec eux, de la règle d'abstinence. Mais ce jeu échappe à l'Œdipe aveugle que je suis devenu depuis que j'ai baigné dans l'illusion groupale. Cet écheveau qui est lancé vers moi, je le laisse filer sous mon nez sans m'en saisir. Je laisse faire par le groupe cette transgression par omission que je n'ai même pas remarquée et qui, surtout, en symbolise une autre, restée latente dans les pensées de plusieurs membres du groupe, à savoir les tentations et les dangers d'une transgression de l' « inceste » par les professeurs, les formateurs, les moniteurs avec les « enfants » ou les sujets confiés à eux. Une autre restitution tue par le groupe va dans le même sens : elle concerne certaines suppositions de couloir sur le couple que seraient censés former tantôt le jeune technicien et la jeune secrétaire perçus comme étant mes deux « protégés » (couple frère-sœur), tantôt celle-ci et moi-même (couple père-fille), parce qu'à la pause nous allons tous les trois ou tous les deux au café à part du groupe (la présence d'un interlocuteur, observateur non-participant, représente une aide irremplaçable pour permettre au moniteur de verbaliser son contre-transfert sur le groupe). Je n'avais pas non plus prêté une attention suffisamment analytique à ces propos quand ils m'étaient revenus aux oreilles hors séance. Le phénomène de bouc émissaire allait également dans le même sens. La règle d'abstinence interdit en effet aux participants d'un groupe de diagnostic d'entretenir avec le moniteur, en dehors des séances, des rapports personnels autres que de politesse ou de nécessité. Or, dans les deux groupes du Midi et de l'Est, cette règle a été entendue comme s'appliquant aussi aux rapports fantasmatiques que les participants seraient tentés d'avoir en séance avec le moniteur. Précisément, c'est là le crime dont ont été accusés Nicolas et Daniel : en se conduisant par leurs interventions comme le moniteur, ils sont suspects de s'être identifiés à lui, c'est-à-dire d'avoir voulu établir avec lui une relation privilégiée par excellence, d'avoir tenté, en l'incorporant, de l'avoir tout entier à eux.

Une des interprétations exactes que j'avais données — mon pouvoir supposé m'a été retiré pour être transféré au groupe — a favorisé l'illusion groupale parce qu'elle était incomplète. L'interprétation qu'il m'a manqué de trouver eût été que, dépouillé de mon pouvoir, je restais le sujet ou l'objet supposé d'un désir interdit. Seule une interprétation de ce type aurait eu quelque chance d'amener à verbalisation en séance des fantaisies de scène originaire entre les deux observateurs, entre la secrétaire et moi-même, entre le groupe et moi, et des fantaisies de séduction et de couplage entre les hommes, relativement jeunes, et les femmes du groupe, en moyenne plus âgées. Le groupe serait peut-être alors parvenu à vivre un fonctionnement groupal de niveau œdipien et non plus prégénital. A mon sens, un tel fonctionnement requiert une triple reconnaissance, celle du tabou de l'inceste (c'est-à-dire de la loi commune), celle des différences entre les humains (qui cessent d'être attribués à la castration), celle enfin d'une relation « procréatrice » du moniteur à son groupe ou du fondateur à la Cité : autrement dit les participants, ne se sentant plus exclus de cette relation et n'éprouvant plus le besoin de la détruire par « envie » — au sens kleinien du terme —, peuvent entretenir des rapports psychiques vivants et féconds, faits d'ambivalence et d'identification, à la fois avec l'un et avec l'autre des deux termes, le moniteur (ou, dans les groupes sociaux naturels, le chef) et le groupe.

Observation n° 6 :

Comment est-il possible de traiter psychanalytiquement l'illusion groupale ? Une première remarque est à faire : l'illusion groupale est une phase inévitable dans la vie des groupes, naturels ou de formation ; il arrive que des moyens coercitifs soient utilisés à son encontre ; une démarche psychanalytique ne saurait en assurer — au nom de quoi, d'ailleurs ? — la prévention. Une seconde remarque s'impose tout autant : le travail de dégagement par rapport à une illusion requiert le passage par la désillusion, ce que Georges Favez (1971) a bien montré pour la cure psychanalytique.

Comment aménager les expériences de groupe pour donner quelque chance à un tel travail de dégagement de s'effectuer ? Un dispositif que mes collègues de travail et moi-même avons mis au point au fil des années est réalisable dans les situations de séminaire : les participants font partie pendant toute la durée de la session à la fois d'un petit groupe, qui fonctionne tantôt en groupe de diagnostic, tantôt en psychodrame, et d'un groupe large formé de tous les participants, moniteurs et observateurs des divers petits groupes et qui fonctionne en associations libres collectives. L'obligation de changer de méthode (passage du groupe de diagnostic au psychodrame) et de dimension (passage du petit groupe au groupe large) facilite le dégagement. L'observation n° 6 porte précisément sur un séminaire de ce type. Ce séminaire a été animé par des enseignants de Nanterre dont moi-même pour nos propres étudiants du certificat de psychologie clinique de la maîtrise de psychologie.

Plusieurs des variables habituelles aux séminaires de formation se trouvaient là modifiées. Les participants étaient certes volontaires, mais ils se connaissaient tous à l'avance. Ils travaillaient depuis deux mois avec moi en petits groupes de psychodrame, lesquels s'étaient librement constitués sur la base d'affinités antérieures parfois anciennes. Les groupes de psychodrame avaient à se réunir trois fois encore après le séminaire, ce qui fut fait pour deux d'entre eux. Le séminaire, d'une durée de quatre jours (chaque journée comportait une réunion plénière et trois séances de groupe de diagnostic), se déroulait dans les locaux de l'Université. Les moniteurs étaient certains des professeurs habituels de ces étudiants. Enfin, si j'entretenais avec ces collègues des relations régulières dans le cadre de l'organisation du travail universitaire et dans celui de la recherche sur les petits groupes, c'était la première fois que chacun de nous œuvrait avec les trois autres à la réalisation conjointe d'une session de formation de ce type. Les modifications de variables mineures n'ont d'ailleurs rien changé quant à l'essentiel des processus psychiques inconscients propres à la situation de séminaire, notamment au clivage du transfert, à la production d'idéologie ou de mythe, au refus des fantasmes originaires, à l'illusion groupale.

Cette expérience a permis une découverte complémentaire concernant l'illusion groupale. Le quatrième jour, lors de la réunion quotidienne du matin entre moniteurs et observateurs, avant la dernière séance plénière, la comparaison entre le matériel des trois groupes de diagnostic animés par mes collègues et du matériel des réunions plénières animées par moi-même avec leur collaboration nous met devant une évidence. Il n'y a pas seulement ce qui était prévu, désinvestissement du groupe large et surinvestissement du petit groupe. Il y a plus :

pour les participants, le petit groupe de psychodrame, très investi depuis deux mois, transformé pour quatre jours en groupe de diagnostic, et appelé à redevenir pour quelques semaines groupe de psychodrame, ce petit groupe remplissait une fonction défensive sur deux fronts : défense contre la réalité psychique intérieure, c'est-à-dire le redoutable inconscient individuel, auquel ces futurs psychologues cliniciens attendaient d'être, tout en le repoussant, sensibilisés par le séminaire ; défense contre la dure réalité socio-professionnelle extérieure, en tant qu'elle symbolise la fin des études, l'engagement dans le métier et dans les responsabilités de la vie adulte. On sait que, depuis 1968, le petit groupe plus ou moins non directif est devenu une formule pédagogique courante dans l'Université. Pour les participants, le séminaire, loin de les affronter à une méthodologie nouvelle, les a maintenus dans un domaine connu. L'illusion groupale leur est déjà familière dans les petits groupes spontanés, où, mêlant le travail et les affinités, ils se rassemblent d'eux-mêmes entre camarades de même âge, de même expérience, de même orientation, de même mentalité. Depuis cette réforme pédagogique, ils se sentent heureux — ils l'ont dit et répété au séminaire — au sein de l'*Alma mater*, Université nourricière, avec ses locaux accueillants, avec ses maîtres libéraux et compréhensifs, qui vont jusqu'à leur faire vivre des expériences psychologiques intéressantes sans que les étudiants aient à en payer le prix. Le prix que leur coûterait l'inscription à un tel séminaire en dehors de l'Université s'ils étaient des professionnels, et dont ils font l'économie ici, est d'ailleurs cité par plusieurs comme une des causes de leur attitude passive dans les séances plénières. Le prix en question est en fait celui du sevrage, plus exactement de la perte de l'objet, première forme de la castration (cf. p. 101, le chapitre nº 6 sur les fantasmes de casse).

Les interprétations données le dernier jour en groupe large et en petit groupe pointent ces divers éléments, mais sans les rassembler en des formulations systématiques, afin de permettre aux participants d'effectuer eux-mêmes le travail préalable à toute prise de conscience. Un des trois groupes parvient à celle-ci au cours de la séance de psychodrame qui suit le séminaire, et où un thème est retenu unanimement après plusieurs propositions : faut-il dire la vérité à un consultant chez qui on découvre une maladie mortelle ? Le jeu entre une malade et son médecin puis entre elle et sa mère atteint une intensité et un dépouillement dramatiques que certains des spectateurs supportent mal. L'analyse collective est, pour cette raison, reportée à la semaine suivante. Elle débute par une question : « Qui a-t-on voulu faire mourir ? — le moniteur ? le groupe ? » Elle aboutit finalement à découvrir que la vérité si redoutée de tous ici était qu'il allait falloir mourir à la mère de l'enfance, mourir à l'adolescence, mourir à la vie d'étudiant poursuivie dans le vase clos et chaud de l'Université. C'est ainsi que ce groupe a pu amorcer son passage à la réalité sociale en verbalisant son expérience de la désillusion.

Un second groupe refuse de revenir au jeu psychodramatique après le séminaire et consacre les réunions restantes à analyser les effets personnels très importants du groupe de diagnostic sur ses membres. Alors que le premier groupe prend conscience de s'être surtout servi de l'illusion groupale comme défense contre les « ténèbres extérieures », ce second groupe s'aperçoit qu'elle lui a servi surtout de défense contre la mobilisation et la reconnaissance de l'inconscient individuel.

Quant au troisième groupe, qui se trouve comprendre plusieurs couples préexistants, dont un marié, et qui a vécu l'expérience du groupe de diagnostic sur un mode assez défensif, les ultimes séances de psychodrame lui permettent de saisir que le couplage a fonctionné chez lui comme défense contre la régression collective ; au lieu de l'illusion groupale, c'est un fantasme de scène originaire qui, en raison de la prédominance des couples dans le groupe, a surgi brusquement dès la seconde séance de psychodrame, provoquant le blocage constaté consécutivement. Ce blocage s'était traduit dans plusieurs jeux (par exemple : les routiers en grève bloquent les autoroutes) sans que sa signification n'ait pu être élucidée plus tôt.

Explication psychanalytique

Il reste, pour terminer, à compléter et à systématiser les références théoriques éparses dans le commentaire de ces trois observations. Expliquer, en psychanalyse, c'est rendre compte d'un processus inconscient selon quatre perspectives : dynamique, économique, topique, génétique. Appliquons-les ici.

Du point de vue dynamique, la situation de groupe entraîne une menace de perte de l'identité du moi. La présence d'une pluralité d'inconnus matérialise les risques de morcellement. L'illusion groupale répond à un désir de sécurité, de préservation de l'unité moïque menacée ; pour cela, elle remplace l'identité de l'individu par une identité de groupe : à la menace visant le narcissisme individuel, elle répond en instaurant un narcissisme groupal. Le groupe trouve ainsi son identité en même temps que les individus s'y affirment tous identiques. Le langage courant confirme que le conflit en jeu est bien la lutte contre l'angoisse de morcellement puisqu'il dote les groupes solidaires d'un « esprit de corps » et qu'il appelle « membres » les individus composant ce « corps ». Ceci prolonge la constatation faite par Pontalis dès 1963 dans son article sur « Le petit groupe comme objet » : le groupe peut devenir un objet libidinal ou plus généralement pulsionnel, au sens psychanalytique du terme « objet ».

Le point de vue économique requiert ici la prise en considération de conceptions kleiniennes. La situation de groupe éveille un fantasme qui a surtout été décrit jusqu'ici dans les psychanalyses d'enfants : le fantasme de la destruction mutuelle des enfants-fèces dans le ventre maternel. Les autres sont à la fois des rivaux à éliminer et des éliminateurs potentiels. Les participants d'un groupe élaborent diverses défenses individuelles contre cette position persécutive, par exemple en gardant un silence obstiné ou en tentant de prendre le *leadership* ou encore de constituer des sous-groupes. L'illusion groupale représente une défense collective contre l'angoisse persécutive commune. A. Béjarano m'a fait justement remarquer que c'est une défense hypomaniaque. L'euphorie, la fête, que les participants connaissent alors, en est une preuve. La pulsion de mort ayant été « projetée » (sur un bouc émissaire, sur le groupe large, sur les ténèbres extérieures), les participants peuvent jouir d'éprouver entre eux un lien purement libidinal. Le groupe devient l'objet perdu ou détruit avec lequel ils célèbrent, dans l'exaltation, les retrouvailles.

Du point de vue topique, l'illusion groupale illustre le fonctionnement, dans les groupes, du Moi idéal. Cette notion, qui n'est pas admise par tous les psychanalystes mais qui s'impose à tous ceux qui travaillent sur des groupes, désigne non pas tant une nouvelle instance de l'appareil psychique qu'un état archaïque du Moi, héritier du narcissisme primaire. Freud, on le sait, abandonnant la première topique (conscient, préconscient, inconscient) a parlé d'abord d'Idéal du Moi puis, à la place, du Surmoi. Certains de ses successeurs, H. Nunberg et D. Lagache notamment, ont conservé ces deux notions pour désigner les deux pôles opposés (celui de l'interdit, celui du modèle à réaliser), internes à l'instance du Surmoi. Ils ont de plus différencié l'Idéal du Moi et le Moi idéal. Le premier, l'Idéal du Moi, qui se constitue avec l'organisation œdipienne, a essentiellement une fonction de représentation : il propose au Moi des projets, il le guide dans ce qu'il a à faire (tandis que le Surmoi l'empêche de faire). Le second, le Moi idéal, est précoce ; il se constitue en même temps que les premières relations d'objet de l'enfant à sa mère devenue distincte de lui ; sa fonction est beaucoup plus affective que représentative ; l'exaltation des retrouvailles avec l'objet partiel, premier dispensateur du plaisir (le sein et ses substituts), en est le principal effet. La prise en considération des conflits intrasystémiques (entre le Surmoi et l'Idéal du Moi, entre le Surmoi et le Moi idéal, entre l'Idéal du Moi et le Moi idéal) est capitale pour la compréhension des syndromes psychopathologiques (cf. D. Lagache, 1965). Revenons au Moi idéal. Il est constitué par l'intériorisation de la relation duelle de l'enfant à la mère dont il est dépendant et par laquelle il est protégé. C'est l'image exaltante de la toute-puissance narcissique, image archaïque avec laquelle le sujet cherche à entretenir une relation sur le mode fusionnel de l'identification primaire. L'illusion groupale provient de la substitution, au Moi idéal de chacun, d'un Moi idéal commun. D'où l'accent mis alors sur le caractère chaleureux des relations entre les membres, sur la réciprocité de la fusion les uns avec les autres, sur la protection que le groupe apporte aux siens, sur le sentiment d'y participer d'un pouvoir souverain. L'illusion groupale s'accompagne souvent d'un repas de groupe [1], figuration symbolique d'une introjection collective du sein en tant qu'objet partiel, et

(1) La mythologie grecque fournit une illustration de l'illusion groupale avec le mythe des fils d'Éole, tous semblables et tous obèses, et dont la vie se passe en un banquet indéfini. Une adaptation cinématographique involontaire du mythe grec me semble fournie par le film de Marco Ferreri, *la Grande bouffe* (1973). — Dans *la Terre sans mal* (Seuil, 1976), l'ethnologue Hélène Clastres donne un exemple d'illusion groupale, là aussi involontaire et suicidaire à moyen terme : la longue marche — rituelle semble-t-il — de 12 000 Tupi

qui est différent du festin totémique où le père, objet total, collectivement mis à mort, est incorporé et intériorisé sous une forme qui donne naissance au couple Surmoi-Idéal du Moi. Lagache a souligné les implications sado-masochistes de l'instance du Moi idéal : à ceci correspond bien l'incident de la servante humiliée survenue au second repas du groupe du Midi, ainsi que, plus généralement, l'assujettissement tyrannique des individus au groupe qui s'observe à ce moment-là : les déviants, comme Nicolas ou Daniel, en font à leurs frais la pénible expérience. Lacan, rattachant le Moi idéal au stade du miroir, l'a situé dans le registre de l'imaginaire. L'observation des groupes le confirme également : l'illusion groupale est la forme particulière que prend en groupe le stade du miroir. Un miroir qui comporterait autant de faces que de participants, comme ce salon polygonal entièrement tapissé de glaces, dans le film *la Dame de Shangaï* d'Orson Welles, où un poursuivant et une poursuivie, qui s'y trouvent finalement enfermés et qui s'y entrebattent, se piègent aux leurres de leurs images répercutées à l'infini. Je pense, pour en terminer avec le point de vue topique, que la psychanalyse appliquée à la vie groupale n'effectuera des progrès décisifs que par le recours systématique à la seconde topique freudienne, notamment par la mise en place exacte des divers types et niveaux d'identification en jeu dans les principaux phénomènes de groupe. Freud a donné l'exemple en analysant le rôle de l'Idéal du Moi dans les groupes mais, au lieu de poursuivre dans la voie ainsi ouverte, on ne s'est que trop cantonné à la prise en considération de cette seule instance.

Du point de vue génétique classique, la situation de groupe provoque une régression de la position œdipienne au stade oral. La peur de voir révéler aux autres, dans les groupes, sa propre castration conduit les participants à l'évitement de ce fantasme par une régression orale, qui possède un caractère de défense névrotique provisoire et réversible. J'ai suffisamment décrit le clivage qui s'ensuit de l'incorporation passive et du sadisme oral pour ne pas y revenir. L'étude génétique ne saurait toutefois se limiter au point de vue classique. L'apport de D. W. Winnicott est, sur un sujet pareil, particulièrement éclairant : il fournit un maillon théorique jusqu'ici manquant. Le désinvestissement de la réalité extérieure, la mise hors circuit du couple Surmoi-Idéal du moi, la suspension de l'épreuve de réalité, ramènent l'appareil psychique des participants à cette étape intermédiaire entre la pure fusion fantasmatique au sein et

du Brésil en 1539 vers « la terre sans mal », lieu d'abondance qu'il n'est pas nécessaire d'ensemencer, où les flèches s'en vont seules à la chasse, où règne une vie de fêtes, danses et beuveries. Les famines, maladies, guerres rencontrées en chemin sont considérées comme des épreuves initiatiques nécessaires à la lente mutation des esprits et des corps. Pour accéder à ce pays utopique sans interdits, il faut quitter la société réelle complètement, son territoire, ses cultures, ses règles du mariage, ses vérités établies. L'homme est né pour être dieu mais il se perd dans les contraintes sociales (travail, loi, pouvoir) ; en s'en libérant, il peut vaincre la vieillesse et la mort, retrouver la liberté absolue promise par sa nature divine. Ce rêve collectif prit fin dix ans plus tard au Pérou, que 300 rescapés seulement atteignirent.

la reconnaissance de l'existence de la réalité comme telle, étape que Winnicott a caractérisée par les phénomènes transitionnels. Dans l'illusion groupale, les participants se donnent un objet transitionnel commun, le groupe, qui est pour chacun à la fois réalité extérieure et substitut ou, mieux, simulacre du sein. Winnicott insiste sur le fait que, tout en constituant un passage vers la relation d'objet proprement dite, le phénomène transitionnel apporte à l'individu quelque chose qui reste important dans toute la suite de son développement, à savoir la présence d'un champ neutre entre la réalité extérieure et la réalité intérieure qu'il appelle le champ de l'illusion. Celui-ci se trouve ré-expérimenté par chacun de nous de façon intense dans l'art ou la religion ou l'imagination ou la création scientifique. Ce que par mon travail j'espère avoir ajouté à Winnicott, c'est qu'à côté de l'illusion individuelle et des productions culturelles qu'elle alimente et dont elle se nourrit, il existe une illusion groupale, régression protectrice, transition vers la réalité inconsciente intérieure ou vers la réalité sociale extérieure. Les êtes humains en se plongeant dans la vie de groupe parfois y retrouvent leur pouvoir créateur, parfois y partagent une illusion enchanteresse ou autodestructrice [1]. Dans ce dernier cas la pulsion de mort, clivée, inébranlable et sourde, est projetée non pas à l'extérieur mais sur le groupe luimême. Pour terminer sur une idée plus générale, nous aimerions, du groupe, dire, avec le poète auquel nous venons de faire allusion, qu'il est cette

> Amère, sombre et sonore citerne
> Sonnant dans l'âme un creux toujours futur.
>
> (Paul Valéry, *le Cimetière marin.)*

[1] Marie-Hélène Ayel et Joseph Villier préparent un travail qu'ils pensent intituler *Au-delà de l'illusion groupale* où, à l'occasion de l'observation d'un groupe thérapeutique, ils comptent montrer comment le groupe, après s'être constitué dans l'illusion groupale, et après l'avoir dépassée grâce aux interventions appropriées des deux interprétants, a pu agir pour la première fois en cothérapeute à l'égard d'un de ses membres en effectuant à son égard un travail psychanalytique, collectif et bénéfique, d'interprétation. Ils ont publié une première observation brève des débuts de ce groupe (Ayel M.-H., Villier J., 1974).

5 Le groupe est une bouche : une fantasmatique orale en groupe [1]

Le groupe est une bouche. De cette vérité alimentaire et élémentaire, qui explique à la fois le succès actuel et les difficultés des méthodes de formation par le groupe, nous avons maintenant à notre disposition des preuves abondantes et variées. En ces temps où la psychanalyse, se vulgarisant et s'intellectualisant, tend à devenir pour l'imaginaire collectif une nourrice sèche, le groupe, pour beaucoup, fait figure de bouche nourricière.

Pourquoi ce besoin croissant de remplacer, dans les sociétés savantes, dans les débats télévisés, l'exposé par la table ronde ? Pourquoi cette croyance, désormais établie chez les participants des sessions de formation, que la non-directivité va de pair avec la circularité, autrement dit que des échanges verbaux requièrent, pour être vraiment libres et donc fructueux, une disposition spatiale des participants en cercle ? Tout une mythologie pseudo-psychanalytique s'est constituée pour rendre compte de ces faits en termes sexuels. Le groupe serait par essence féminin et maternel. Dans ce ventre grouillant d'enfants possibles, les interprétations formulées par le moniteur introduiraient le principe mâle, le pénis du père, l'organe de sa parole. Les plaisanteries fusent volontiers sur ce thème pendant les séances et dans les couloirs. De telles « explications » pseudo-œdipiennes sont défensives. La situation de groupe en général, de groupe libre en particulier, provoque une régression au sadisme oral, une angoisse corrélative de perte de l'identité personnelle et une recherche compensatoire de fusion avec l'*imago* de la bonne mère. Comme c'est souvent le cas également dans la cure individuelle, la mise en avant, dans le discours collectif, de la sexualité génitale vise à imposer silence à une sexualité prégénitale de plus en plus pressante. Il s'agit là d'une défense de type hystérique : pendant que l'utérus circule explicitement dans les métaphores groupales, le contenu

(1) Ce texte a primitivement paru sous le titre « La fantasmatique orale dans le groupe » dans la *Nouvelle Revue de Psychanalyse*, 1972, n° 6, pp. 203-216. Les deux observations de silencieux dans les groupes sont ici nouvelles.

latent tourne autour d'un fantasme de fellation, d'une théorie sexuelle sur l'origine buccale des enfants, d'un rêve d'une égale bisexualité pour tous les êtres humains.

L'enfant qui tète le sein regarde en même temps la bouche de sa mère qui lui parle, et qui lui parle, si elle n'est pas gravement inhibée ou prépsychotique, de son amour pour lui. Le groupe nourricier rêvé par les participants des sessions de formation représente cette bouche-sein que l'enfant dévore des yeux. Mais le clivage de l'objet est inhérent à ce stade du développement : pendant que sa bouche expérimente la succion, l'enfant imagine la morsure et la déchiqueture.

La situation de groupe est souvent pour les participants un miroir qui leur renvoie l'image de ce fantasme enfantin, c'est-à-dire l'image de leur propre corps morcelé. Une des représentations groupales inconscientes parmi les plus agissantes ou, à dire mieux, les plus paralysantes est celle de l'Hydre : le groupe est vécu comme un corps unique doté d'une dizaine de bras porteurs d'une tête et d'une bouche, chacune fonctionnant indépendamment des autres — image de l'anarchie des pulsions partielles libérées —, à l'affût incessant d'une proie que la bête aura enserrée et étouffée de ses multiples tentacules avant d'y appliquer ses ventouses, ces gueules étant prêtes, le cas échéant, à se retourner les unes contre les autres et à s'entre-dévorer. A l'inverse, les moments de grand soulagement sont ceux où, chaque membre cessant de parler pour soi contre les autres, le groupe parvient à tenir un discours cohérent à voix multiple, moments où l'*imago* de la bouche maternelle unifiante et bonne vient apporter, pour chacun, la plénitude et, pour tous, un ordre symbolique commun.

Observation n° 7 :

« Avez-vous encore des cannibales dans votre tribu ? interroge le jeune ethnologue enquêtant sur l'anthropophagie en Afrique. — Non, répond le chef, il n'y en a plus, nous avons mangé le dernier hier. »

Cette plaisanterie a constitué un moment tournant dans un séminaire de formation d'une durée d'une semaine, utilisant les méthodes de groupe, où j'étais moniteur et où mes coéquipiers et moi-même essayions de travailler en nous inspirant de la théorie et de la technique psychanalytiques. Dans ce type de séminaire, une réunion plénière rassemble chaque jour la totalité des moniteurs, observateurs et stagiaires. La consigne de ce « groupe large » invite chacun à y formuler au fur et à mesure ce qu'il ressent ici et maintenant. Le mutisme, la passivité, la paralysie y constituent des réactions courantes pendant les premières séances. Ces réactions sont mal acceptées des personnes présentes — participant aussi bien que moniteurs —, chacune de ces deux catégories se plaignant que le groupe large, par opposition au groupe restreint, « ne marche pas » par la faute de l'autre catégorie. Les moniteurs, disent les participants, nous imposent, sans nous fournir aucune aide, une méthode bien trop difficile. Les participants, constatent les moniteurs, en n'apportant pas le matériel associatif qu'on sollicite d'eux, nous mettent dans l'impossibilité de fonctionner en psychanalystes.

L'historiette du dernier des cannibales condense ces deux plaintes. Les « sauvages » ont trouvé la parade à l'inquiétante curiosité de l' « ethnologue » en prenant leurs dispositions pour que celui-ci n'ait rien à se mettre sous la dent. L'ethnologue — c'est-à-dire le moniteur psychanalyste — demande aux primitifs — c'est-à-dire aux stagiaires — de laisser tomber leur vernis civilisé, de sortir de leur réserve, de montrer les dents, de manger le morceau.

L'anecdote, narrée par un moniteur en guise d'interprétation indirecte du vécu collectif, fit florès et fut plusieurs fois citée ensuite par l'un ou l'autre des participants, à des niveaux divers de signification implicite : naïveté attribuée aux moniteurs et à leurs interventions ; sentiments de culpabilité des stagiaires qui se sentent en situation d'interrogatoire et de jugement ; ruse de ceux-ci en réponse à la ruse supposée de ceux-là ; allusion aux participants qui n'ouvrent pas la bouche ou aux moniteurs qui ne leur apportent aucune nourriture ; règle de restitution ressentie comme l'obligation de confesser ses péchés, etc. « L'angoisse devant la libération de la pulsion sadique-orale était évidemment sous-jacente », écrivions-nous dans une publication antérieure (Anzieu D., 1972, p. 212) en y rapportant pour la première fois cette observation.

Il s'agit bien là d'une interprétation, avec les particularités que présente celle-ci en groupe. L'interprétation est donnée dans le transfert, mais le transfert n'est plus celui d'un patient seul sur un psychanalyste seul, il est celui d'une pluralité de participants sur un groupe de moniteurs ; d'où l'allusion à la « tribu ». Le style de l'interprétation s'apparente par ailleurs au mécanisme du mot d'esprit. De tels mots, rares dans la bouche des patients en cure individuelle, fleurissent à certains moments dans les situations de groupe : défense hypomaniaque assurément le plus souvent, mais aussi, parfois, effort pour amener à figuration symbolique des angoisses et des fantasmes archaïques en court-circuitant le passage par le préconscient. En y recourant d'une façon qui doit rester occasionnelle, le moniteur psychanalyste facilite le dégagement du groupe large par rapport à l'angoisse dépressive et l'établissement d'un processus de symbolisation. Dans l'exemple en question, la détente apportée par cette interprétation indirecte déguisée en plaisanterie s'est manifestée par l'abondance et l'aisance croissante des stagiaires à verbaliser leur angoisse d'être détruits par les moniteurs et par leurs méthodes très particulières de formation, leur angoisse également de devenir, une fois formés, destructeurs en utilisant à leur tour ces méthodes. C'est ce que nous appelons (cf. le chapitre suivant) les

« fantasmes de casse », version groupale des angoisses individuelles de castration orale.

Le matériel régulièrement recueilli dans les sessions de formation à visée partiellement psychothérapique nous conduit à constater qu'un modèle oral du groupe fonctionne inconsciemment chez les participants. Ce matériel comprend trois catégories de faits — des comportements individuels en groupe, des comportements collectifs, un discours collectif — dont nous allons successivement présenter des exemples.

Quand elle est fréquente chez un ou deux membres du groupe seulement, la pulsion sadique-orale s'exprime non en paroles mais par le silence. La situation groupale, nous l'avons dit en commençant, éveille souvent la représentation fantasmatique d'une hydre à têtes multiples et à bouches suçantes ou dévorantes. Quand un sujet est envahi par ces représentations, il est saisi d'une peur inconsciente d'être mangé par les autres s'il ouvre la bouche, c'est-à-dire qu'il projette sur eux, sous forme de crainte d'une retorsion, sa propre pulsion réprimée à détruire l'objet d'amour en l'avalant. Il vit la loi du talion sous la forme archaïque suivante : « Les autres, qui n'arrêtent pas de parler depuis le début, me manifestent, en ouvrant sans cesse la bouche, qu'ils seraient prêts à me dévorer si moi-même, en ouvrant la bouche apparemment pour parler, je me faisais soupçonner de vouloir les dévorer. »

Une enquête de psychologie sociale clinique sur ce thème a été effectuée par Jeanne Souchère-Gélin, sous la direction de Jean Maisonneuve, qui nous en a obligeamment communiqué les résultats. Elle a consisté en entretiens individuels, après des sessions de formation, avec les stagiaires restés silencieux pendant la plus grande partie des séances et a confirmé cette explication. Autant ces sujets se montrent inhibés dans le face-à-face pluriel, autant ils sont à l'aise et coopérants dans une situation à deux. Ils verbalisent alors assez spontanément leur représentation de la bouche comme organe de l'engloutissement plutôt que de la parole et la terreur où les avait mis de ce fait la discussion collective non dirigée. Les silencieux dans les groupes se taisent car ils ont peur d'être dévorés.

Voici quelques extraits de deux des entretiens. Une participante, qui avait peu parlé si ce n'est pour dire qu'elle se cantonnait dans une position d'observatrice, qui présentait des réactions vaso-motrices violentes et qui avait quitté la session avant la fin, explique que l'autre est si dangereux qu'avant de lui adresser la parole, il faut examiner si cette parole lui est bien appropriée. Pour arriver à parler aux autres, elle a besoin d'abord de bien les connaître, de savoir ce qu'ils pensent, ce qu'ils sont, et ensuite de ressentir de l'agressivité envers eux, car l'agressivité la « lance ». La parole est pour elle comme une arme qui permet d'attaquer autrui : « J'ai remarqué que l'agressivité, c'était toujours latent et que l'on s'exprimait beaucoup plus facilement lorsqu'on était agressif ; quelque chose qui choque, ça provoque tout de suite une réaction. » La situation de groupe non directif lui paraissait particulièrement pénible ; on ne la rencontre pas dans la vie courante, où l'on peut, avec les gens qu'on connaît, dire des bêtises. Ici, où le contact avec des inconnus est constant, elle a sans cesse peur d'être jugée et que « tout soit disséqué ». Ainsi par la parole elle peut disséquer les autres ; par la parole, ils peuvent la disséquer. Elle ressent les autres comme des êtres dévorants qui vont se jeter sur sa parole et elle risque de ne plus se retrouver elle-même. La psychologue qui a conduit cet entretien commente à ce moment : « Elle semble avoir le sentiment que, si elle livre une parole, les autres vont se jeter dessus comme sur un enfant sorti de sa bouche — en tant que zone érogène pouvant enfanter des paroles... Perdant son " enfant ", son " œuvre ", elle ne se retrouvera plus elle-même... La parole a vraisemblablement reçu chez elle un grand investissement à la fois oral, anal et vraisemblablement accompagné de fantasmes de castration (1). » Dans ce contexte elle ne réagit à l'autre que de la façon dont elle le ressent : il faut dévorer si on ne veut pas être dévorée. Mais cette réaction se trouve culpabilisée, à leur tour ses sentiments de culpabilité la font projeter sur les autres son propre désir dévorateur et cette relation en cercle vicieux accroît son angoisse. D'où son opposition passive au groupe, signe d'une grande dépendance vis-à-vis de lui. Elle attend qu'en parlant à sa place le groupe la prenne entièrement en charge. Elle n'a pu rester jusqu'au bout, car assister à la mort du groupe, auquel elle s'identifiait totalement, eût été vivre sa propre mort.

Passons au second entretien. Il s'agit d'un jeune homme, participant du même groupe, où il s'est montré le plus souvent totalement indifférent à ce qui l'entourait et quelquefois syntone. Par contre il accueille la psychologue enquêtrice comme une amie venue bavarder avec lui, l'aidant même à mettre le magnétophone en marche, se montrant très coopérant — et une fois ou deux agressif — pendant tout l'entretien. Son silence dans le groupe apparaît avoir été en rapport avec la frustration intense et répétée qu'il a vécue : frustration devant la circulaire de convocation, ressentie comme manipulation, frustation devant la situation, frustration devant la non-directivité de l'animateur : « Quand je me suis retrouvé devant ce truc, balancé avec d'autres personnes que je ne connaissais pas, ça m'a dégoûté. » Il a mis deux jours (la session en durait trois) à se faire à l'idée du groupe ; c'est le moment où les participants ont souhaité tenir une réunion commune avec l'autre groupe qui se déroulait simultanément : il s'y est refusé. Il vit le groupe comme un giron maternel et l'animateur comme un père castrateur. Il refuse de vivre le groupe comme groupe car il a peur de le

(1) Roland Gori (1973 *a*, 1973 *b*, 1976, 1978) a largement développé l'étude des investissements pulsionnels de la parole dans les groupes.

vivre en symbiose. Cela lui rappelle d'autres groupes, de vacances notamment, où il n'a jamais réussi à s'intégrer, car il ne veut avoir de relations qu'avec certaines personnes de son choix, non avec tous : « Je n'ai jamais réussi à accepter le groupe comme tel, vraiment comme un bloc, j'ai toujours choisi les gens qui m'intéressaient, sans tenir compte des autres, ni de ce que les autres pouvaient penser de moi, ça ne m'intéressait pas, il n'y avait que les gens que j'avais choisis qui m'intéressaient, ceux que je n'avais pas choisis, ça m'était égal. » Dans un groupe, il se laisse complètement absorber par une relation à deux. Si la relation est positive, il parle ; si elle est négative, il se tait. C'est surtout avec les personnes du même sexe qu'il établit des relations négatives, agressives : l'autre garçon du groupe, l'animateur de ce groupe, l'animateur de l'autre groupe. Il attribue son mutisme à une volonté de « conserver son intégrité », d'être logique avec lui-même, de ne pas baisser la tête : « Je ne voulais pas commencer, il me semblait que si c'était moi qui prenais la parole, par ce biais-là, ç'aurait pu être une façon de m'intégrer dans le groupe, et ça ne m'intéressait pas. » Il a néanmoins accepté, au troisième jour, la situation, les « règles du jeu », la parole... et la rivalité avec les autres hommes.

La comparaison des deux observations est instructive : la première témoigne d'une angoisse de dévoration intense et peu élaborée ; la seconde montre comment l'angoisse de castration orale, en subsistant, vient majorer l'angoisse de castration phallique.

Comment rendre compte de ces données ? Il semble que se joue dans le silence un véritable symptôme d'anorexie groupale. L'expérience d'être celui auquel quelqu'un adresse la parole est vécue dans le clivage : ou bien elle est ressentie comme une menace, si ce quelqu'un est anonyme, indifférencié, protéiforme (ce que favorise la situation de groupe de formation où, en principe, les participants ne se connaissent pas à l'avance) ; ou bien elle est vécue comme une marque stimulante d'estime, de confiance et d'amour de la part d'un interlocuteur avec lequel on peut établir une relation privilégiée (ce qui est le cas de l'entretien individuel). Quelles dynamiques psychiques sous-tendent ces deux réactions ? Dans le premier cas, la crainte de libération de la destructivité est projetée sur des étrangers inconnus : s'ils se laissent librement aller à leurs pulsions (la consigne de liberté de tout dire est entendue en ce sens) et si elles sont toutes-puissantes (à ce niveau oral, l'autre est l'héritier de l'*imago* maternelle archaïque), alors ces étrangers inconnus, dont le nombre multiplie les périls, utiliseront leur toute-puissance à me détruire. Dans le second cas, l'interlocuteur unique et privilégié permet de revivre la relation duelle à la mère nourricière et parlante, celle qui chantonne ou murmure quand on la tète, celle qui apprend à lire sur ses lèvres les premiers mots et à les répéter.

On comprend du même coup pourquoi les sujets silencieux dans les groupes sont encore plus mal à l'aise quand d'autres participants, s'inquiétant ou s'irritant de leur silence, trouvent en eux des boucs émissaires tout indiqués pour être rendus responsables de la progression insatisfaisante du groupe. Ils les sollicitent de parler, les harcèlent pour qu'ils participent, les accusent de paralysie contagieuse pour tous. La réalité apporte alors son crédit au fantasme : les silencieux deviennent réellement menacés et ils se fixent davantage dans leur position contre-sadique-orale. La seule façon de les mobiliser dans un sens évolutif est le dialogue duel : ce qui arrive si un membre du groupe et un seul leur parle de façon encourageante et compréhensive et entre avec eux dans une assez longue conversation particulière, que les autres stagiaires prennent soin de ne pas interrompre. Mais la complexité de la situation provient de ce que les taciturnes ne sont pas interpellés tant qu'ils ne gênent pas le groupe, c'est-à-dire tant que leur recours à des défenses archaïques contre une pulsion elle-même archaïque reste leur problème propre, mais qu'ils sont mis sur la sellette précisément quand une fantasmatique orale gagne la plupart des membres. Les groupes ont en effet un génie naturel pour détecter à chaque moment dans leur sein celui de leurs membres qui, par ses particularités psychopathologiques, est le plus représentatif de la problématique générale et se centrer alors sur lui, à la fois pour déplacer sur un seul un problème général, et aussi pour aborder ce problème de cette manière indirecte qui est propre au travail groupal de symbolisation et de perlaboration. L'accusation adressée aux silencieux d'une paralysie dangereuse de leur part en ce qu'elle fait tache d'huile est en un sens fondée (il peut suffire qu'un participant devienne par trop anxieux pour que des défenses collectives contre une fantasmatique commune soient ébranlées) et en un autre sens injuste (les silencieux sont les révélateurs du problème de tous, ils n'en sont pas la cause). Cette paralysie de certains participants par l'angoisse de dévoration est plus répandue encore dans le groupe large. Turquet (1974) a montré qu'en raison de l'anonymat plus durable de la situation et de la dimension plus grande du groupe, les parties mauvaises de chacun, clivées et expulsées par le moi, sont plus difficilement projetées à l'extérieur, car le groupe se confond avec l'extérieur. Elles sont alors projetées sur l'espace central, sur l'intérieur du cercle formé par les participants, cet espace circulaire interne étant alors verbalisé comme « crachoir », c'est-à-dire comme mauvaise bouche et comme source dangereuse de contagion.

Une remarque encore concernant ce type de phénomène. L'équivalence du regard et de la bouche est ici fréquente. L'ethnologue et psychanalyste Géza Róheim l'avait déjà signalée chez les peuples dits primitifs, où abondent les rites pour se protéger du « mauvais œil ». Notre langage courant la véhicule dans des expressions comme « dévorer des yeux ». Les rêves d'angoisse de patients en psychanalyse associent volontiers des gueules menaçantes à des yeux rouges. André Missenard (1972, p. 228) a souligné l'importance de cette équivalence dans les groupes : les échanges de regards sont redoutés ; certains croisent ostensiblement les regards ; d'autres les fuient ; la plupart s'interrogent avec inquiétude : « Que me veulent-ils ? » « Au moment où je regarde les uns, d'autres me voient dont je ne sais rien et qui, d'une certaine façon, ont prise sur moi. » Selon nous, ce lien entre l'expression du regard et celle de la bouche s'établit au cours de l'expérience originaire à tonalité positive évoquée plus haut où l'enfant dont la bouche tète regarde avec intensité alternativement le regard de sa mère et les mouvements de sa bouche. Le lien se trouve renforcé au cours d'expériences ultérieures à tonalité négative où la mère en colère gronde de la voix et foudroie du regard l'enfant qui l'a irritée. Nous avons montré (Anzieu D., 1970 *a,* pp. 805-819) comment cette double expérience fondait l'accès à l'interprétation en psychanalyse individuelle.

*

Quand la fantasmatique orale s'est généralisée à la plupart des membres du groupe et que les défenses à son encontre se sont atténuées, il arrive qu'elle fournisse le thème d'un discours partagé, sorte de rêverie éveillée commune qui conjure l'angoisse en jouant avec les représentants-représentations de la pulsion dévoratrice. Les associations libres collectives énumèrent alors des séries sémantiques d'animaux — murènes, requins, piranhas, fourmis brésiliennes, rats, vautours, etc. — ou de références culturelles — le radeau de la Méduse, *Huis clos* de Sartre, les chiens dévorants du songe d'Athalie, les sacrifices d'enfants au dieu Moloch, *L'Ange exterminateur* de Bunuel, la *Porcherie* ou *Médée* de Pasolini, etc. — qui sont signifiantes. Nous gardons le souvenir très vif d'un groupe de diagnostic *(observation n° 3,* p. 61) à Aix en 1965 et dont les membres ont consacré une séance à écouter avec une passion émerveillée le récit d'une des leurs, contant sa vie quotidienne dans sa résidence de Camargue au milieu des animaux en liberté, de leurs combats, de leur capture, de leur dressage, toute une jungle avec sa loi, ses mœurs, ses rites, ses sacrifices. C'était, d'une façon tout à fait involontaire et inconsciente de la part de la narratrice, le portrait allégorique de la vie du groupe, de ses tensions, de son organisation, de ses ébats, du rêve, que beaucoup avaient cherché à y réaliser, d'une vie naturelle, libre, sauvage, et, en contrepartie, de l'angoisse de la morsure, de la peur de s'entre-déchirer qui avaient plané, muettes jusque-là Cette sorte de rhapsodie produisit un effet cathartique marqué par des rires, des cris d'admiration, des exclamations ponctuant son cours, un dégel des postures, une plus grande spontanéité des verbalisations, bref la première émotion profonde commune à tous les membres — exceptée la narratrice que le résultat produit par son récit laissa interloquée. Cette décharge pulsionnelle, complémentaire d'une absence d'interprétation correcte de ma part (j'ignorais à cette époque-là l'importance et le rôle de la fantasmatique orale dans les situations formatives groupales), satisfit sur le moment les stagiaires mais les démotiva pour la suite du travail et le groupe eut du mal à poursuivre son évolution. Pour une raison à notre avis analogue, le groupe de la baleine, longuement rapporté par Max Pagès (1968), s'est complu dans l'allégorie, c'est-à-dire dans une fantaisie consciente, et les participants se sont cantonnés dans une certaine immobilité défensive contre le risque de remaniements de leurs investissements pulsionnels inconscients.

Plus rares sont, dans notre expérience de ces méthodes, les références verbales au grand mythe chrétien de la Cène et de la communion. Est-ce dû, chez les participants, à une pudeur, une réserve, restes d'une éducation religieuse même quand on la dit jetée aux orties ? Est-ce, de la part des moniteurs, une défense contre une tentation qu'ils évoquent parfois en privé, celle d'abuser du pouvoir que le transfert leur donne et de répondre à la demande collective inconsciente qui veut faire prendre aux méthodes de groupe le relais de la foi religieuse vacillante, bref de se lever et de dire : « Prenez mes frères et mangez-en tous ; ceci est mon corps ; buvez, ceci est mon sang » ? Le contre-transfert d'ailleurs est, à ce moment révélateur de ce qui circule dans ces situations : à savoir, non pas (nous avons dénoncé cette supposition au début du présent chapitre) le désir incestueux, de la part du groupe femelle, d'une union œdipienne avec le père-moniteur, mais le désir, prégénital et ambivalent, des participants-enfants de manger la mère-moniteur pour se l'incorporer, pour, s'identifiant à lui-elle, devenir à leur tour de bons moniteurs, pour la détruire aussi bien. Antérieurement au tabou de l'inceste (et du parricide), fonctionne le tabou de manger la mère, dont la transgression est sanctionnée par le sevrage. La clinique des groupes de formation le confirme. Plus exactement, se partager le corps de la mère est la forme la plus archaïque de l'inceste, un inceste indistinct d'un matricide, et à forme collective. Pour ces deux raisons, parce qu'elle est régressive et parce qu'elle est collective, la situation groupale non directive favorise la fomentation fantasmatique autour d'un tel inceste et mobilise avec force l'interdit le plus ancien dans l'histoire de l'enfant, celui qui réprouve précisément cet inceste : on n'ouvre pas la bouche librement, car elle déchiquetterait l'objet même dont on a soif et faim. Le passage à la position œdipienne requiert d'une part la différenciation de la *libido* et de la destructivité en tant que tournées vers deux êtres réels distincts, d'autre part l'individualisation du sujet qui n'est plus seulement un enfant-fèces ou un enfant-pénis parmi des semblables-rivaux mais qui devient le généré d'un couple et qui cherche à s'identifier à l'un des acteurs du coït générateur. Ainsi, avant la phase œdipienne, différenciatrice et individualisante, existe un proto-groupe, fantasmatique, indifférencié et réversible, celui des enfants dans le ventre de la mère, celui de la mère dans le ventre des enfants, matrice originaire d'où émergent les sujets individuels, et à laquelle les groupes, si on les laisse en liberté, cherchent à revenir (et ont peur de revenir).

Le fantasme du groupe-Cène, s'il figure peu dans les verbalisations des participants, est agi, par contre, comme tout fantasme tu, dans le comportement, c'est-à-dire dans le scénario d'une transgression. La compulsion des stagiaires à prendre leur repas ensemble est chose bien connue. S'ils participent à un séminaire en internat, où tout le monde se retrouve au réfectoire, chaque groupe de diagnostic tend à se reconstituer autour de la table de repas et si, le soir, les membres d'un même groupe sortent, c'est généralement pour aller dîner ou boire, tous ensemble, au-dehors. Celui qui s'en excepte est mal vu. Les moniteurs sont sollicités et il leur arrivait souvent, jusqu'à ce que la rigueur psychanalytique leur fasse respecter la règle d'abstinence, de se mêler aux agapes de cette communion laïque dans laquelle culmine, comme nous l'avons montré dans le chapitre précédent, l'illusion groupale. Pourquoi ces repas collectifs se déroulent-ils — pas toujours cependant — dans une atmosphère de « fête », c'est-à-dire pourquoi sont-ils, au sens rigoureusement étymologique, un festin et une festivité ? Les participants mangent littéralement le groupe, dont ils n'arrêtent pas de parler pendant qu'ils engloutissent boissons et victuailles. Ils ne se sentent plus paralysés ou sérieux, comme pendant les séances. Ils parlent d'eux plus librement. Ils blaguent, ils flirtent, ils extériorisent une bonne part des affects qu'ils avaient jusque-là gardés pour eux. Un interdit est comme levé, l'interdit de mordre la mère, l'interdit d'absorber qui vous aime et dont on aimerait ingérer le pouvoir, le savoir et l'immortalité. L'illusion formative, dont nous avons étudié la forme à notre avis la plus « pure » dans la fantasmatique de la formation psychanalytique (Anzieu D., 1973), vise précisément à obtenir ces trois attributs par l'identification projective à la mère fantasmée toute-puissante.

Le mythe freudien exposé dans *Totem et Tabou,* celui de la horde primitive, puis du meurtre du père par les frères unis, las de son despotisme et de son refus de partager les femmes, et enfin du repas où le corps est en commun dépecé et dévoré et où, du même coup, la loi se trouve intériorisée, ce mythe peut ici nous éclairer au prix de quelques aménagements. Il n'est guère de groupes dans lesquels on ne le retrouve à un moment ou à un autre sous diverses variantes. Béjarano (1972, p. 132) a formulé l'hypothèse que ce mythe correspond à un fantasme qui serait spécifique et fondamental des situations groupales ; nous-même l'avons mis en évidence au cours d'une intervention sur un groupe réel (cf. le chapitre 9 A sur le fantasme du meurtre du père). Mais Freud avait tiré ce mythe du côté œdipien, afin de montrer que le complexe d'Œdipe était tout autant le noyau de la culture que de l'éducation et de la névrose. Nous pensons que le mythe freudien est une restructuration effectuée après coup, lors de la phase œdipienne, d'un fantasme de la phase orale. Le proto-groupe est bien une horde, non pas réelle, mais composée fantasmatiquement de la mère (ou des parents combinés) et de ses enfants nés et en gestation.

Certaines colonies d'insectes pourraient en fournir des métaphores. La mère est ici un objet partiel, avec lequel l'enfant entretient une relation fusionnelle. Le proto-groupe se développe le long de la série des équivalences : sein = pénis = enfant = excréments. Nous pensons étudier dans un travail ultérieur le fantasme qui est au terme de cette évolution, celui du groupe-sein-dépotoir (en nous inspirant de la notion de sein-toilettes introduite par Meltzer, 1967). Pour revenir au proto-groupe-sein-horde, nous avons constaté que, pour les groupes chez qui domine cette fantasmatique, le moniteur a peu d'importance et qu'il est facilement tenu à l'écart s'il ne cède pas à la sommation de s'intégrer comme participant ordinaire. Par contre, le groupe y devient l'objet pulsionnel par excellence, il est tout, il peut tout, il homogénéise, il uniformise : tantôt nouvelle déesse-mère à adorer, dont le culte se célèbre par des banquets, tantôt nouvelle Médée prête à dépecer ses petits frères si l'on se met en travers de son absolue volonté. Le vécu des participants peut se résumer d'ailleurs à ce moment-là en deux formules inverses et complémentaires : « le groupe nous nourrit », « le groupe nous mange ».

Tout autre est la fantasmatique œdipienne dans les groupes. Le moniteur, auquel s'oppose un *leader,* porte-parole de la résistance, apparaît comme le personnage central. Son autorité, ses règles, ses interprétations sont contestées. Le transfert central devient plus important que le transfert sur l'objet-groupe. La transgression est moins recherchée dans un repas en commun avec ou sans lui que dans des duos amoureux qui se développent sous son nez. La séduction, la provocation, l'exhibitionnisme occupent le devant de la scène. La table, si table il y a encore, n'est plus une fin en soi, mais entre dans la catégorie des plaisirs préliminaires. Le meurtre symbolique du père, la société fraternelle et juridiciante, la différenciation des sexes et des rôles, tout cela s'observe bien alors dans les groupes — mais sans plus aucune dévoration.

*

Les considérations qui précèdent concernant certaines particularités de la fantasmatique groupale chez des sujets en formation auraient à être complétées par une évaluation du rôle de la fantasmatique orale chez les formateurs eux-mêmes. Un tel travail a été mené à bien par René Kaës (1973 *a*), dans la seconde de ses quatre *Etudes sur la fantasmatique de la formation et le désir de former,* lorsqu'il traite du « formateur-sein », du « fantasme du pélican » et de la formation « envieuse ». L'alternative dégagée par Mélanie Klein entre l'envie et la gratitude lui apparaît être une clef pour comprendre la problématique propre du formateur. « Identifié à la mère nourrice, le formateur répète dans le scénario fantasmatique de la formation le plaisir et l'angoisse liés au rapport au sein et au sevrage. En échange de la nourriture qu'il peut, comme sa propre mère l'a pu faire, donner ou refuser, le formateur entend recevoir de ses " nourrissons " amour et gratitude, à moins qu'il n'exerce sur eux le plaisir sadique de les en priver ou de les en gaver... » (*Ibid.*, p. 29-30).

Cette alternative nous semble assez heureusement rendre compte des deux « déviations » les plus couramment rencontrées dans la pratique formative, le psychosociologisme et le psychanalysme. C'est chez certains formateurs d'orientation psychosociologique que la première tendance — nourrir abondamment les autres afin de s'assurer leur gratitude — est la plus visible. Ils prolongent volontiers les réunions au-delà des horaires annoncés. Ils multiplient les explications, les commentaires, voire les exhortations, non seulement en séance mais, auprès des participants les moins convaincus, dans les coulisses. Ils terminent les sessions par un apologue, par une exhortation nourrie de mythologie, par un résumé de l'évolution supposée du groupe, par une projection des graphiques établis à partir des moyennes des notes de satisfaction que les stagiaires ont été éventuellement invités à émettre par écrit après chaque séance. Ils leur remettent en partant un document comportant le compte rendu de ce qui s'est passé, le texte des conférences ou des tables rondes par lesquelles il a pu être jugé nécessaire d'occuper les soirées, une bibliographie sur les problèmes de la formation et de la dynamique des groupes, enfin la liste des noms et adresses des participants pour que ceux-ci puissent se retrouver et, en le commémorant, continuer de consommer ensemble le « bon » groupe qu'ils ont eu. Ces diverses attitudes obéissent à un même mobile : en donner toujours plus. A l'avidité infinie des stagiaires espérant combler la faille sans fond de leur manque fondamental (ou, pour dire les choses avec plus de rigueur psychanalytique, espérant annuler les marques de cette première castration qu'est la séparation de la mère) répond le dévouement sans borne, l'oblativité de Danaïde chère à ce type de formateur et dont le but dernier est de lier définitivement à soi par une dette de reconnaissance ceux à qui il a été tant donné. La demande d'amour de niveau oral nous semble être une composante normale et importante de la vocation du formateur. Mais quand elle devient excessive, quand l'activité de celui-ci est constamment subordonnée à la recherche à tout prix d'une satisfaction de cette demande, le formateur est alors captif de ce que Kaës a dénommé le fantasme du pélican, nourrissant ses petits de sa propre chair, heureux de s'offrir à être, jusqu'à épuisement, dévoré. Les maîtres de l'enseignement scolaire, eux aussi, ne se déclarent-ils pas volontiers, surtout à l'époque actuelle, « vidés » par la « demande orale épuisante » de leurs élèves-suçons, ne clament-ils pas, non moins avidement, leur besoin de « recharger leurs batteries », en se nourrissant... de formation permanente ! Epuisés en fait par leur propre fantasme, venu répondre à la lettre au fantasme de leurs petits, d'être des nourriciers détruits par le nourrissage (*Ibid.,* p. 30-31). De même, les formateurs d'adultes appartenant à cette tendance aiment-ils terminer un séminaire dans un état de grande fatigue physique et psychique et boire, quand les stagiaires prennent congé, le petit lait de leurs louanges et de leurs chaleureux remerciements. L'opportunité de la recherche d'un « good bye effect » a d'ailleurs été discutée et contestée depuis assez longtemps aux Etats-Unis par des disciples mêmes de Kurt Lewin.

A l'autre extrême, le psychanalysme — qui n'est pas l'apanage des seuls psychanalystes mais que l'on trouve chez des moniteurs désireux de jouer au psychanalyste sans en avoir la formation ni la pratique — induit, chez le moniteur, sous la raison de la neutralité et de l'abstinence, une indifférence que les participants ressentent comme rejetante. De même, l'enseignant, qu'il profère, comme c'est à la mode depuis 1968, un « je ne sais rien » ou qu'il renonce à communiquer son savoir afin d'amener les enseignés à sortir de leur passivité et à apprendre par eux-mêmes, ne peut, s'il n'a pas au préalable amené les échanges entre participants de son groupe au niveau d'une relation d'objet œdipienne, que développer, chez ceux à qui il ne donne rien de ce qu'il est destiné à apporter, l'envie destructrice. C'est ce que Kaës appelle la formation « envieuse » (*Ibid.*, p. 31-33). Dans les séminaires de formation, beaucoup de moniteurs tirent de grandes satisfactions de leur pratique et du travail avec leurs coéquipiers, surtout quand cette pratique, ce travail sont éclairés et rendus plus assurés par la théorie, la clinique et la technique psychanalytiques. La fantasmatique collective qui se trouve alors réveillée chez les participants est celle de la mère qui retient en elle l'objet de sa jouissance, réservant celle-ci pour elle ou pour des partenaires privilégiés (mari, amants), jugeant ses « petits » indignes ou incapables de la partager. Que soit déchirée cette mère gardant enfermé dans son ventre ce qu'il y a de bon et de fort, que ce bon et ce fort soient anéantis plutôt que quelqu'un d'autre les consomme et point nous : tel est le contenu latent qui trouve alors généralement chez les stagiaires son expression sous forme d'un fantasme de casse. Un formateur qui se veut sans désir pour ceux qu'il forme est en fait mû par un désir muet — à l'instar de la pulsion de mort dont ce désir relève et dont Freud a noté combien elle aime opérer en silence —, le désir de garder en gestation, à l'état de non nés, ceux à qui il est supposé permettre, précisément, une seconde naissance.

Cette problématique interne du formateur cesse de faire obstacle à son travail s'il en prend conscience, à quoi contribue le travail d'interanalyse entre collègues à l'occasion des séminaires réalisés en commun. Elle peut alors devenir un instrument de compréhension des modèles fantasmatiques sous-jacents aux groupes de formation. Une telle expérience a d'ailleurs conduit ceux qui l'ont pratiquée à voir dans ces modèles des dérivations groupales des théories sexuelles infantiles décrites pour la première fois par Freud (1908) : c'est à cette conclusion qu'aboutissent René Kaës (1973 *a*) dans la dernière de ses *Quatre études sur la fantasmatique de la formation et le désir de former,* Roland Gori (1973 *b*) dans ses *Théories sexuelles spiritualistes* et nous-mêmes à propos de *la Fantasmatique de la formation psychanalytique* (Anzieu D., 1973). Pouvait-il, d'ailleurs, en être, dans ce domaine, autrement[1] ?

(1) Sur la fantasmatique de la formation, consulter également *Désir de toute-puissance, culpabilité et épreuves dans la formation* (Kaës, 1976 *a*), « *On (dé) forme un enfant* » (Kaës, 1975), *A propos du narcissisme dans les groupes* (Missenard, 1976), *Le désir de former des individus* (D. Anzieu, 1975).

6 Les fantasmes de « casse »

Présentation de l'observation n° 8

L'existence, dans les groupes de formation, de fantasmes de casse a été découverte dès septembre 1967. Que ces fantasmes représentent la forme spécifique sous laquelle l'angoisse de castration — ou mieux de destruction — se manifeste dans les situations groupales a bien été saisi sur-le-champ mais leur fonction n'a pu être comprise que plus tard, quand nous avons été enfin en possession d'un corps de concepts permettant de rendre compte des processus psychiques inconscients groupaux.

Cette observation concerne un séminaire de perfectionnement de formateurs, d'une durée d'une semaine, en internat, où je remplissais le rôle de coordinateur général. Le séminaire comprenait une dizaine de moniteurs et observateurs et une trentaine de participants. Ces derniers étaient à peu près tous soit formateurs de métier, dans l'industrie, l'éducation spécialisée, l'hygiène mentale et sociale, soit amenés par leur profession ou leur vocation à assumer, entre autres, des tâches de formation. Pendant toute la durée du séminaire, ils étaient répartis en trois petits groupes d'une dizaine de personnes. Au cours d'une même journée, chaque groupe avait alternativement des activités de discussion non directive, dénommées groupe de diagnostic (deux fois par jour) et des exercices de psychodrame (une fois par jour). Le moniteur et l'observateur de chaque groupe n'étaient pas les mêmes pour ces deux types d'activités. Au début de chaque après-midi les moniteurs et observateurs des groupes de diagnostic et de psychodrame se réunissaient sous ma direction pour se communiquer l'essentiel de ce qui s'était passé depuis vingt-quatre heures dans leurs groupes et pour mettre l'équipe organisatrice en état de pouvoir tenter de « saisir le séminaire dans sa totalité », car tel était le but explicitement fixé. A chaque fin d'après-midi, une réunion générale, dite à l'époque séance de régulation et que nous appelons depuis réunion plénière, rassemblait tout le monde, participants, moniteurs et observateurs. Destinées à faire le point du séminaire et à aborder en commun l'étude des problèmes communs, ces séances furent en fait, pour la première fois, menées délibérément par moi-même comme un groupe de diagnostic élargi à quarante personnes. Ce fut là l'origine du « groupe large » psychanalytiquement conduit (Anzieu, 1974 *c*).

L'observation, qui va être reproduite ci-dessous *in extenso,* a été écrite par moi-même dans les jours suivants le séminaire, à partir de notes prises au fur et à mesure et de résumés, rédigés chaque matin, des deux réunions de la veille dont j'avais la responsabilité, la réunion générale de régulation et la réunion de l'équipe des moniteurs. L'interrelation entre un groupe large (réunion générale de régulation) et un groupe restreint présent en son sein (équipe de moniteurs) se trouve ainsi constituer un des champs, non prévu au départ, de cette observation.

Deux des concepts avec lesquels je travaillais plus particulièrement à l'époque étaient celui de résistance au changement et celui du petit groupe comme moteur du changement social. Ces concepts, empruntés à Kurt Lewin, étaient alors appliqués à la cure psychanalytique individuelle par Daniel Lagache (1967), qui venait de publier son article « Pour une étude sur le changement individuel au cours du processus psychanalytique », et par Daniel Widlöcher, qui commençait la rédaction de son travail sur *Freud et le problème du changement* (1970). Primitivement destinée à un recueil, qui ne vit pas le jour, sur *Psychanalyse et Changement*, mon observation visait alors à « montrer comment et combien la théorie, la technique, la clinique psychanalytiques sont bien plus éclairantes et efficientes [que la perspective lewinienne] en ce qui concerne la compréhension et le maniement des processus de changement dans les groupes, c'est-à-dire qu'elles en fondent l'interprétation ».

Par ailleurs, la conduite des réunions générales dans les séminaires posait à l'époque plus de problèmes que maintenant. Contemporaines de l'introduction en France, dès 1956, des premiers séminaires de formation par les méthodes de groupe, les séances collectives non directives, dites de régulation, étaient une plaie pour les organisateurs et les participants. Loin de « réguler » quoi que ce soit, elles suscitaient désarroi, colère, ou fuites massives. Elles furent rapidement supprimées ou transformées, comme la présente observation en montrera la survivance, en exposés-débats, en réunions sur thème conduites dans le style « panel » ou « Phillips 66 », en table ronde avec la participation d'invités extérieurs, en séances de ciné-club. Ma proposition de les conduire comme un groupe de diagnostic avait soulevé des résistances importantes chez la plupart de mes coéquipiers. La responsabilité m'en avait été confiée pour me faire plaisir, mais avec une réticence inquiète et réprobatrice. On avait maintenu le principe d'un thème général à assigner au séminaire et donc à ces réunions. Celui qui avait été retenu restait heureusement assez vague : « la formation ». Mon attitude tout au long des réunions de régulation fut un compromis entre une direction assez classique de la discussion selon le style « coopératif » et une conduite psychanalytique, sur un mode exclusivement interprétatif. Un des résultats de ce séminaire fut d'ailleurs l'adoption définitive de ce dernier mode pour la conduite des réunions générales, qui perdirent désormais leur nom de « séances de régulation » au profit de celui de « réunions plénières ».

Voici donc le texte de 1967. Je n'y ai apporté aucune modification de fond, j'ai seulement amélioré parfois le style. Dans ce texte, je dis « je » quand je rapporte ce que j'ai dit ou fait au même moment pendant le séminaire ; je dis « nous » quand j'expose mon point de vue après coup de commentateur sur ce qui s'est passé pendant le séminaire.

Texte de l'observation nº 8

La première journée

La *première journée* s'achève, non par une séance de régulation, jugée prématurée à ce moment-là, mais, à titre de transition, et d'anticipation des problèmes, par une conférence, prononcée par moi-même, sur quelques points concernant l'historique et la problématique de la formation. La conférence est suivie d'un débat, auquel la participation reste faible mais où commencent de s'entrevoir les thèmes qui préoccupent les participants et les motifs qui les ont incités à s'inscrire au séminaire. La conférence est d'ailleurs présentée par moi comme n'ayant pas d'intérêt en elle-même et lue sur un ton lent et terne, ce qui provoque chez les participants une frustration, source de régression fantasmatique, et, chez mes coéquipiers, qui attendaient beaucoup plus de mes talents de conférencier, une déception.

La seconde journée.

a. La *seconde journée* comporte deux réunions générales. Avant le dîner a lieu la première séance de régulation proprement dite. Nous allons exposer le contenu manifeste de cette séance, avant de nous interroger sur son contenu latent. Invités par moi à parler des problèmes qu'ils se posent, les participants commencent par adresser des questions aux organisateurs : Quelles règles ont présidé à la répartition des participants entre les trois groupes de diagnostic ? Selon quels critères les inscriptions ont-elles été acceptées au séminaire ? A-t-on refusé des candidats ? Peut-on évaluer les résultats d'une telle formation ? Les groupes composés en majorité de psychologues ne sont-ils pas différents des groupes « naïfs » ? Pourquoi les gens viennent-ils à de tels séminaires ? Par quels canaux de recrutement ? Y a-t-il des stades d'évolution des groupes de diagnostic ? Y a-t-il des différences d'évolution entre les trois groupes de diagnostic du séminaire ?

Sur chacune de ces questions s'ébauche un échange de vues, d'abord avec le régulateur seul (moi-même), ce qui prolonge la situation de la veille (exposé-débat), puis avec d'autres organisateurs et participants. Plusieurs font remarquer que la discussion reste « scolaire » (on interroge le maître pour essayer d'obtenir son savoir) et qu'on ne parle pas de l'expérience du séminaire en tant que telle.

Une discussion s'engage alors sur la comparaison entre le groupe de diagnostic et le psychodrame, entre leurs animateurs, entre leurs déroulements ; et aussi sur les avantages et inconvénients de maintenir la même composition du groupe pour ces deux types d'activités. Ce point constitue en effet une des originalités du séminaire par rapport aux réalisations habituelles de ce type. Les participants en demandent la justification d'avance (au lieu de faire l'expérience pour en tirer une opinion fondée) et comme cette justification ne leur est évidemment pas fournie, ils s'apprêtent à la contestation.

La possibilité pour les participants de changer éventuellement quelque chose dans le programme du séminaire est évoquée. La formule du séminaire leur laisse toute liberté à l'intérieur d'un cadre donné : mais ont-ils la liberté de changer ce cadre ? Le « staff » (c'est-à-dire, dans le jargon employé par certains moniteurs et aussitôt repris par les stagiaires, l'« équipe des organisateurs »), si tolérant en apparence, le leur permettrait-il vraiment ? Quelles raisons pourraient amener les participants à formuler cette demande ? Quelles raisons pourraient amener le « staff » à la refuser ? La résistance au changement ne serait-elle pas la plus forte chez le « staff » s'il était question de toucher à ce qu'il a conçu ? L'usage du mot anglais « staff » est critiqué par des puristes. Un participant militaire propose de s'en tenir au terme français : « état-major ». Des associations libres collectives fusent sur « staff » et sur « état-major » et la séance s'achève dans un brouhaha joyeux.

Le contenu latent, dont ce contenu manifeste est la transposition par condensation, nous est apparu après coup, c'est-à-dire au fur et à mesure que le séminaire avançait, comme étant vraisemblablement le suivant. Nous, les participants, serons-nous capables de changer ? Les organisateurs seront-ils capables de nous faire changer ? N'a-t-on accepté que des gens capables de changer ? Les incapables seront-ils fichus à la porte ? A-t-on composé les groupes de telle façon que, du heurt des personnalités, sortent les plus grands changements ? A la fin, aurons-nous la preuve objective, scientifique que nous aurons changé ? Les psychologues, déjà avertis des méthodes du séminaire, n'ont-ils pas encore plus de mal que les autres à changer ? Les trois groupes vont-ils changer pareillement ? Et d'abord vient-on pour changer ou simplement pour savoir ? Mais, ce qu'ils savent, les organisateurs consentiront-ils à nous le dire ? Ceci sous-tend la première phase de la discussion.

La seconde phase correspond à un infléchissement de la préoccupation collective inconsciente : qu'est-ce qui change dans ce séminaire par rapport à d'autres séminaires antérieurs de ce type ?

La troisième phase est constituée par le renversement en miroir de la première série de questions : les organisateurs accepteraient-ils d'être changés par nous ? La résistance au changement n'est-elle pas plus forte chez l'expérimentateur que chez le cobaye ?

Ainsi la fantasmatique probable du groupe à ce moment-là est en rapport avec la peur de changer. Sa structure est bi-valente. « Sommes-nous libres de changer ? a pour revers : « sommes-nous condamnés à changer ? » Un premier volet du diptyque est constitué par la peur d'être incapable de changer ? » a pour revers : « Sommes-nous condamnés à changer ? » teurs. Le second volet est représenté par la peur d'être capable de changer, c'est-à-dire la peur d'être métamorphosé en un autre être, analogue à la peur enfantine d'être changé en animal, thème dont les contes et légendes se font volontiers l'écho. Cette double peur est projetée sur le « staff ». Le premier affect reste conscient : « le " staff " nous laisse-t-il libres de changer » devient « sommes-nous libres de changer le programme du staff » ? Le second affect, qui est l'angoisse de morcellement, reste inconscient, c'est-à-dire informulé. Il sera verbalisé seulement le cinquième jour, mais toujours sous forme d'une projection : « le " staff " est miné par des désaccords internes, c'est lui qui est morcelé, c'est son morcellement qui nous gagne ».

b. Après le dîner a lieu une nouvelle réunion générale. On projette le court-métrage de Reichenbach *Les Marines,* consacré aux méthodes de formation des fusiliers marins américains. Reichenbach évoque un épisode contemporain du tournage : un sergent de cette école militaire, en imposant imprudemment une marche de nuit, a fait noyer plusieurs élèves. Le cinéaste termine en apostrophant le spectateur : si vous aviez fait partie du jury qui a eu à connaître de la responsabilité de ce sergent, quel eût été votre verdict ?

Le film est suivi d'une discussion de style ciné-club, animée par l'observateur général du séminaire. Cette discussion s'appesantit sur le problème de savoir si, quand on veut former des tueurs, la méthode la plus efficace n'est pas celle qu'illustre le film : dépouiller les candidats de leur personnalité, leur apprendre à faire peur pour ne plus avoir peur eux-mêmes ? Toute formation n'est-elle pas une initiation, c'est-à-dire d'abord un dépouillement du vieil homme, ou mieux, le nécessaire dépouillement de l'enfance pour devenir moi-même un adulte ? Toute formation n'est-elle pas une dé-formation par un modèle imposé de l'extérieur, une aliénation de l'individu ? Bien que prônant des méthodes inverses des « Marines », la formation aux relations humaines ne tente-t-elle pas de modeler un certain type d'homme, un certain type de relations humaines, définis à l'avance ?

Le reflet des problèmes du séminaire est ici si transparent qu'il n'est pas la peine de traduire.

Un fait beaucoup plus significatif est que le débat a porté sur tout, sauf sur la question posée par Reichenbach : quand on fait de la formation, ne risque-t-on pas une certaine « casse » ? Quelle est la responsabilité des formateurs dans cette affaire ? Cette omission est le signe qu'une fantasmatique commune est à l'œuvre. Mais les organisateurs ne se rendent compte de cette omission que le lendemain matin et ne soupçonnent la nature de cette fantasmatique que le lendemain soir : de quels « accidents » prend-on le risque quand on s'expose à « subir » une formation ? Il est en effet difficile pour des moniteurs de groupe, même psychanalystes comme le sont la plupart d'entre nous dans ce séminaire, d'identifier tout de suite l'angoisse de castration lorsqu'elle est à l'œuvre collectivement. Nous verrons qu'ils ont dû partager eux-mêmes cette angoisse pour pouvoir la reconnaître et la faire reconnaître.

La troisième journée

a. La *troisième journée* comporte la réunion générale de régulation avant le dîner et une longue réunion du « staff » après le dîner.

La séance de régulation se déroule dans le style de la veille. Un participant demande quelle est l'incidence de la présence ou de l'absence d'une table sur les séances de groupe de diagnostic. Moniteurs et participants familiers de ces deux expériences ont un bref échange de vues sur ce problème. Comme toujours dans une discussion non directive, un problème général discuté dans un groupe n'est évoqué que parce qu'il est la transposition du problème particulier que ce groupe vit concrètement ici et maintenant. Mais le groupe ne peut pas en parler d'une façon concrète, c'est-à-dire comme était là son problème actuel : il se défend en le transformant en problème général et abstrait. Quel est donc ici le problème concret sous-jacent ? C'est un fait que les séances de groupe de diagnostic se tiennent autour d'une table et que les séances de régulation ont lieu sans table (les participants sont en effet disposés en deux anneaux concentriques autour d'un espace vide). Le problème du groupe est clair : quelle différence y a-t-il, s'il y en a une, entre le groupe de diagnostic restreint et cette forme de groupe de diagnostic généralisée à quarante personnes ? Sommes-nous toujours en groupe de diagnostic ? C'est-à-dire sommes-nous toujours libres de ce que nous voulons mais en même temps condamnés à nous exprimer par la parole ?

Revenons à la suite du contenu manifeste. La discussion aborde un thème, qui implique environ une moitié des participants et des organisateurs : que peuvent faire dans leurs entreprises, dans leurs organismes professionnels, les gens qui ont reçu une formation, s'ils se heurtent à un milieu, à une structure, qui leur interdisent de développer les effets de cette formation ? Cette question correspond à un problème réel dans leur vie professionnelle pour plusieurs formateurs de métier. Elle est aussi la généralisation du problème « hic et nunc » du séminaire : pourquoi les participants n'arrivent-ils pas à transposer dans la séance générale de régulation ce qu'ils ont acquis dans les séances restreintes de groupe de diagnostic et de psychodrame ? Ce que nous apprenons ici bien péniblement, à quoi bon l'acquérir — demandent les stagiaires — si, revenus dans notre lieu de travail, nous rencontrons des conditions adverses qui nous empêchent d'exercer ce que nous avons appris ? La formation ne risque-t-elle pas de nous laisser déchirés, impuissants et malheureux ? Il y a une contradiction fondamentale entre la formation reçue ici, qui nous oblige à changer nous-mêmes, et le cadre organisationnel de notre métier, qu'il nous est impossible de changer aussi bien « formés » soyons-nous. Le renversement en miroir qui avait clos la première séance de régulation s'éclaire mieux. L'alternative bien connue : « se changer soi-même » ou « changer l'ordre du monde », se fige en un dilemme : « Si je me change d'abord moi-même, cela ne me sert ensuite de rien, car l'ordre du monde est inamovible. Si l'on changeait d'abord l'ordre du monde, cela me dispenserait d'avoir à changer moi-même. De toute façon, ne changeons pas. » Le tout transmué dans une projection : c'est au « staff » de changer son organisation et ses méthodes, ce n'est pas à nous de changer nos habitudes et notre manière d'être.

Le débat sur ce thème au cours de la séance de régulation est arrêté par la remarque d'un participant dont la position est ambiguë, mi-participant, mi-moniteur : il est en effet dans la vie professionnelle le collègue de plusieurs organisateurs et il a été invité par eux à venir à ce séminaire pour faire l'expérience d'être participant. Sa déclaration reflète cette position ambiguë : il donne une ébauche d'interprétation comme s'il était déjà moniteur de groupe de diagnostic, ce qu'il se prépare à devenir ; mais il la donne incomplète et sans doute inopportune. Selon lui, et c'est vrai, la présente discussion sur les difficultés générales du formateur est une fuite par rapport à la situation ici et maintenant ; ce que l'on a à faire en séance de régulation, c'est à parler, entre participants des trois groupes de diagnostic d'une part, entre participants et organisateurs du séminaire d'autre part, de l'expérience que l'on est en train de vivre. Cette déclaration rencontre l'approbation générale mais son application se heurte à d'insurmontables difficultés. Ce qu'on voudrait faire (à savoir : dire ce qui se passe), on ne sait comment le faire et on n'arrive pas à le faire. Diverses solutions pratiques sont vainement tentées : faire parler les moniteurs de chaque groupe de diagnostic (mais la règle est rappelée qui veut que chaque activité ait lieu en son ordre, que l'on parle du groupe de diagnostic dans les séances de groupe de diagnostic, et que, dans les séances générales de régulation, on parle des questions qui relèvent du séminaire dans son ensemble) ; comparer ces moniteurs (l'angoisse de morcellement entre pour la première fois dans le discours du groupe) ; demander à un participant de chaque groupe de faire le récit de son groupe (la curiosité infantile de savoir ce qui se passe dans la chambre voisine apparaît également pour la première fois).

L'échec du groupe large à remplir son programme rend les participants amers. C'est un cri général : les séances de régulation ne marchent pas ; il faut y changer quelque chose. Y changer quoi ? La structure. C'est la structure qui nous empêche de fonctionner comme elle empêche celui qu'a été formé d'appliquer dans son entreprise la formation reçue. Cette disposition informelle, un si grand nombre de gens assis en rond sans table entre eux, voilà qui ne peut pas durer. Il faut structurer tout cela, mettre une table au milieu, y déléguer des représentants, hiérarchiser la discussion. Plusieurs formateurs de métier se proposent pour donner des conseils au staff sur l'organisation des réunions, pour l'inciter à revenir aux bonnes méthodes classiques du « panel », du « Phillips 66 ». Mais il y a plus. Pourquoi ces réunions de régulation ne marchent-elles pas ? Parce que le régulateur ne fait pas son travail. Peut-être même parce qu'il ne le connaît pas. Un torrent d'effroi déboule sur tout le séminaire, organisateurs y compris. Si Anzieu perdait les pédales ? Si le superformateur de qui nous sommes venus humblement et avidement recevoir la leçon, s'il en savait encore moins que nous ? S'il jouait les apprentis sorciers, en instaurant ces séances de régulation qu'on n'a jamais vu marcher dans un séminaire, qu'il a présentées comme étant l'originalité de celui-ci, et qu'il ne sait pas plus faire marcher qu'un autre ? Un des participants les plus fins et qui désormais va être au plus près de comprendre la dynamique profonde des choses, amène à énonciation ce nouveau renversement en symétrie, qui mobilise l'agressivité diffuse du groupe en la concentrant sur un bouc émissaire : « Si ça ne va pas, c'est de la faute d'Anzieu. » C'est l'heure d'arrêter la séance ; c'est aussi un bon moment pour la ponctuer. Je l'arrête donc.

Passons au contenu latent dont le contenu manifeste est cette fois-ci non plus la condensation mais le déplacement. Le plus intéressant n'est pas de constater le mécanisme, si souvent décrit et qui saute aux yeux ici, du général rendu responsable de la défaite, du prophète traîné dans les orties, c'est-à-dire une des innombrables variantes d'un « mythe » constituant de tout groupe, le mythe du meurtre du père. Encore qu'il convienne de remarquer que ce qu'on a à recevoir de quelqu'un (en quoi consiste la formation), on ne se l'approprie pleinement qu'après avoir rompu la dépendance envers lui, qu'après avoir tué symboliquement l'autorité de son image en même temps que l'image de son autorité. De remarquer aussi que la possibilité de mutation du « sacré » en « grotesque » est une des caractérisitiques des processus de l'imaginaire collectif. L'échec de cette séance de régulation requiert une explication plus spécifique. La fantasmatique qui paralyse le groupe est maintenant certaine et la vraie cause de l'échec de cette séance est que cette fantasmatique est demeurée présente mais silencieuse. Dans un groupe qui ne marche pas, il y a toujours un fantasme tu. L'angoisse est toujours une parole rentrée ou manquée. Quelle était donc la chose à dire en séance de régulation, chose relative à l'expérience vécue du séminaire, objet déjà de conversations de couloir aussi bien entre participants qu'entre animateurs, mais dont nul n'a pu ou su se faire le porte-parole en réunion générale (malgré la règle rappelée de « restituer » au groupe plénier les conversations particulières ayant pour objet ce groupe) ? C'est une série de questions réprimées : peut-il y avoir formation sans qu'il y ait de la « casse » ? Quel est le pourcentage de « casse » habituellement obtenu et toléré par l'équipe organisatrice ? A quel taux de « casse » faut-il s'attendre dans ce séminaire-ci ? Les questions sont restées sur le bout de la langue. La crainte de subir la casse en même temps qu'on subit la formation s'est alors inversée et complétée en crainte d'être mû par le désir de la casse quand on agit comme formateur. Cette complémentarité de la crainte et du désir de la casse est facilitée, pour le groupe, par l'identification des participants, formateurs de métier, aux « super-formateurs » que représentent par eux les organisateurs du séminaire... C'est seulement maintenant que le mécanisme du bouc émissaire trouve son explication complète : la crainte de subir la « casse » est restée muette (d'où l'importance que va prendre le thème du « sourd-muet » dans un groupe de psychodrame, puis dans tout le séminaire) ; c'est seulement la crainte complémentaire et symétrique de désirer infliger la « casse » qui a pu venir à la parole : « Anzieu le fait exprès si la régulation marche mal ; il désire la casse ; c'est ce qu'il appelle la formation ; et, ô horreur, nous, ainsi formés par lui, allons à notre tour, redevenus formateurs, être emportés par notre désir de casser ceux que nous avons à former ! ». Tel est sans doute le contenu latent de la phrase explicite : « Si ça ne va pas, c'est la faute d'Anzieu. »

b. Après le dîner, le « staff » se réunit dans la salle de régulation. Quelques participants viennent jeter un coup d'œil par la fente des portes ; d'autres — ils le rapporteront le lendemain en séance plénière — parlent plaisamment de percer un trou dans le mur pour épier ce qui se passe quand les organisateurs s'enferment ensemble ; finalement, ils bloquent de l'extérieur les taquets des portes de la salle : puisque les organisateurs veulent être enfermés en tête à tête, eh bien, qu'ils le soient réellement. Ceux-ci ne s'en apercevront qu'en sortant.

La discussion au sein du « staff » est tendue. Le vertige de l'échec possible du séminaire a atteint quelques moniteurs, et aussi la crainte que je ne tienne pas le coup. Très vite le fantasme de casse est reconnu, ainsi que l'urgence de le dire. Mais par similitude avec ce qui vient de se passer dans la réunion générale, peut-être même par contagion, quelque chose va rester sous-entendu dans la réunion du « staff », quelque chose que ma position de président de séance m'empêche d'écouter à travers les phrases et que mes camarades me « restitueront » seulement le séminaire une fois terminé : la crainte fantasmatique du « staff » que le « patron » ne soit fatigué, démotivé, dans ses « mauvais » jours, qu'il ne cherche inconsciemment à saborder et le séminaire et l'équipe (le problème de savoir jusqu'où on voulait travailler en équipe avait été explicitement posé au cours de nos réunions préparatoires), en un mot qu'il ne veuille inconsciemment la casse.

Devant ce reproche implicite (qui est aussi celui, explicite, des participants), le « staff » reste muet et je reste sourd. Je réfrène un reproche complémentaire et symétrique que je me contente d'adresser, moi aussi seulement dans mon for intérieur, à mes coéquipiers : celui de parler trop abstraitement au cours des réunions de régulation, de ne pas faire état devant les participants des données concrètes tirées des groupes restreints qu'ils animent alors qu'ils le font d'une façon très éclairante au cours des réunions de moniteurs à chaque début d'après-midi, bref le reproche de ne pas être assez aidé.

Deux tendances se font jour au sein de l'équipe. Leur affrontement est l'écho indirect de l'antagonisme de ces deux reproches, le biais que ceux-ci trouvent pour se manifester. Comme toujours aussi dans les groupes, les positions antagonistes à l'égard de la fantasmatique actuelle du groupe, si elles demeurent inconscientes c'est-à-dire non verbalisées, s'incarnent dans des antagonismes de personnes et d'idées. Un des moniteurs plaide pour le maintien de la « pureté » méthodologique du séminaire ; l'équipe organisatrice, depuis qu'elle réalise des séminaires, a en effet peu à peu éliminé de leurs programmes toutes les « scories » inutiles : conférences, travaux pratiques, invocations mythologiques, études de cas, exercices de conduite des réunions, etc., pour ne conserver que les trois activités jugées essentielles à une formation en groupe : le groupe de diagnostic, le psychodrame, les séances plénières de régulation. Un autre moniteur oppose, à la « pureté » qui peut conduire au suicide, l' « efficacité » : ce qui compte selon lui, c'est avant tout que le séminaire réussisse ; il faut que les participants, dont certains ont payé cher pour s'inscrire, partent satisfaits ; ils demandent que nous organisions les débats, que nous instituions un *panel,* que nous donnions des sujets de discussion ; eh bien, faisons-le ; il faut effacer la mauvaise impression produite par ces séances de régulation qui s'effilochent à tous vents ; préservons à tout prix notre réputation. Une altercation éclate entre ces deux moniteurs ; ils s'opposent sur les principes, sur la méthode, sur l'esprit ; ils s'opposent aussi pour des raisons de caractère qui les ont déjà faits se heurter à une occasion antérieure. Ceci a laissé subsister entre eux un contentieux non liquidé. Il s'en aperçoivent au cours de la discussion, l'arrêtent, et ils iront régler en tête à tête après la réunion ces séquelles du passé.

Je sors alors de mon rôle de président de séance où je m'étais confiné et j'expose à mes coéquipiers ma pensée en ce qui concerne la conduite des séances de régulation. Premièrement, quelles que soient les critiques dont je fasse l'objet, je maintiens contre vents et marées, c'est-à-dire contre l'assaut de l'imaginaire des participants, ces séances de régulation et j'en reste le régulateur. Deuxièmement, les critiques, comme tout ce qui se passe dans ces séances, sont des phénomènes transférentiels et demandent à être écoutés comme tels. Troisièmement si les participants n'arrivent pas, au cours de ces séances, à dire ce qu'ils ont à dire, les moniteurs pourraient au contraire s'engager davantage dans ce qu'ils disent publiquement, serrer de plus près l'*hic et nunc* des séances dans leurs interventions, afin d'enclencher dans le groupe l'émergence, toujours plus ou moins dramatique, de la parole vraie. Enfin, quatrièmement, je propose, formule que j'ai déjà d'autres fois appliquée avec bonheur, un psychodrame entre deux ou trois moniteurs (dont nous-mêmes) devant les participants, où l'on jouerait à la fois les discussions du « staff » et les problèmes du séminaire. Naturellement, je dis tout cela d'une façon plus confuse et plus compliquée que cela ne nous vient maintenant sous la plume.

Mes deux premiers points sont acceptés. Les deux autres ne sont pas retenus. Mon troisième point soulève des objections de la part des moniteurs de groupe de diagnostic. Au nom de la « pureté » technique, ils pensent que ce serait fausser les règles du jeu du groupe de diagnostic s'ils sortaient en réunion plénière de la neutralité requise par leur rôle dans le groupe restreint. L'un d'eux — le plus « puriste » en la matière — aurait même préféré ne pas être présent du tout aux réunions de régulation ; il a accepté, par solidarité, d'être là, mais il lui semble nécessaire de s'en tenir à une présence « effacée ». Ma quatrième proposition est écartée au nom de l' « efficacité ». Il n'est pas utile, disent les uns, de se mettre à « déballer » devant les participants d'éventuels conflits entre membres du « staff » (notons là la complémentarité des craintes fantasmatiques du groupe large et du « staff » : au moment même où le groupe large renonce à épier les secrets du « staff », le « staff » renonce à la transparence de ses réunions pour le groupe large). On fait faire tous les jours du psychodrame aux participants, disent les autres ; montrons-leur autre chose qui puisse leur servir, par exemple un *panel* comme ils le réclament (sous-entendu : montrons-leur que nous savons faire marcher un *panel,* à défaut de savoir faire marcher les séances de régulation).

Cette réfutation de mes deux dernières propositions me désole. J'essaie d'argumenter mais en vain. J'éprouve le sentiment de prêcher dans le désert. Une fantasmatique informulée est en effet un désert qui rend vaines toutes déclarations ou propositions (autres que l'interprétation correcte de celle-ci) et qui donne à tout ce qu'on dit une couleur désagréable de prédication. Nous avons compris après coup ce qui sous-tendait la résistance de nos coéquipiers à notre proposition : gagnés par l'angoisse collective de la castration imaginaire, ils s'étaient mis à se défier de nous et à nous fantasmer impuissants. Nous étions d'ailleurs « branchés » à notre façon sur cette même fantasmatique, puisque nous les jugions timorés et faiblissants dans la tâche commune, à laquelle eux et moi étions attelés, de nous exposer ensemble à l'imaginaire du groupe pour qu'il se dépose en nous et pour que nous l'amenions à décantation dans notre discours.

Le lecteur peut douter de l'intérêt qu'il y a à voir rapportés tous ces détails. Précisons donc la nature de l'opération en cours à travers cette réunion du « staff ». Dans une cure individuelle, le psychanalyste débusque seul les fantasmes de son patient. Dans un groupe non directif restreint (groupe de diagnostic), le moniteur peut arriver à élucider seul les fantasmes des membres s'il y a une étroite collaboration entre le groupe et lui, mais il est plus sûr que lui soit adjoint un observateur non participant avec lequel il puisse dialoguer entre les séances ; la référence à un tiers aide le moniteur de groupe à se dégager des difficultés particulières qu'il y a à s'exposer à des fantasmes en groupe, soit que trop rigide, il s'en défende par l'intellectualisation, la mise à distance, l'imperméabilité, soit que, trop « poreux », il ne se trouve envahi et aveuglé par eux. S'il s'agit d'un groupe large, l'intervention d'une équipe est nécessaire pour parvenir à l'interprétation de la fantasmatique collective. D'une part, les membres de l'équipe exercent chacun une action diversifiée (par exemple dans le séminaire, ils animent des groupes restreints différents) ; cette action de fragmentation assouplit la massification du groupe et son infiltration par un fantasme figé ; elle permet à celui-ci de « bouger ». D'autre part, par déplacement et par condensation, la fantasmatique du groupe devient celle de l'équipe d'intervention : il reste à l'équipe de l'en dégager par la discussion, — travail d'accouchement de la vérité qui ne va pas sans approximations ni retouches, sans tension ni crise. Le « staff » peut à partir de là déclencher une maïeutique de tout le groupe large, c'est-à-dire apprendre aux stagiaires à entendre parler des fantasmes qui circulent entre eux et à pouvoir en parler eux-mêmes.

Une des caractéristiques des fantasmes en groupe est leur bivalence. Ils se développent selon un versant positif et selon un versant négatif. L'interaction des deux versants se produit selon des combinaisons diverses. Le passage brusque d'un pôle à l'autre en est une : par exemple, à la fin de sa deuxième séance de régulation, le fantasme de la toute-puissance d'Anzieu est passé dans le groupe du pôle positif (Anzieu sait, mieux que quiconque, ce qu'est la formation et il va nous l'enseigner) au pôle négatif (Anzieu ne sait pas et tout va mal à cause de son incapacité).

Dans la présente réunion du « staff », les deux versants sont simultanément présents et développent un couple de forces opposées. Ceci amène nécessairement la réunion vers un compromis, reflet de l'équilibre des positions du « staff » par rapport à sa peur fantasmatique, abordée obliquement mais non élucidée. Ces positions pourraient être résumées, pour parler en termes structuralistes, sous forme d'oppositions pertinentes : opposition de la transparence et du secret (la fantasmatique sous-jacente ici ne sera comprise de nous que les jours suivants), opposition de la liberté et des structures (les moniteurs qui, dans les discussions collectives, se faisaient les plus fermes défenseurs de la liberté du formateur par rapport aux structures de l'entreprise, étaient, au sein du « staff », les plus fermes partisans de structurer davantage les réunions de régulation afin de réduire la marge de liberté si angoissante pour les participants) ; opposition de l'omniscience et de l'impuissance (se reposer sur Anzieu pour la tâche de dévoilement de la fantasmatique du groupe large et le mettre par sa solitude hors d'état d'y réussir ; ou encore, dit autrement : « C'est à lui de le faire, mais il n'y arrivera pas ; ici, personne ne peut se targuer de détenir plus de pouvoir ou de savoir que les autres »).

Le compromis auquel aboutit la réunion du « staff » consiste à : 1° à me déléguer pour restituer en séance plénière l'essentiel de ce qui a été dit pendant cette réunion du « staff », notamment pour que j'interprète les fantasmes de casse et de peur de changer ; 2° offrir aux stagiaires un *panel* composé pour moitié de participants et pour moitié de membres du « staff » (pris les uns et les autres dans des groupes restreints différents) ; 3° proposer à ce *panel* de discuter du thème suivant : « à la lumière de l'expérience vécue dans le séminaire, comment s'éclaire notre responsabilité de formateur » ?

La désignation, pour présider ce *panel*, d'un membre du « staff » qui se trouve être le seul du sexe féminin met le signe final, comme le seing qui officialise un document, au meurtre de l'imago paternelle et à l'instauration de la république égalitaire des frères.

La quatrième journée

a. A la fin de *la quatrième journée* se tient la troisième séance de régulation. Je prends la parole comme prévu et donne le compte rendu de la réunion du « staff » et de ses conclusions. Mais je parle trop longuement (45') et sur un ton doctoral, où s'affirme, avec la résurgence d'habitudes professorales, la protestation de mon inconscient contre le « lâchage » de mes coéquipiers et contre ce que je ressens comme une condamnation à l'impuissance.

Cet exposé a lassé les participants; ils le disent clairement. Ils acceptent néanmoins l'idée du *panel.* Cinq volontaires se présentent, qui se réunissent avec les trois moniteurs de psychodrame. Le *panel* aborde successivement deux thèmes : les risques de « casse », pour un individu et pour son entreprise, dans un séminaire de formation en profondeur ; la discordance entre les buts visés par la formation (une plus grande liberté de l'individu) et les buts imposés par l'entreprise à ses membres (le rendement). Une fois le *panel* terminé, la discussion se prolonge pendant quelques instants dans l'assemblée. A la sortie, stagiaires et moniteurs n'ont qu'un mot à la bouche : ils sont épuisés de fatigue.

b. Le « staff » tient une courte réunion en dînant dans une salle séparée. Il est satisfait que le groupe large soit arrivé à traiter du fantasme de « casse ». Il décide de continuer les réunions de régulation comme prévu, c'est-à-dire de répondre par la fermeté à la demande piège des participants de changer le programme du séminaire. Il persiste à refuser ma proposition de provoquer la « catharsis » des fantasmes du séminaire par un psychodrame entre moniteurs. Il maintient la méthode du *panel*, mais assouplie : participants et moniteurs pourront s'y rendre et s'en retirer spontanément tout au long de la réunion de régulation ; le thème proposé sera très libre : dire ce qu'on a à dire au point où le séminaire en est arrivé (ce qui est tout simplement revenir au groupe de diagnostic élargi, dont le principe avait été contesté vingt-quatre heures auparavant). Mais l'impression fâcheuse laissée par le style de mon exposé n'est ni dissipée, ni abordée. Ainsi est réprimée la crainte fantasmatique, interne au « staff », d'un « échec » du séminaire.

Je rentre chez moi (un nombre insuffisant de chambres empêchait trois moniteurs de coucher sur place) avec un sentiment intense de fatigue et de solitude, avec la conscience aiguë de l'impossibilité de faire fonctionner un groupe de diagnostic de quarante personnes, c'est-à-dire de déchirer les voiles de l'imaginaire qui obscurcissent, compliquent et paralysent une si vaste situation et de provoquer son épiphanie dans le dialogue. Une nuit d'un mauvais sommeil entrecoupé d'insomnies amène en moi un changement de disposition : je consens à cette impossibilité, je renonce à vouloir faire marcher le séminaire. C'est-à-dire, nous le comprendrons après coup, que nous accordons enfin, dans notre for intérieur, aux stagiaires cette liberté totale d'évoluer comme ils l'entendent, liberté que nous leur avions accordé au départ seulement en paroles. Mais pour le moment, je me sens « cassé ».

La cinquième journée

a. Nous voici au terme de l'avant-dernier jour *(cinquième journée).* L'évolution des groupes de diagnostic et de psychodrame, dont le « staff » a fait le point comme d'habitude au début de l'après-midi, nous a tous rassurés : l'imaginaire collectif bouge ; les problèmes ont mûri pendant la nuit chez les autres comme ils l'ont fait chez moi. La fatigue n'est-elle pas souvent d'ailleurs le prix dont se paie le refus de laisser au fantasme le temps de mûrir jusqu'à la parole ?

Il est intéressant de voir comment la subdivision en groupes restreints distincts peut servir à ce mûrissement. Un des trois groupes a consacré cette cinquième matinée aux thèmes suivants : l'homme est un loup pour l'homme (cf. la crainte du formateur de devenir une bête féroce qui casse tout dans l'entreprise) ; quelle voiture choisir quand on veut en changer (cf. la résistance au changement) ; le « staff » est-il en stuc ou en granit (la crainte d'une inconsistance du « staff », de son incohérence, de ses dissentiments, est là sous-jacente : si les organisateurs travaillent entre eux dans la « casse » et la haine, le séminaire qui en sort est un avorton, un enfant difforme et raté).

Un second groupe, s'inspirant d'un grand scénario mythique chrétien (Dieu chassant Adam et Eve du paradis), a joué en psychodrame une scène où « Anzieu » passe à la porte du séminaire deux « participants », un homme et une femme. Le jeu est un prétexte de la part des « participants » à contester la décision d' « Anzieu » et à exprimer de violentes attaques contre le « staff ». Mais le participant qui tient le rôle d' « Anzieu » énonce deux chefs d'accusation à l'égard des exclus : 1° vous ne faites pas de différences entre la réalité et l'imaginaire, ce qui est contraire à l'esprit du séminaire ; 2° vous avez couché ensemble au cours du séminaire, transgression de la consigne fondamentale qui requiert qu'ici les choses se passent seulement en parole et non en acte. Le couple accusé fait alors appel au « peuple » et cherche à « couper la parole » à « Anzieu » (allusion à mon trop long discours que personne n'avait osé, je l'avais fait remarquer, interrompre). Un des membres du groupe tire la conclusion : le procès fait à Anzieu, c'est notre propre procès en tant que formateur.

Le troisième groupe a choisi comme idée directrice les méfaits d'une éducation libérale : une jeune fille enceinte annonce à sa mère son état (« c'est de ta faute, tu m'as mal élevée ») ; un jeune homme vient dire à son père qu'il a fait un enfant à la seule fille avec laquelle celui-ci, par ailleurs si tolérant, ne voulait pas qu'il ait de relations. Les associations libres collectives qui déroulent leur chaîne à partir de là commentent le sens de ces scénarios : le « staff » a fait exprès d'accumuler les gaffes pédagogiques ; on n'accepte d'avoir des enfants qu'en « baisant » ses propres parents ; des parents trop compréhensifs laissent à leurs enfants une seule possibilité pour se débarrasser de leur influence : faire des bêtises.

Le rapprochement entre les fantasmagories des trois groupes permet de saisir le contenu latent dans l'inconscient des stagiaires : les super-formateurs, les demi-dieux du « staff », veulent élever leurs enfants dans la liberté la plus radicale (ils proposent un séminaire « pur », où l'expérience de la liberté soit poussée à son extrême) ; si les stagiaires veulent devenir à leur tour des formateurs (des « parents »), quelle liberté leur reste-t-il sinon d'utiliser contre les premiers la liberté à laquelle ceux-ci les vouent ? Le fantasme d'un échec possible du séminaire se trouve ainsi ramené au désir qui le véhicule, et du même coup décomposé ; c'est un désir de rétorsion. Par ses méthodes, le « staff » veut former des formateurs aptes à manier une situation de liberté pure : ceux-ci lui en démontrent le danger (qui est de devenir des « loups » « cassant » tout dans leurs entreprises), en cassant en premier lieu le séminaire lui-même. Le « staff » est vécu comme un conglomérat de parents désaccordés, vindicatifs et ignares du métier de parents, s'enfermant en secret pour laver leur linge sale ; le séminaire qu'ils « conçoivent » dans de telles réunions, ce séminaire, fruit de leurs relations, ne peut être qu'un enfant monstrueux, au sexe indifférencié et qui casse tout.

b. La réunion de régulation se trouve, dans ces conditions, facilitée. De plus, à la pause, au milieu de l'après-midi, chaque groupe restreint reste réuni et prépare ce qu'il a à dire à cette réunion, comme l'équipe des moniteurs vient de s'y préparer. Plusieurs participants me font savoir dans les couloirs qu'il y a « un abcès à vider », information que je restitue au groupe plénier en ouvrant la séance.

Le *panel* fonctionne effectivement sur le mode « assoupli » qui a été envisagé. Il traite du problème des intentions, des méthodes et des attitudes du « staff » et en particulier de D. Anzieu. L'écoute est dense ; la discussion est tendue, librement disciplinée. La tentation imaginaire de mettre en procès le « staff » cède la place à un échange de vues avec le « staff » sur ce qu'est la formation en s'appuyant sur l'expérience en cours. La plupart des membres du « staff » d'abord, moi-même ensuite entrons librement dans cet échange de vues qui nous permet de communiquer, sur un pied d'égalité et d'une façon naturelle, nos interprétations sur la dynamique fantasmatique sous-jacente du séminaire. Là réside en effet une différence fondamentale de style, dans la technique de l'intervention, entre la conduite d'une psychanalyse individuelle et la conduite psychanalytique d'un groupe.

Cet échange de vues permet de préciser que, pour le « staff », le groupe de régulation fonctionne comme un groupe de diagnostic élargi. Le régulateur est un objet de transfert qui concentre sur lui l' « imaginaire » latent dans le séminaire, imaginaire qu'il peut ainsi, au prix d'un travail psychique, amener à formulation. L'ambiguïté d'un « modèle » du formateur, modèle que la plupart des participants sont venus chercher dans ce séminaire, est analysée en commun. Le « staff » et plus spécialement Anzieu, on s'en aperçoit maintenant, ont été perçus comme modèles à imiter en même temps que comme parents dont il faut se débarrasser pour devenir de vrais formateurs autonomes, capables à leur tour de former des gens à l'autonomie. Le fantasme du « sabotage » du séminaire est expliqué à la lumière des psychodrames (auxquels nous nous référons pour la première fois en séance plénière) comme désir de prendre en défaut le système d'éducation que les parents-formateurs donnent à leurs enfants-stagiaires, — prendre en défaut et aussi en prendre les défauts.

J'évoque le procès d'Anzieu, qu'un groupe restreint a, comme nous venons de le dire, joué le matin. Je l'analyse comme transcription symbolique du procès du formateur. Les participants sont venus à ce séminaire en craignant et en désirant qu'on y fasse le procès de leur pratique de formateurs. De même, ils se sentent, dans les entreprises où ils travaillent, mis en procès par la direction d'une part, par leurs propres stagiaires d'autre part. Le « mythe » kafkaien de l'accusé imaginaire qui accumule par sa conduite tant de preuves objectives de sa culpabilité qu'il finit par provoquer sa mise en jugement et sa propre condamnation, ce « mythe » apparaît être une des lignes de force du séminaire. D'où l'hypersensibilité au problème de la « casse ».

Une fois la séance levée, les discussions se prolongent dans les couloirs en petits comités spontanés qui mêlent indifféremment participants et organisateurs.

c. Le programme appelle, pour l'après-dîner, une « table ronde », qui réunit une spécialiste de mythologie, un chercheur attelé aux problèmes de la formation des éducateurs de jeunes délinquants et nous-même. Les deux invités ont assisté à la séance de régulation précédente, afin de se mettre dans le « bain » du séminaire. La femme raconte un mythe irlandais archaïque, le mythe du héros agressif et guerrier, et elle dégage du récit les constantes structurales qu'on retrouve dans les types du chevalier, du hors-la-loi sympathique et du saint belliqueux au Moyen Age chrétien, et dans des héros contemporains comme Saint-Exupéry ou James Bond. Le second invité évoque la formation, elle aussi initiatique, de l'éducateur spécialisé ; initiation par l'épreuve, stimulante ou destructurante pour lui, du contact avec le groupe de délinquants ; si l'épreuve est réussie (si le héros a triomphé du monstre), l'éducateur peut être un modèle structurant pour le jeune inadapté perturbé par une imago paternelle terrifiante ou inconsistante mais excessive.

D'innombrables résonances en rapport avec le séminaire surgissent tout au long de la soirée : certaines sont soulignées par des participants ou par moi ; d'autres, restées latentes, alimenteront le travail intérieur, collectif et individuel, pendant la nuit suivante et pendant les jours consécutifs au stage. Citons celles qui ont été explicitées : l'alternative d'une autorité écrasante ou inconsistante ; la tendance à projeter l' « inconsistance » sur un « staff » qui utilise systématiquement la méthode non directive ; le double visage du héros mythologique, terrifiant d'un côté, grotesque de l'autre ; l'alternative entre le héros guerrier, tueur pour défendre la société mais voué à mourir jeune, et le héros de la culture, qui n'a pour toute arme que la parole mais qui se sert de celle-ci à double tranchant, avec vérité et avec ruse ; le rôle régulateur et cathartique de la comédie d'Aristophane qui venait, après la trilogie tragique, clore le cycle de la représentation théâtrale ; etc.

La sixième journée

Le *sixième jour*, en fin de matinée, se tient la cinquième et dernière séance de régulation, qui marque l'achèvement du séminaire. Il n'est plus besoin d'une disposition spatiale particulière, ni d'un ordre du jour prémédité. Chacun parle de sa place autour de l' « anneau ». Le moniteur-femme et moi-même remplissons spontanément, quand il y a lieu, le rôle de distributeur de parole : ceci matérialise la réconciliation des enfants avec le couple parental (cette signification nous avait échappé jusqu'au moment d'écrire le présent paragraphe). La séance déborde d'une demi-heure sur l'horaire prévu mais l'essentiel de ce que le séminaire a encore à dire sur le « staff » et le « staff » sur le séminaire y sera, semble-t-il, dit.

Dans le programme officiel du séminaire, cette réunion terminale avait été prévue sous la forme d'une table ronde sur les présupposés de la formation. Le « staff » a, au cours d'une brève réunion à la pause au milieu de la matinée, jugé nécessaire, tout en maintenant cette formule, d'élargir ensuite la discussion en une nouvelle et ultime séance de régulation. Je l'annonce en ouvrant la réunion.

La table ronde rassemble cinq moniteurs, dont moi-même. Nos échanges mettent l'accent sur le lien entre la formation et le changement. Former, c'est changer les connaissances et les attitudes. Pourquoi former ? Pour préparer les membres d'une organisation aux changements que celle-ci, et eux avec elle, doivent affronter. En ce sens, le formateur est l'agent du changement dans le groupe. Un des postulats de la formation est que l'homme est, sinon perfectible, du moins modifiable, et qu'il l'est en ce sens qu'il peut être amené à effectuer certaines prises de conscience. Un autre est que de telles modifications sont bonnes à la fois pour l'individu et pour la société. La formation du formateur vise à provoquer ces prises de conscience en premier lieu chez le formateur : on ne donne en effet que ce qu'on a soi-même éprouvé. Mais les organisateurs d'un séminaire de formation de formateurs ne sont pas des super-moniteurs qui n'auraient plus à effectuer pour eux-mêmes de telles prises de conscience : le formateur continue de se former lui-même en formant les autres. Tel est le sens de la formation continue. Chacun ici est formateur pour l'autre. On a besoin de l'autre pour se former, comme l'autre a besoin de nous pour être formé. L'individu formé devient plus autonome, plus responsable, mais aussi plus seul. On évoque un psychodrame où le thème de la solitude a été particulièrement intense : un volontaire avait une porte à franchir ; la porte était gardée par le génie du bien et par le génie du mal, qui exigeaient qu'il donne ses raisons de la franchir avant de le laisser passer et qui lui annonçaient qu'une fois la porte franchie, le retour en arrière devenait impossible. Cette porte, point de non-retour, symbolise l'opération même du changement. On peut faire faire beaucoup de choses par les autres, on peut même souhaiter que ce soient eux qui changent plutôt que nous. Mais quand on a à changer soi-même, vient le moment où l'on est seul pour accomplir le changement, où l'on a à l'accomplir pour soi seul.

La solitude du formateur entraîne son silence. Le formateur garde le silence jusqu'à ce qu'une parole vraie de sa part soit possible et souhaitable. Il entre alors peu à peu avec les autres dans un langage primordial qui leur permet de s'engager dans le changement et qui lui permet de sortir de sa solitude. Un séminaire comme celui qui s'achève apprend à parler et à entendre ce langage primordial, à en connaître et à en manier les caractéristiques. Par exemple (exemple emprunté à Michel Foucault), les mots ont plusieurs sens et les sens ont plusieurs mots. Cette dimension du langage est à l'opposé de son rôle de simple signe auquel le réduisent les moniteurs des « Marines » : les seuls mots qu'ils exigent et permettent de leurs élèves-fusiliers sont le signe de l'obéissance inconditionnelle : « Yes, sir »...

A partir de là, la discussion devient générale et j'y introduis fréquemment mes remarques. J'attire d'abord l'attention sur le lien entre la nature des problèmes discutés pendant le séminaire et la nature des situations concrètes qui s'y trouvent vécues. Par exemple, dans le contenu manifeste, l'antinomie entre les buts de la formation (accroître l'autonomie de la personne) et les buts de l'entreprise (augmenter le rendement) a été majorée à un point où il a été nécessaire de donner tort à l'entreprise et raison à la formation. Or, dans le contenu latent, l'inverse se produisait : on se plaignait ici et maintenant que les réunions de régulation n'aient pas de rendement ; cette insuffisance de rendement paraissait grave tandis que la surabondance de liberté donnée aux participants par la méthode même du séminaire n'était guère appréciée d'eux. L'expérience vécue ensemble montre la solution de l'antinomie. Nos réunions ont eu un meilleur rendement dans la mesure où les gens s'y sont sentis plus libres, libérés de leurs craintes fantasmatiques et libres de parler. Plusieurs participants font d'ailleurs remarquer à ce moment que les entreprises modernes de pointe, celles qui doivent et peuvent changer rapidement, visent nécessairement les deux buts, une plus grande liberté individuelle favorisant un plus grand rendement, un rendement accru apportant à l'entreprise les ressources supplémentaires permettant de donner à ses membres, par sa formation, par la culture, par les loisirs, un surcroît de liberté.

Une autre de mes remarques tente de mettre en formule la dialectique interne du changement, on opposant l'attachement et l'arrachement. L'attachement admiratif des stagiaires pour l'équipe des organisateurs a été le motif de la plupart des inscriptions au séminaire. Cet attachement visait à faire remplir par le « staff » le rôle, dont Freud a montré l'importance en psychologie collective, de l'Idéal du moi. Le « staff » a déçu parce qu'il ne se montrait pas à la hauteur de cet Idéal, et surtout parce qu'il ne voulait point jouer ce rôle. Mais l'arrachement des participants à cette image idéale a été, comme tout arrachement, difficile et déchirant. Le déplacement de l'agressivité sur Anzieu bouc émissaire, la tentative de « baiser » les parents, le meurtre fantasmé d'un père à la fois dangereux et inconsistant en scandent les étapes. Je confie aux stagiaires qu'au moment où achevait chez eux de s'accomplir cet arrachement, opérait en nous l'expérience complémentaire du renoncement : j'ai renoncé à vouloir que le séminaire change, c'est-à-dire que j'ai renoncé à détenir le pouvoir de le faire changer. Le renoncement a été ce moment hégelien de la négativité, qui donne à l'autre sa pleine liberté, et donc la liberté de changer.

La question m'est enfin adressée, qui véhicule une dernière fantasmatique collective, jusqu'ici réprimée, mais dont nous avons signalé plus haut quelques repères : y a-t-il eu des désaccords au sein du « staff » pendant le séminaire ? J'essaie de répondre à cette question comme il convient à un psychanalyste de le faire. D'une part, je donne une réponse (le psychanalyste se tait aux questions qui sont des subterfuges de l'inconscient ; mais aux questions vraies, il répond en dévoilant le fantasme). D'autre part, je change l'énoncé de la question, pour pouvoir remonter du contenu manifeste au contenu latent. J'annonce que la question à laquelle je compte répondre est : « Qu'est-ce que représente cette question pour le séminaire ? » Ce que je tente de faire ensuite, s'appellerait, en termes psychanalytiques, donner l'interprétation de l'angoisse devant la scène primitive. Mais je cherche à la donner dans un langage où la notion psychanalytique soit seulement sous-entendue (mon intervention va user en fait de cette notion comme d'une métaphore), dans ce langage « primordial » où le groupe large peut reconnaître, formulée, sa propre expérience qui lui restait, avant qu'elle ne soit dite, incompréhensible. Je traduis la question à peu près comme ceci : « Est-ce que les parents sont en accord ou en désaccord ? S'ils sont en désaccord, c'est une catastrophe pour leur enfant. L'enfant que les animateurs conçoivent dans leurs réunions secrètes et épiées, c'est le séminaire. Si les animateurs ont des dissentiments, cet enfant ne peut pas grandir, ce séminaire ne peut pas évoluer. La question a déjà été posée dans une séance de groupe de diagnostic en d'autres termes : le « staff » est-il en stuc ou en granit ? Ceci veut dire, s'il est en granit, qu'il est monolithique, qu'il se résume à un seul être, Anzieu, que les autres moniteurs en sont des doubles interchangeables et moins puissants, des sous-Anzieu, que chacun ici peut tout au plus espérer devenir un sous-Anzieu, et, s'il est en stuc, que ses dissentiments le rendent inconsistant et qu'à son image le séminaire dans son ensemble et chaque participant dans son métier de formateur sont condamnés à l'inconsistance. » (Nous rattachons donc implicitement l'angoisse de morcellement notée au début du séminaire à l'angoisse devant la scène primitive qui se manifeste plus tard ; mais nous ne communiquons pas cette précision au groupe.) Cette interprétation produit une détente considérable dans le séminaire et apporte une série d'associations libres collectives qui la confirment. Je peux dire alors la vérité que tous peuvent maintenant entendre et qu'ils ont d'ailleurs toujours sue, à savoir que le « staff » est composé de personnalités autonomes et différentes, qui s'opposent parfois sur des points de théorie et de technique, voire pour des traits de caractère, mais qui, outre un réseau interne d'affinités électives (ou pour parler plus sobrement, outre l'amitié qui les lie les uns aux autres), ont en commun une attitude qui leur fait privilégier comme méthodes le groupe de diagnostic et le psychodrame et comme but la mise à jour de la fantasmatique latente dans les groupes.

Une chose reste, pour moi, à dire encore, et je la dis sous forme d'une antithèse, celle de la transparence et de l'apparence. Le désir du « staff » est, ici et dans ses autres entreprises, de fonctionner comme une maison de verre ; le « staff » a pour principe de refuser tout agenda secret, toute manœuvre occulte ; il pense que le travail de formation peut se faire « au clair », qu'il ne comporte pas de mystère, que les opérations en sont connaissables et transmissibles. Réciproquement, le désir des participants a été, dès le départ, de « voir » fonctionner un tel « staff ». Le désir commun ici est donc bien celui de la transparence. Mais un jeu de glace s'est inévitablement produit. Cette vitre transparente entre le « staff » et le séminaire a fonctionné comme un miroir réfléchissant, renvoyant au séminaire l'image réelle de ses propres problèmes. Le « staff », en se proposant comme transparent, s'est offert comme une surface projective sur laquelle le séminaire a déposé ses apparences. La vitre a d'abord été une glace sans tain : le « staff » pouvait voir, à travers elle, fonctionner le séminaire, mais les participants du séminaire, incapable de voir au travers, en recevaient seulement une image en miroir. Le travail des stagiaires a été de découvrir, pour leur compte, une leçon philosophique éternelle, à savoir que les apparences sont trompeuses, que la réalité est infiltrée par le fantasme, que les apparences empêchent la transparence, c'est-à-dire, l'apparition de la vérité.

Des associations libres collectives fusent sur l'image symbolique de la maison de verre.

Sur un signe de tête échangé le moniteur-femme qui codirige la séance avec moi, nous nous levons. La session est terminée. Chacun, en se séparant, assume en silence la mort du séminaire.

Commentaires

Cette observation rédigée en 1967 appelle quelques remarques. Notre théorie et notre technique n'étaient alors évidemment pas ce qu'elles sont devenues depuis. D'où l'accent mis sur la relation entre le contenu manifeste et le contenu latent (nous appliquions alors au groupe seulement la première topique freudienne, et pas encore la seconde, et nous travaillions sur l'hypothèse de l'analogie du groupe et du rêve). D'où la notion d'une fantasmatique commune qui serait sous-jacente à la vie imaginaire du groupe (nous distinguons maintenant la dimension imaginaire — ou encore narcissique ou spéculaire — des groupes de leur dimension proprement fantasmatique et nous rendons au fantasme son statut individuel et subjectif, la vie du groupe s'organisant selon nous, dans un premier temps, autour du fantasme individuel de celui ou de ceux des membres qui sont suivis par les autres dans leurs initiatives). D'où, dans le travail des moniteurs, des interventions faites dans le style habituel des animateurs et des conducteurs de réunions et mêlées à des interprétations de type psychanalytique (nous ne pratiquons plus que ces dernières). D'où la méconnaissance d'un processus fondamental (qui a été identifié par la suite) à l'œuvre dans ce mécontentement général des stagiaires et des moniteurs envers le groupe large (séances de régulation) et qui contrastait singulièrement avec la satisfaction non moins générale des uns et des autres à l'égard de « leurs » petits groupes de diagnostic et de psychodrame (il s'agit du clivage du transfert qui fait que tout le négatif est projeté sur un même lieu et tout le positif concentré, jusqu'à idéalisation et illusion, sur un autre lieu).

En ce qui concerne les fantasmes de casse, la présente observation en donne la description mais non l'explication. Elle fournit aussi l'évidence que ces fantasmes de casse constituent : 1° la forme spécifiquement groupale de l'angoisse de castration ; 2° l'intrication d'angoisses individuelles relevant des noyaux psychotique, narcissique et névrotique de la personne.

La vie psychique dans les situations de groupe tente d'abord de s'organiser autour d'un fantasme individuel, celui d'un membre privilégié ou promoteur, par rapport auquel les fantasmes d'un certain nombre d'autres membres entrent en résonance. Le groupe s'organise et progresse tant que ce fantasme initial continue de susciter chez un nombre suffisant de membres cet effet de résonance et que les membres restants, ceux qui ne se sentent pas concernés par la fantasmatique collective en train de se développer, se cantonnent dans une position passive et périphérique. Le groupe peut trouver un équilibre plus ou moins durable en fonctionnant ainsi autour d'une personne centrale. Les conflits intragroupe sont dus soit à la mobilisation violente, chez plusieurs membres, de mécanismes de défense contre ce fantasme initial et son halo dans le groupe, soit à l'émergence antagoniste d'un autre fantasme individuel dominant autour duquel une fraction minoritaire, qui se sent en complémentarité avec lui, se regroupe.

Or, les conflits intragroupe sont mal supportés. De plus, à la limite, le fantasme individuel de chacun cherche à se proposer sinon à s'imposer aux autres comme fantasme dominant. Dans ce cas, les membres du groupe préfèrent, à cause des luttes destructrices que cela entraîne, renoncer à trouver leur unité autour d'un fantasme individuel. Vers quelle autre réalité psychique peuvent-ils se tourner, étant donné que cette réalité ne saurait être, comme dans toutes les activités humaines, que d'ordre fantasmatique ? Les fantasmes originaires (*cf.* Laplanche J., Pontalis J. B., 1964) répondent à cette double condition : ce sont des fantasmes et ils sont communs à tous les humains. Dans les groupes de formation, sinon dans les groupes tout court, vient un moment vécu comme unifiant, qui est celui du fantasme originaire. Tantôt il s'agit du fantasme de la scène primitive : ceci correspond peut-être au présupposé de base du couplage, décrit, mais non expliqué, par Bion (1961) ; ou encore les participants se vivent comme un groupe femelle possédé par le moniteur mâle ; ou bien, comme l'observation ci-dessus le montre à la séance III b, ils imaginent le coït de groupe des moniteurs entre eux au cours de leurs réunions internes. Tantôt il s'agit d'un fantasme de vie intra-utérine et le groupe développe une sorte de voyage mythique à l'intérieur d'un corps qui est la figuration du corps de la mère, avec des découvertes extasiées entrecoupées d'affrontements à des monstres. Tantôt il s'agit d'un fantasme de séduction, avec l'activation libidinale consécutive chez plusieurs membres du groupe, les déclarations publiques d'amour, les propos exhibitionnistes destinés à éveiller l'attrait du plaisir chez ceux qu'ils touchent, la complicité voyeuriste de certains, etc... Tantôt c'est l'angoisse devant la castration fantasmée comme cause de la différence des sexes et le groupe s'interroge sur la partage en son sein entre hommes et femmes, ou encore il développe les fantasmes de casse que nous venons d'illustrer. Tantôt le même groupe explore successivement plusieurs fantasmes originaires, comme pour établir l'inventaire de toutes les possibilités communes à ses membres. Tantôt il se constitue autour de ce que nous avons appelé (D. Anzieu, 1971) un contre-fantasme originaire et c'est l'illusion groupale : les différences entre les membres sont niées et la fusion renarcissisante de tous dans le bon sein du groupe, affirmée.

L'angoisse inhérente aux fantasmes de casse se situe à plusieurs niveaux.

Au niveau prégénital, elle est angoisse de séparation. L'enfant qui grandit en veut à sa mère de sa dépendance envers elle, il projette sur elle son désir d'élimination ; il la fantasme mauvaise mère, désireuse de rejeter ses enfants, devenus pour elle de mauvais objets, ou les laissant s'entre-tuer. La casse est ici la cassure entre l'enfant et sa mère à laquelle il avait été jusque-là uni symbiotiquement. Se former, c'est se sentir exposé à la répétition de cette cassure, que les épreuves traditionnelles de l'initiation dans les sociétés dites primitives cherchent d'ailleurs assez explicitement à faire revivre aux novices. La casse est aussi fantasmée être celle des enfants-bêtes sauvages, qui, libérés par le climat trop permissif des groupes de formation, iraient désormais s'entre-déchirer sans fin. La dimension groupale des expériences de formation favorise évidemment davantage cet aspect de la « casse », tandis que la psychanalyse individuelle mobilise plus la crainte de la cassure avec la mère (ce qu'on appelle encore la « castration » orale).

Au niveau phallique, la « casse » est la découverte par l'enfant de son impuissance biologique à atteindre la jouissance sexuelle que ses parents ont en secret partagé : il s'explique cette impuissance par une raison morale : le parent de même sexe, pour le punir de ses désirs incestueux et coupables, l'a privé, s'il est fille, ou menacé de le priver, s'il est garçon, des organes virils que l'un comme l'autre se représentent être les seuls organes possibles du plaisir. C'est là l'angoisse de castration proprement dite, ou encore de castration phallique. Se former, c'est dans cette perspective avoir son jouet cassé, en même temps qu'oser transgresser en pensée l'interdit : condition pour que l'être humain en devenir porte ses désirs sexuels au dehors du cercle de la famille ou du groupe et pour que, par opposition au rêve enfantin de toute-puissance, il s'accepte limité dans ses possibilités et du même coup sache exploiter au mieux celles-ci, soit seul soit en s'articulant avec autrui. Aux blessures symboliques que les initiateurs des sociétés dites primitives infligent aux novices correspond la crainte équivalente mais plus moderne de la décompensation psychopathologique.

Mais les fantasmes de casse ne condensent pas seulement les angoisses de castration orale et phallique. Ils possèdent la propriété, qui explique sans doute leur fréquence et leur intensité dans les sessions non directives de formation, d'accueillir et d'intégrer tous les niveaux de l'angoisse et de leur donner un mode d'expression. On y trouve, intriquées, l'angoisse paranoïde de dévoration et de persécution destructrice, l'angoisse schizoïde de morcellement du corps et du moi, l'angoisse dépressive de séparation de la mère et l'angoisse de castration au sens strictement phallique du terme. Les fantasmes de casse remplissent donc une fonction unifiante : ils proposent aux membres d'un groupe un dénominateur commun pour des angoisses personnelles de nature différente.

Cette fantasmatique ne se manifeste que dans un contexte transférentiel.

Elle surgit quand les participants se sentent privés de la toute-puissance que leur désir infantile inconscient — sous-jacent à leur désir conscient de se former — visait à acquérir. Ils se sentent alors dépossédés au profit des moniteurs, des chefs, des leaders, et la toute-puissance attribuée à ces personnages, ils la fantasment comme pouvant être une toute-puissance non seulement libidinale mais aussi destructrice. Ainsi nous retrouvons à propos des fantasmes de casse les deux fonctions fondamentales mises en évidence à propos de l'illusion groupale : fonction unificatrice du groupe ; mobilisation, dans le transfert, du désir de toute-puissance. Mais les affects et les pulsions mis en jeu sont dans les deux cas différents (angoisse, pulsion de mort ici ; euphorie, établissement du lien, pulsion libidinale là). Le couple antagoniste illusion groupale — fantasmes de casse constitue le ressort dialectique fondamental de la vie inconsciente des groupes.

Les fantasmes de « casse », avec l'enchevêtrement de leurs niveaux, ne sauraient, l'observation l'a bien fait apparaître, être, dans un séminaire, le lot des seuls stagiaires. Tous y sont exposés, moniteurs y compris. Le chemin de leur élucidation, d'ailleurs, le requiert et nécessite le recours, au sein de l'équipe des moniteurs, à l'analyse intertransférentielle. Il n'est guère de séminaires où nous ne les ayons rencontrés et toute stratégie visant à en faire faire l'économie aux intéressés, moniteurs ou stagiaires, constituerait une grave erreur. Le groupe plus spécialement le groupe de formation, tend, on le sait, à être investi comme objet libidinal, comme lieu de réalisation imaginaire de la demande d'amour mutuel. Il est vrai qu'un groupe, naturel ou occasionnel, ne saurait pleinement réussir dans ses entreprises ni satisfaire ses membres sans un certain climat de compréhension et de sympathie entre ceux-ci. Mais une formation qui se contenterait de ce seul but — les pulsions destructrices étant éliminées par clivage et par projection sur un bouc émissaire ou sur l'extérieur — serait fallacieuse. C'est en lui-même que chacun de nous a à reconnaître l'existence, la force, la permanence des pulsions de mort, agressives et autodestructrices : les fantasmes de « casse » sont l'incitation brutale, comme est brutale la pulsion correspondante, à entendre cette vérité mal commode. Au niveau le plus élaboré, ils expriment l'ambivalence par laquelle la haine est unie à l'amour, haine-amour entre parents et enfants, entre formateurs et sujets se formant. A leur racine pulsionnelle archaïque, ils témoignent de l'envie jalouse du sein donnant à un autre la jouissance, envie destructrice, dans ce sein, de son pouvoir créateur (comme l'a bien montré M. Klein). Trouver dans la vie, du plaisir, trouver, chez les autres et chez soi-même, à comprendre, créer, en fabriquant des choses ou en formant des gens, à partir des ressources intérieures dont on dispose, requiert que la « casse » ait été assumée et dépassée. L'observation que nous avons rapportée montre comment, malgré les incertitudes cliniques et les maladresses techniques des moniteurs, a pu s'effectuer le passage de l'envie à la gratitude.

7 Le fantasme du groupe machine, ou le groupe séducteur-persécuteur [1]

Ce que j'appelle le fantasme du groupe-machine dénote un type de moment privilégié, que j'ai explicitement observé dans beaucoup de groupes de formation psychologique, non certes dans tous, et dont j'ai été amené à soupçonner aussi l'existence dans des groupes naturels ou réels où je me trouvais comme consultant ou comme simple membre. En quoi consiste-t-il?

Les participants ont le sentiment d'être emportés par un processus psychique dont le cours, une fois déclenché, leur apparaît inexorable. Les métaphores par lesquelles ils l'expriment sont variées: les moniteurs sont comparés à l'apprenti-sorcier incapable d'interrompre le phénomène qu'il a mis en branle ; les participants se comparent aux navigateurs pris dans un malström : leur bateau, ou plutôt leur radeau, est entraîné dans un tourbillon marin, décrivant des orbes de plus en plus resserrées et rapides au flanc du creux liquide, aspiré toujours plus près du fond comme dans un entonnoir. Ou encore, disent-ils, les moniteurs ont tout programmé d'avance ; ce qui se déroule est conforme à ce qu'ils ont prévu et le déroulement s'enchaîne sans un temps mort qui permettrait de souffler. A quoi ils rattachent leur impression d'une surcharge de l'emploi du temps, d'une tension extrême de la situation, d'une fatigue intense à la fois psychique et physique. En résumé, les participants ont l'impression d'être la proie d'une force qui les dépasse et sur laquelle ils sont sans prise. Cette impression s'accompagne d'un sentiment mêlé : angoisse devant la perte du contrôle, devant le caractère mystérieux et terrifiant de cette force, devant la destination inconnue vers laquelle ils se sentent emportés ; mais aussi satisfaction de ne pas être venu pour rien, de vivre une expérience exceptionnelle, d'entrer dans un monde, jusque-là ignoré, de dynamismes puissants et obscurs.

(1) Texte d'une conférence prononcée le 6 mai 1973 à Strasbourg devant la Société française de Psychologie et publié en allemand sous le titre « Die Phantasie von der Gruppen maschine » dans *Gruppendynamik*, 1973, *4*, n° 4, pp. 227-238.

De cette impression, notre bagage culturel tient à notre disposition trois interprétations. Une interprétation religieuse : cette force qui nous transcende, c'est Dieu qui à la fois nous entoure et qui agit au plus intime de chacun de nous : « Mes frères, mettons-nous à genoux et prions... » est parfois tenté de dire le moniteur de tels groupes. Une interprétation sociologique de type durkheimien : c'est l'union du groupe qui fait cette force par laquelle nous nous sentons enveloppés et transportés, force collective supérieure en qualité comme en intensité aux volontés, aux pensées, aux émotions individuelles. Une interprétation psychanalytique enfin : ce moment est celui de la découverte du déterminisme psychique inconscient ; la force en question est celle du processus primaire libéré là de la répression défensive et échappant à la surveillance du Moi ; c'est la preuve de l'existence des pulsions et de leur énergie indestructible. Ainsi, dans la cure individuelle, au moment où l'analysant largue les amarres de son Moi et bascule dans le processus psychanalytique, fait-il souvent un rêve de ce genre. Une TSF braille à côté de lui ; il baisse le bouton de la puissance, il éteint le poste, il le débranche : en vain. L'appareil continue toujours de fonctionner, se faisant entendre contre la volonté de son propriétaire, marchant de plus en plus fort, et sa petite lampe rouge, qui reste fixement éclairée, remplit bientôt le rêveur d'épouvante.

Ces trois interprétations sont trop générales pour nous satisfaire. Une règle de toute explication scientifique des faits psychiques est premièrement de rendre compte de ces faits dans leur spécificité et deuxièmement de faire cas de la surdétermination qui leur est inhérente.

Revenons donc à la description des faits pour mieux dégager leurs caractéristiques ; après nous pourrons en chercher une explication.

Tout d'abord ce fantasme du groupe comme machine qui se met à fonctionner sur un mode autonome et déréglé est rarement verbalisé pendant les séances. Ceci est conforme à une constatation que nous avons faite et dite depuis assez longtemps : le fantasme, dans les groupes, ce n'est pas ce qui parle, c'est, du moins au début, ce qui est tu. Ce fantasme est communiqué dans les coulisses — plutôt qu'en séance —, à l'occasion de conversations particulières entre membres du groupe ou avec un moniteur que l'un d'entre eux se trouve connaître. Il est communiqué plutôt dans un séminaire résidentiel que dans une session brève (encore que je l'aie observé également dans certains cycles hebdomadaires de psychodrame), sans que je puisse démêler si c'est le caractère résidentiel de l'expérience qui, en favorisant les rencontres interindividuelles hors séances, facilite sa verbalisation, ou si c'est la situation de séminaire qui fait émerger ce fantasme, les stagiaires étant plus profondément pris par un séminaire long et à multiples activités que par une session courte et à activité unique. Enfin, dernière constatation, c'est vers la fin du premier tiers du séminaire, du cycle ou de la session que ce fantasme du groupe-machine apparaît — quand il apparaît.

Analysons les représentations et les affects qui l'accompagnent. Les représentations se laissent résumer sous deux dénominations : le groupe de diagnostic, de psychodrame, le séminaire est une *machinerie* dont les engrenages finissent par entraîner la plupart des membres ; c'est aussi une *machination* montée par les moniteurs contre les participants, pour les faire sortir d'eux-mêmes, pour les mettre à nu, les épier, les démonter, les transformer en cobayes, en objets, en choses, les réduire à une pure mécanique. D'où l'appellation de groupe-machine que nous avons retenue, car elle contient à la fois l'idée de machinerie et celle de machination.

Les affects maintenant. Eux aussi sont bi-polaires. Ils se développent entre un pôle de méfiance (on nous transforme en une mécanique inhumaine) et un pôle de soumission passive (nous avons à faire à quelque chose de plus fort que nous par quoi nous ne pouvons qu'être dominés ; mais, peut-être, en nous laissant posséder par cette puissance, à notre tour participerons-nous d'elle).

Si nous confrontons nos deux analyses, celles des représentations et celles des affects, nous pouvons dégager la question sous-jacente à la production du fantasme du groupe-machine, la double question plutôt. Ce qui se passe, est-ce bon, est-ce mauvais ? — question qui porte aussi bien sur la méthode en général, sur ce groupe en particulier, sur le type de formation que sur le ou les moniteurs. Ce qui se passe, se passe-t-il au-dedans ou dehors — à la fois au-dedans et au-dehors de moi, au-dedans ou au-dehors de nous ? Autrement dit : où sont les limites entre moi et les autres, entre le groupe et le monde extérieur, entre le bon et le mauvais ? Il devient évident que nous avons à faire là à l'angoisse persécutive. Telle est notre hypothèse explicative, hypothèse à laquelle il nous faudra tout à l'heure ajouter un complément, mais dont il convient pour le moment d'administrer la preuve.

C'est le mérite d'Hector Scaglia (1974 *a*), d'avoir, en s'appuyant sur les travaux de l'école argentine de psychanalyse, défini la période initiale d'un groupe comme expérience d'une situation paranoïde primaire. C'est en effet pendant la période initiale qu'on relève le plus souvent chez les participants des séries de manifestations du sentiment d'être l'objet d'une machination de la part de l'équipe composée du moniteur et de l'observateur s'il s'agit d'un groupe de diagnostic, de l'équipe des moniteurs s'il s'agit d'un séminaire. Première série : « ils » prennent des notes sur nous, « ils » nous jugent, « ils » nous dissèquent et « ils » gardent pour eux leurs observations. Deuxième série : nous sommes obligés de faire ce qu'ils veulent ; par contre, ils refusent de nous apporter ce que nous leur demandons ; nous ne pouvons pas les influencer par nos paroles, mais eux nous influencent par leur silence. Troisième série : de toute façon, quand ils parlent, ça ne sert à rien, on ne comprend pas ce qu'ils disent ; ça pénètre par une oreille et ça sort par l'autre et nous n'arrivons pas à nous en souvenir. Scaglia cherche à juste titre une explication psychanalytique de ces faits en s'appuyant sur les notions kleiniennes de sein-pénis — c'est en effet le pouvoir de la mère phallique qui est attribuée au moniteur et à l'observateur — et de relation d'objet partiel, le sein-pénis étant séparé de la personne totale et se mettant à mener une existence indépendante, dotée d'une vie propre. Dans la première série, les participants, en se plaignant d'être considérés par le moniteur et l'observateur comme des machines dont on démonte les rouages, expriment leur identification projective à une image du ventre maternel fantasmé comme contenant des morceaux indépendants : les organes de la génération et de l'allaitement, le pénis du père introjecté, les enfants-caca en gestation. Dans la seconde série — être influencé sans pouvoir soi-même influencer —, on trouve l'équivalence archaïque : être frustré = être attaqué. Dans la troisième série, le moniteur et l'observateur représentent l'inquiétante étrangeté, le double, mauvais et projeté, qui fait retour. Notons au passage que moniteur et observateur ne sont pas toujours mis dans le même sac, que l'observateur est le plus souvent ressenti comme le plus persécuteur des deux, ce qui a l'avantage de protéger le moniteur d'une paralysie complète de sa fonction interprétante, paralysie inévitable si l'angoisse persécutive collective se concentrait massivement sur lui ; ceci non moins inévitablement conduirait, comme cela arrive quelquefois, soit à son expulsion, soit à l'éclatement du groupe. C'est là une des raisons parmi d'autres qui rendent nécessaire la présence d'un observateur dans les groupes de formation.

En ce qui concerne la troisième série, il convient d'ajouter une explication supplémentaire que nous empruntons à l'article de Roland Gori (1973 *a*), sur *L'objet-parole dans les groupes de formation* : le sein partiel, autonome et destructeur, devenu la voix-pénis du moniteur-mère pénètre les participants, dans leur fantasme, par l'anus : mode de pénétration de la voix qui explique l'angoisse terrifiante du schizophrène devant les paroles qui lui sont adressées ou qu'il entend, et qu'illustre bien la confession de Louis Wolfson dans son livre *Le schizo et les langues* (1970). Ce fantasme est renforcé dans les réunions plénières où les participants, vu leur nombre, ont plus de mal à se connaître qu'en petit groupe et où ils sont face à une pluralité d'interprétants. Ce point d'analyse groupale confirme une vue de Mélanie Klein, contestant, on le sait, la succession des soi-disants stades oral, anal, uréthral et phallique du développement psycho-sexuel chez l'enfant. L'observation des tout-petits montre en effet qu'il y a non pas succession mais simultanéité et enchevêtrement des fantasmatiques correspondant à ces stades. L'observation des groupes apporte ici un élément de confirmation : la voix du moniteur pénètre analement les participants ; la pulsion sadique orale et la pulsion sadique anale sont la même, à savoir une pulsion destructrice qui provient d'un morceau autonome et qui met en morceaux tout lieu du corps dans lequel elle fait irruption. De plus, un lien de réciprocité symbolique existe entre la bouche et l'anus : ce qui entre par la bouche est aussi ce qui sort par l'anus, c'est généralement ce qui est bon ; ce qui sort de la bouche entre par l'anus, c'est généralement ce qui est mauvais.

Notre analyse n'a porté jusqu'ici que sur ce qui est projeté sur le ou les moniteurs et l'observateur. Qu'en est-il, lors de la période initiale, des relations entre participants ? L'anonymat mutuel, requis par les règles du jeu dans les groupes de formation ou instauré par les circonstances dans certains groupes naturels, entraîne que les autres ne font pas encore l'objet d'une perception différenciée pour moi et surtout que moi, je ne me sens pas reconnu comme personne totale par eux. Les autres sont pour moi, au début, des personnes anonymes, plus ou moins interchangeables, et, réciproquement, je ne suis pas pour eux quelqu'un, mais « machin-chose ». Cette expression courante dans les relations interhumaines indique bien qu'on a à faire à une relation d'objet partiel et non total. Le machin, la chose, c'est le pénis. Au niveau plus évolué, qui est celui de la relation à l'objet total, je suis ou je peux être, pour moi et pour les autres, quelqu'un qui a (ou qui n'a pas) un machin. Au niveau primitif, qui est celui de la relation à l'objet partiel, c'est-à-dire de la relation du nourrisson au sein-pénis maternel, je n'ai pas un machin, mais je suis un machin et je le suis dans le meilleur des cas pour quelqu'un d'autre, comme le nourrisson l'est pour sa mère. Mais comment, dans un groupe, au milieu de dix autres « membres » (le mot dit bien ce qu'il veut dire), puis-je être sûr que ce sera moi le machin désiré du moniteur ou du groupe et que les autres me permettront de l'être ? Et les participants-enfants-pénis de s'entre-déchirer dans le ventre de leur-mère-le-groupe. Du moins c'est ce qui se fomente dans le contenu latent. Le contenu manifeste a été fort bien exprimé par Sartre (1960) : il y a lutte contre la rareté ; chacun craint d'être pour les autres un excédentaire à supprimer, une « bouche inutile ». De là vient que tant de bouches, au début d'un groupe, se taisent. Parce qu'elles se sentent inutiles et parce que, si elles parlaient, cela attirerait l'attention sur elles des rivaux exterminateurs.

Résumons-nous. Un moniteur et/ou un observateur persécuteur. Des co-participants pour lesquels on est un machin-chose. Pourquoi, dans ces conditions, cette représentation d'un groupe-machine ? Rappelons ce qui différencie les positions dépressive et persécutive. La position dépressive c'est, phénoménologiquement parlant, l'expérience du chaos. Chaos intérieur au sujet, car il existe alors un sujet, un objet total, et une différenciation stable de l'intérieur et de l'extérieur. C'est seulement vers le milieu de la session qu'un groupe de diagnostic ou un séminaire devient chaotique pour tous, moniteurs et participants. La position paranoïde-schizoïde c'est, par opposition, l'expérience du robot. Le vécu de la période initiale peut en effet être dit robotique : les participants respectent mécaniquement les horaires, les consignes. Le moniteur, dont le contre-transfert ne manque pas de trouver quelque avantage à partager la croyance générale dans le groupe-machine, se réjouit que « son » groupe se déroule comme une machine bien huilée et que tout ce qui arrive lui soit effectivement explicable, voire anticipable. Dans les séminaires où plusieurs petits groupes fonctionnent simultanément, les participants tiennent à tout prix, dans les couloirs ou en réunion plénière, à constater la similitude des thèmes de discussion ou de jeu psychodramatique dans ces divers petits groupes, comme si tout y avait été pareillement planifié d'avance. La façon dont l'objet-groupe est vécu pendant la période initiale est digne des récits de la science-fiction : les moniteurs, disent les stagiaires, nous administrent une formation-robot ; leur but est de faire de nous des robots à leur image ; eux-même ne seraient-ils pas d'ailleurs au service de robots supérieurs, plus puissants et plus perfectionnés, qui ont nom CEFFRAP, ARIP, ANDSHA et *tutti quanti,* voire de superrobots dont les noms et les localisations terrestres ou extra-terrestres restent inconnus ? Un robot, c'est en premier lieu un tyran qui cherche à asservir. C'est, deuxièmement, un être sans âme, qui fonctionne de façon purement machinale, qui ne tient nul compte de nos sentiments et qui cherche à faire de nous des automates sans affectivité, sans humanité, c'est-à-dire des êtres privés d'amour : on reconnaît là au passage le clivage caractéristique de l'amour et de la haine. Troisièmement enfin, un robot, c'est un programme qui nous oblige à faire à heures fixes des activités préétablies, sans tenir compte de nos désirs, de nos angoisses, de nos rêves, de notre lassitude. C'est une technique pure, vidée de toute fantasmatique. On retrouve là le portrait de la mère du futur schizophrène, qui donne à l'enfant uniquement ce dont son organisme a besoin pour vivre, qui ne répond pas à sa demande d'être reconnu, aimé, unifié, qui ne joue pas avec lui, qui ne lui parle pas pour le simple plaisir de lui parler, qui est rigide sur les emplois du temps, intransigeante sur l'obéissance. Ou encore le portrait de la mère-fil de fer des expériences de Harlow, guenon artificielle qui donne à ses petits singes tous les biberons nécessaires, mais jamais la douceur, la chaleur du contact. Une mère pour qui l'enfant n'est pas conçu aussi comme une réalité psychique mais réduit aux besoins de son corps, pour qui l'enfant est un animal-machine et qui est pour lui une mère-machine. Dans *la Forteresse vide* de Bruno Bettelheim (1967), le cas de Joey, le petit garçon « mécanique », en est une illustration démonstrative.

Cela nous amène à l'hypothèse complémentaire que nous annoncions au début. Expliquer le fantasme du groupe-machine par la mobilisation, chez les membres d'un groupe commençant, de l'angoisse persécutive, s'avère en effet nécessaire mais non suffisant. Nous sommes arrivés au point où il convient de considérer les particularités du corps propre à ce moment-là, telle que la régression la fait alors expérimenter ou revivre aux participants.

Auparavant un point décisif de terminologie qui est en même temps un point de théorie demande à être précisé. Le Moi psychique n'est pas le Moi corporel. Psychologues, psychanalystes, dynamiciens de groupe procèdent souvent à une confusion de ces notions. Leur distinction semble dûe à Victor Tausk, disciple insupportable et mal-aimé de Freud. Avant de disparaître dans un suicide psychotique, Tausk a eu le temps d'écrire un article, *De la genèse de « l'appareil à influencer » au cours de la schizophrénie* (1919), qui, de nos jours, n'a rien perdu de son originalité et qui traite en quelque sorte du fantasme du corps-machine chez le psychotique. Tausk étudie la croyance délirante de certains schizophrènes en l'existence d'une machine à influencer, intérieure ou extérieure à eux, composée de pièces, rouages, fils électriques, manivelles, correspondant terme à terme à des parties de leur corps, de telle sorte qu'en les manipulant le constructeur de cette machine — un séducteur, un prétendant, un médecin — influence directement la région ou l'organe correspondant de leur corps. La machine à influencer représente un cas particulier des idées d'influence : au lieu qu'il s'agisse d'une influence par suggestion, ressentie habituellement par des malades moins atteints, l'influence est ici attribuée à une machine. Par ailleurs, bien que l'élément persécutif soit évident, le persécuteur n'est pas doté de cette haine menaçante qui caractérise la paranoïa ; le persécuteur vise seulement à avoir, à la place de l'intéressé, la maîtrise du corps du malade et à lui faire éprouver à volonté des sensations. Il s'agit, bien sûr, principalement de sensations sexuelles ; les sensations spécifiquement génitales (érection, pollutions chez l'homme pour affaiblir sa virilité, sensation de caresses excitantes chez la femme pour la tenir à sa merci) sont les plus fréquentes au début de la maladie ; les autres sensations relèvent de cette érogénéisation, sur laquelle la psychanalyse a attiré l'attention, de certaines zones du corps, de la surface de la peau ou d'organes internes. Tausk n'a eu aucune difficulté, à partir de là, pour montrer : 1° que ce qui est projeté — au sens psychanalytique du terme —, dans le délire d'influence, c'est la pulsion sexuelle insupportable au Moi (alors que dans le délire de persécution, c'est la pulsion agressive), et 2° que le corps propre se trouve en même temps projeté au dehors mais cette fois-ci au sens neurologique du terme, c'est-à-dire comme réalité extérieure au sujet ; les impressions sexuelles et sensuelles ressenties dans ce corps peuvent alors être interprétées par le sujet comme le résultat d'une influence étrangère, comme une inquiétante étrangeté, comme une aliénation voulue par un séducteur-persécuteur.

La maladie mentale réalise donc là, de façon quasi-expérimentale, la distinction du Moi psychique, qui continue de fonctionner en étant toujours reconnu par le sujet comme étant sien (le Moi met par exemple en œuvre des mécanismes de défense contre les pulsions dangereuses et interprète rationnellement les données perceptives qui lui parviennent), et du Moi corporel, qui continue également de fonctionner, mais en n'étant plus reconnu par le sujet comme lui étant propre.

Un tel dualisme du Moi ne peut se comprendre, dans la perspective économique, qu'à partir d'un dualisme interne à la libido. Ce dualisme est ici celui de la pulsion sexuelle, investie sur l'image du corps propre, et de la pulsion narcissique, investie sur le Moi psychique.

Réexaminons, à la lumière de cette comparaison avec la psychopathologie individuelle, la situation de groupe de formation et mieux encore de séminaire résidentiel. Premier trait : le monde habituel — familial, professionnel, social —, avec son espace et son temps propres, est suspendu. Traduisons : la réalité extérieure est mise entre parenthèses ; le corps devient pour chacun la seule réalité extérieure à son Moi psychique. Deuxième trait : le participant n'est pas seul aux prises avec l'écoute du fonctionnement de son corps ; il se trouve obligé de vivre avec d'autres qui sont dans la même situation et à qui on donne comme consigne fondamentale de parler de ce qu'ils éprouvent. C'est donc là une situation para-psychotique : le Moi perd ses limites ; les pensées, les émois individuels deviennent transparents aux autres ; quand les autres parlent, ils parlent pour moi, ils parlent de moi ; et quand je parle, je parle non pas de ce que *j'éprouve,* mais de ce *qu'on éprouve,* malgré l'insistance véhémente des participants les plus hystériques pour que chacun dise *je,* insistance défensive facile à comprendre de leur part puisqu'ils sont les plus syncrétiques, les plus fusionnels, les plus prompts à s'identifier aux autres. Dans une note, Tausk signale une intervention de Freud lors de la discussion de son exposé : « Freud souligna en particulier que la croyance de l'enfant telle que je l'expose — à savoir que les autres connaissent ses pensées — prend source en particulier dans l'apprentissage de la parole. Car l'enfant, avec le langage, reçoit les pensées des autres, et sa croyance que les autres connaissent ses pensées apparaît fondée sur les faits, tout comme le sentiment que les autres lui ont " fait" la parole et avec elle les pensées » (*ibid.,* p. 244, n.2).

On répète volontiers que la situation de groupe non directif provoque une régression chez les membres, ce qui exact mais vague tant qu'on ne précise pas vers quoi il y a régression. Si, comme l'école kleinienne l'a montré, il y a régression chronologique à des angoisses et donc à des fantasmes archaïques de nature psychotique, c'est qu'il y a, d'abord, une régression topique à un état d'organisation de l'appareil psychique où ni le Surmoi, ni l'Idéal du Moi ne sont constitués, mais où un Moi s'est déjà différencié du Ça, ce qui permet à la libido, indifférenciée au départ dans le narcissisme primaire, de se diviser entre deux objets et donc entre deux mouvements, libido sexuelle et libido narcissique. La régression ramène donc les participants au stade du narcissisme secondaire et de l'auto-érotisme.

Le fantasme du groupe-machine achève de s'éclairer dans cette perspective. Il constitue, comme dans le syndrome de la machine à influencer, une opération défensive, ou mieux une double défense : une défense contre la mobilisation de la libido sexuelle auto-érotique dans une situation coupée du monde extérieur ; mais il est aussi une défense contre le danger de blessure narcissique infligée par la situation plurielle ou groupale. En même temps, il fournit une « interprétation » du vécu, du pensé et du parlé ressentis comme transindividuel et expliqués comme résultat d'une influence, d'une « manipulation » de la part du ou des moniteurs et de l'observateur. On comprend ainsi que les moniteur et observateur soient, dans un tel fantasme, non pas des persécuteurs-destructeurs mais plutôt des persécuteurs-séducteurs. On comprend mieux du même coup les réactions contre-transférentielles de certains moniteurs qui font évoluer la situation tantôt dans le sens de la persécution, tantôt dans le sens de la séduction. Dans l'état actuel des méthodes de groupe d'ailleurs, le clivage tend bien à se faire selon ce schéma : les méthodes purement verbales sont de plus en plus vécues sous le signe de la persécution et donc redoutées ; les méthodes d'expression et de contacts corporels se placent au contraire sous le signe de la séduction et sont pour cela, on s'en doute, de plus en plus recherchées. Rien n'arrivant jamais de nouveau sous le soleil, nous voici ainsi, en ce qui concerne le groupe, avec l'essor actuel de ces dernières méthodes, en train de revenir à la situation préfreudienne, qui était celle de l'approche hypnotique des hystériques : suggestion, séduction, influence.

On vient à un groupe de formation pour changer. Ainsi les participants s'attendent-ils à être soumis à une influence des moniteurs qui les fasse changer. En même temps ils redoutent de perdre leur contrôle sur les changements survenant en eux et de voir ces changements internes manipulés à leur guise par d'autres : par l'équipe dirigeante, par le reste des participants. Ressentir le groupe comme un appareil à influencer est donc une des formes de la résistance au changement (changer, c'est être soumis à celui par qui on est changé), une forme qu'il est inévitable d'avoir à traverser jusqu'à ce que le Moi psychique des participants soit en état d'intégrer les modifications qui se produisent dans l'appareil psychique et dans le vécu corporel.

Nous pouvons conclure. Le fantasme du groupe-machine, quand il ne sidère plus les membres d'un groupe commençant mais qu'il se met à circuler dans leurs propos, connote de leur part un début d'acceptation des processus inconscients mis en jeu par la situation et leur entrée dans la tâche proprement dite, qui est de chercher à comprendre ce qu'ils éprouvent ensemble ici et maintenant. L'illusion groupale leur devient possible, le groupe étant alors non plus un objet partiel persécuteur-séducteur, mais un bon objet libidinalement investi, un corps entier et unitaire dont chacun se sent faire partie. Le corps propre dans sa réalité biologique vécue de l'intérieur, n'est plus pour eux, pour ceux du moins qui ne sont pas psychotiques, une mécanique monstrueuse dont le fonctionnement échappe aux intentions du Moi : sa structure, reconnue comme telle, devient non seulement maniable grâce à l'intuition qu'on acquiert de ses agencements, mais utilisable, grâce à la projection contrôlée qu'on peut alors en faire, pour comprendre par comparaison d'autres structures ou pour fabriquer des machines matérielles ou abstraites susceptibles de fonctionner effectivement et utilement.

Mais le passage d'un mode d'explication où le Moi corporel s'impose au Moi psychique et l'envahit, à un mode d'explication où le Moi psychique se sert du Moi corporel comme référent de base pour comprendre, autrement dit le passage d'une explication par les influences à une explication par les lois, ne s'effectue pas par une simple et brusque mutation. La période initiale passée, vers la fin du troisième jour dans un séminaire d'une semaine, ou vers la septième ou huitième séance d'une session intensive qui en comporte une douzaine, la confusion et le chaos s'installent, c'est-à-dire la position dépressive. Les participants deviennent moins assidus, moins révérencieux, moins écrasés ou écrasants, plus spontanés et aussi plus déprimés. Les moniteurs eux aussi se dépriment ; ils perdent leur belle assurance, ils commencent à ne plus comprendre ce qui se passe. Le groupe sort du machinal pour entrer dans l'imprévu. Parallèlement, les moniteurs deviennent, aux yeux des participants, plus humains. Ceux-ci leur attribuent moins la toute-puissance effrayante du début ; c'est leur méthode et la situation qu'elle instaure, et non plus eux, qui sont perçus comme causes des processus constatés. Les participants peuvent commencer de se juger entre eux sur la façon dont ils s'acquittent de leur tâche, et de juger les moniteurs selon le même critère.

Mais, expliquer, en psychanalyse, n'est pas s'en tenir aux points de vue dynamique, économique et fantasmatique. Juger les autres et soi-même, chercher les lois des choses requiert un remaniement topique et c'est peut-être là ce qui se trame de plus important dans les inconscients individuels à l'occasion de la perlaboration du fantasme du groupe-machine. En se donnant un *leader*. Freud l'a vu le premier, un groupe se donne un Idéal du moi. En vivant l'illusion groupale, ai-je moi-même cru bon d'ajouter plus haut, il se donne un Moi idéal. Ici je complète : par le fantasme que je viens d'étudier, il se constitue un Surmoi. Les objets partiels, représentants-représentations de la pulsion de mort, ont été projetés sur l'équipe moniteur-observateur : sein dévorant, bouche cruelle, urine corrosive, fèces explosives, pénis destructeur. De ces mauvais objets projetés, la rétorsion par talion a été attendue et redoutée. Mais l'équipe dirigeante a montré, en continuant de vivre, de faire son travail, de maintenir possibles les conditions de l'expérience, qu'elle n'avait pas été détruite par l'agressivité des participants et qu'elle ne leur en tenait pas rigueur. Trois processus sont alors devenus possibles pour ces derniers :

— projeter sur l'équipe non plus seulement les objets mauvais, mais aussi de bons objets internes, nourriciers et protecteurs, représentants-représentations des pulsions de vie ;

— récupérer le sadisme projeté sur l'équipe et le transférer à un Surmoi impersonnel proprement groupal dont la représentation du groupe-machine constitue une première ébauche ;

— mettre progressivement en place, tout en traversant l'illusion groupale et la crise dépressive, des mécanismes régulateurs — normes, règles, procédures communes — qui rendent possible un accomplissement effectif encore que limité de la tâche assignée par les consignes et une réalisation concrète encore que partielle des objectifs de formation visés par les participants.

8 La résistance paradoxale : une auto-destruction du groupe [1]

Une nouvelle forme de résistance : le travail psychanalytique piégé

L'histoire de la psychanalyse en général comme celle d'une cure en particulier est l'histoire des résistances opposées par l'appareil psychique à l'investigation de son propre fonctionnement quand celui-ci a à faire avec la recherche du plaisir interdit, avec l'évitement de l'angoisse et avec la formation du symptôme ou du trait de caractère. A peine l'évolution de la théorie ou de la technique a-t-elle permis pendant un temps de traiter telle forme nouvelle de la résistance que celle-ci se déplace, se transforme, se réorganise ailleurs et autrement. Ainsi Freud. ayant surmonté en lui par l'auto-analyse de ses rêves l'horreur des crimes d'Œdipe, apprend à analyser chez ses malades le complexe correspondant ; la résistance s'accroche alors aux processus et aux contenus plus archaïques, jusqu'à ce que Mélanie Klein vienne déchiffrer bon nombre d'entre eux. Ainsi la pathologie se modifie comme pour déjouer la thérapeutique : l'hystérie de conversion, dont le spectacle était si prisé du temps de Charcot et sur laquelle Freud a fait ses premières armes, a pratiquement disparu des pays évolués ; s'y multiplient par contre des troubles de la personnalité et de la conduite qui ne relèvent ni de la névrose ni de la psychose mais des déficits, des ratés, des excès du narcissisme et face auxquels le psychanalyste, armé de sa théorie et de sa technique habituelles, se trouve bien démuni. Enfin, la diffusion des connaissances dans le grand public infléchit le sens même de la situa-

(1) Une première ébauche de ce chapitre a paru dans *les Etudes philosophiques*, 1974, n° 1, pp. 3-13. Nous remercions Bernard Gibello de nous avoir fait connaître les travaux, auxquels nous nous référons ici, de l'école de Palo-Alto, de nous avoir fourni l'occasion d'observer la séance de psychodrame que nous rapportons et de nous avoir aidé par ses remarques à développer cette première ébauche de ce que nous avons appelé depuis le « transfert paradoxal » (1975).

tion psychanalytique : d'inconnue, elle devient familière, ce qui paradoxalement renforce son inquiétante étrangeté et facilite les moyens de la refuser tout en la sollicitant. Ceci ne joue pas que chez les patients. Beaucoup d'élèves-analystes ne sont plus ces jeunes Œdipe à la conquête de l'inconscient et triomphant des interdits comme le furent les premiers disciples de Freud : ce qui les intéresse est non pas l'inconscient mais la psychanalyse et elle les intéresse comme un placement narcissique ([1]).

L'exemple que nous allons prendre de résistance au travail psychanalytique relève du champ, en plein développement actuel, de la psychanalyse appliquée. Il est tiré d'un séminaire de formation psychologique où des psychologues, des psychiatres, des éducateurs spécialisés, des travailleurs sociaux, des chefs du personnel, des animateurs de métier — en un mot des psychistes — viennent faire l'expérience d'une remise en question d'eux-mêmes dans le double cadre du petit groupe et du groupe large. Ils ont choisi de faire cette expérience dans un séminaire organisé en l'occurrence par une équipe de psychanalystes intéressés à la pratique sociale et convaincus que le travail psychanalytique peut s'effectuer aussi bien collectivement qu'individuellement. C'est là que la résistance va s'articuler : ils viennent pour voir travailler cette équipe ; du coup, ils ne s'engagent pas suffisamment eux-mêmes dans l'expérience pour qu'un processus de changement individuel et groupal s'enclenche et l'équipe d'analystes qu'ils sont venus voir œuvrer opère sur du vide. A l'instar de certaines variantes de la théorie mathématique des jeux ou encore comme dans certaines formes de dissuasion atomique, chacune des deux parties se trouve perdante. Comme si gagner devait nécessairement, du moins dans le domaine psychologique, consister à acquérir un avantage au détriment de l'autre et comme si, quand on craint de perdre, il ne restait plus qu'un espoir, entraîner l'adversaire dans sa perte.

Devant une telle situation, les psychanalystes, s'ils réagissent comme ils en ont l'habitude dans l'état actuel de la technique, se trouvent piégés. Ou bien ils se cantonnent dans le silence, pour laisser venir, et il ne vient rien, car la situation est bloquée et des signes de sa détérioration finissent par se manifester (fugues, passages à l'acte, épisodes psychopathologiques individuels, organisation spontanée par les participants d'un contre-séminaire). Ou bien ils interprètent le fantasme supposé sous-jacent à la résistance mais tous les fantasmes peuvent bien être évoqués dans leurs discours (on assiste parfois de leur part à une sorte d'exposition universelle ou de festival des fantasmes), l'effet s'avère nul, car l'interprétation par les fantasmes est précisément ce qui, de la psychanalyse, est, pour la génération actuelle de psychistes, le plus diffusé, vulgarisé et ce dont elle est le plus saturé. Ainsi

([2]) Nous avons développé cette idée dans « La fantasmatique de la formation psychanalytique » (Anzieu D., 1973).

la représentation sociale consciente de l'inconscient est utilisée comme défense contre la reconnaissance individuelle de la représentation inconsciente.

Ce n'est pas là le seul biais par où ce problème, en apparence uniquement pratique et technique, intéresse la représentation. D'une façon plus générale, il met en évidence l'insuffisance de la théorie psychanalytique de la représentation du conflit. Selon cette conception, l'appareil psychique se donne à lui-même une représentation de son propre fonctionnement et en particulier des conflits intra- et intersystémiques (1), représentation qui est à la fois un accomplissement du désir et une formation de compromis. Par exemple la théorie selon laquelle le Moi est le centre ou le cerveau de la personne constitue en fait, pour le psychanalyste, un accomplissement imaginaire des désirs narcissiques du Moi ; le fantasme « un enfant est battu » apparaît comme un scénario dans lequel le conflit sadomasochiste interne au sujet est dramatisé, où la rivalité fraternelle trouve une satisfaction (c'est le rival qui est battu, ce n'est pas moi) et où la défense (ici la menace du châtiment) est personnifiée en même temps que la pulsion (il s'agit de l'érotisation de la pulsion sadique). Ainsi les théories spontanées de l'appareil psychique sur lui-même — dont les théories philosophiques ne sont souvent que l'écho amplifié — sont des variantes de ce que Freud a le premier reconnu comme étant les théories sexuelles infantiles (2). Le but de la cure est de substituer à une représentation du conflit interne qui est de l'ordre du symptôme ou du rêve, une représentation décentrée par rapport à la précédente et dégagée par rapport à l'affect et à l'investissement pulsionnel, c'est-à-dire de passer d'une représentation symptomatique à une représentation vraie. La représentation correcte du conflit est, dans la théorie et dans la technique classiques, une pièce essentielle du travail de dégagement du sujet par rapport au conflit. Les choses fonctionnaient bien ainsi à l'époque héroïque des *Etudes sur l'hystérie* (1895) et de *l'Interprétation des rêves* (1900), lors du passage de la méthode carthartique sous hypnose à la méthode des associations libres éveillées. Il n'en va plus de même à partir du moment où la résistance prend la forme que nous venons de dire et où le sujet invité à entrer dans le processus analytique s'en défend par une représentation-dilemme, dont les deux branches de l'alternative ont pour propriété de conduire également le sujet et l'analyste à l'échec. Ainsi le conflit, au lieu de devenir l'objet d'une représentation libératoire, organise à son image la structure même de la représentation et bloque les potentialités évolutives de celle-ci.

Nous allons fournir un exemple de ce dilemme ; le cas du taureau ratiocineur.

(1) Les systèmes psychiques en question étant le Ça, le Moi (y compris le Moi idéal) et le Surmoi (y compris l'Idéal du moi).

(2) Cette idée est plus longuement développée par René Kaës dans sa quatrième « Etude sur le fantasmatique de la formation et le désir de former », *in* R. Kaës, D. Anzieu et coll., *Désir de former et formation du savoir*, 1976.

Observation n° 9 : Le cas du taureau ratiocineur

Dans le séminaire évoqué plus haut, les participants étaient répartis entre plusieurs petits groupes, chacun d'eux alternant des activités d'improvisation dramatique et de discussion libre. Voici le compte rendu de la dernière séance de psychodrame d'un de ces groupes.

Après plusieurs propositions de scénarios qui ne sont pas retenues et des commentaires sur les jeux précédents, il apparaît que, dans ce groupe, ce sont toujours les mêmes qui se mettent en avant, qui proposent, qui jouent et qui, par là, empêchent les autres de s'exprimer. Le moniteur interprète le dilemme des participants pris entre le désir de s'identifier au comportement des moniteurs (rester spectateur silencieux) et le désir d'obéir aux règles que ceux-ci proposent (s'impliquer dans l'action). Un des « silencieux » peut alors extérioriser son mécontentement. Le désir se manifeste de trouver un jeu qui intègre tout le monde.

Un des membres, qui a souvent apporté des thèmes au groupe afin d'aider celui-ci à démarrer ou afin de lui permettre de trouver un compromis entre des suggestions divergentes, propose : une course de taureaux avec un matador et deux taureaux ; « le taureau qui jouerait le jeu serait tué ; l'autre n'entre pas dans le jeu, il se demande pourquoi il est là, pourquoi le matador veut le faire venir, quelle entourloupette il va lui faire. » Tout le monde rit à cette suggestion qui figure symboliquement une difficulté bien connue dans le séminaire. Du coup, tout le monde ou presque peut participer. Un stagiaire connu pour son art des interventions provocatrices en début de séances choisit d'être le taureau qui fonce. Un autre stagiaire s'était fait remarquer en quittant la salle dès la seconde séance pour aller s'associer à une grève d'une heure du personnel de l'institution dans laquelle le séminaire se trouvait hébergé ; après quoi, il s'était engagé progressivement dans les activités proposées ; il choisit d'être le taureau qui réfléchit. L'initiateur du thème de la corrida s'attribue le rôle du matador. Plusieurs autres participants annoncent qu'ils seront la foule qui crie « ollé », ce que personne d'ailleurs ne songera plus à faire une fois le jeu démarré.

La première partie du psychodrame est un mime à peu près muet. Les deux taureaux entrent dans l'espace scénique. L'un d'eux, malgré les exhortations de l'autre, s'assied pour réfléchir. Soudain le premier, sans un mot, fonce sur le matador, qui agite sa cape et le soumet à quelques passes. Furieux d'être à chaque fois leurré, le taureau marque un temps d'arrêt et comprend qu'en fonçant sur la cape, il passe à côté de l'homme : il vise alors l'homme. Suit un bref corps à corps confus, dont les deux acteurs donneront au cours du commentaire ultérieur deux versions différentes : le taureau pensait avoir touché le matador et le matador était persuadé d'avoir esquivé son adversaire.

La deuxième scène est uniquement verbale. Le taureau fonceur s'assoit à côté du taureau « gréviste » et lui demande :

« Pourquoi es-tu venu là ?

— On m'a dit de venir. On était enfermé. J'ai cru qu'on nous libérait Et toi, tu cours après quoi ? Tu fonces dans le vide, tu donnes au hasard des coups de corne.

— Le rouge pour moi c'est comme un feu vert. J'ai l'impression de vivre. Je respire, je halète.

— Moi je suis là, je suis bien. Je suis bien là où je suis spectateur. »

Interpellé, le matador se mêle à la conversation :

« Il faut bien que j'agite la cape et que je sorte l'épée, puisque je suis payé pour cela » (allusion au montant de l'inscription payée par les participants et aux honoraires supposés des animateurs).

On lui demande ce qu'il pense des taureaux.

« Il y en a qui ne sont pas sympathiques : de vraies vaches.

— Oui, mais quand tu as à faire à un taureau qui ne bouge pas, tu es tout bête.

— Je vais te raconter ce que je ressens pour les taureaux que je tue (allusion à un moniteur du groupe large à qui les participants reprochaient de ne pas intervenir dans les réunions plénières et qui avait alors fait part, à la surprise générale, d'un profond sentiment personnel de solitude). D'abord je me prépare. Il me faut un médecin avec moi, car on reçoit des coups de cornes. Je m'habille. Puis je vais au corral, je sens l'odeur des bêtes, j'en suis tout pénétré, je les aime tellement que j'ai envie de les faire mourir.

— Eh bien moi, justement, je n'ai pas envie de mourir.

— Je te propose un contrat. Quand un taureau a été brave, je peux demander à la foule qu'on ne le tue pas. Voilà le contrat : on fait semblant de toréer, je te permets d'être brave et tu es grâcié. Mais il faut que tu aies l'air de jouer le jeu, sinon le public demanderait des comptes. Il faut faire aussi attention de ne pas trop se prendre au jeu...

— Non, je n'accepte pas ton contrat, je ne veux même pas prendre ce risque.

— Alors les picadors vont venir et tu verras ce qu'ils vont te faire.

— De toute façon je ne jouerai pas le jeu. »

Ayant dit cela, le taureau discutailleur se lève pour partir.

« Pourquoi tu ne veux pas jouer le jeu ?

— Je ne veux pas jouer car je ne tiens pas à ce qu'on me coupe les oreilles et la queue... »

C'est le mot de la fin, non prémédité d'ailleurs par son auteur et qui fait sensation chez tous, acteurs et spectateurs.

La discussion générale sur ce qui vient de se passer est alors ouverte.

« Cela me rappelle le taureau Ferdinand qui préférait courir après les fleurs.

— Je n'ai pas osé faire la foule tout seul, c'était une foule glaciale.

— On pourrait rejouer la scène en introduisant la foule (proposition qui soulève une forte opposition).

— On est venu ici pour quelque chose. Cela a été joué différemment. La foule est-elle contente, mécontente ? Personne n'a manifesté son opinion.

— Celui qui jouait le jeu et celui qui ne le jouait pas. Le second taureau jouait à celui qui ne jouait pas. »

Le participant qui a fait le taureau fonceur : « Pourquoi je fonce ? L'espace de l'arène m'est ouvert et le temps m'est compté. Si le temps m'était conté, comme dit l'autre... Il y a l'espace, il n'y a plus le temps. Alors il faut bien que je fonce. Je fonce sans réfléchir : je suis moi-même. Je n'ai plus été moi-même, tu l'as remarqué, quand je n'ai plus foncé et que j'ai écouté. Courir, oui, mais pas après du vent (allusion aux discours des moniteurs tenus pour vains). J'ai voulu embrocher non plus le vent mais celui qui maniait le vent.

— Et le taureau ratiocineur, qu'en pensons-nous ? »

Un spectateur : « Moi j'étais ce taureau discutant : j'étais là et pas là. »

Le participant qui a fait le taureau discutant : « Ce matin, je me suis réveillé en pleine forme, à la fois très satisfait de ce que j'avais vécu ici et très satisfait de retourner maintenant chez moi. J'étais le ravi qui est content de tout, tu vas me gâcher mon contentement. »

Le taureau fonceur : « Moi aussi, je suis très content. Ce qui m'embête, c'est que ce ne soit pas le cas pour tous. »

Une participante : « Content ou pas content, il y a eu du changement. »

Le moniteur : « Ce qui vient de se passer — le jeu entre quelques-uns, la discussion purement verbale, la foule anonyme — est une figuration des trois activités du séminaire : le psychodrame, le groupe de discussion, la réunion plénière. Le taureau pensant qui ne veut pas jouer : une figuration des animateurs. Chacun d'eux — animateurs, participants — a tué l'autre mais le jeu a bien montré que chacun reste vivant. »

Un participant : « La question reste en suspens : Qui es-tu toi ? »

Quelqu'un : « Un faux-frère ?

— Serait-ce une allusion à l'animateur ?

— Je ressens intensément la fin du groupe (allusion au fait qu'il ne reste plus que deux séances du séminaire).
— C'est peut-être pour cela qu'il est question de tuer... »

Le moniteur reprend : « On a joué non la mort, mais le spectacle de la mort.
— La mort présente en ce jeu... »

C'est l'heure de la fin : la séance est levée.

Une logique pathogène de la communication d'après l'école de Palo-Alto

L'école américaine de Palo-Alto a repensé la maladie mentale en termes de troubles de la communication. Il y a en effet une logique implicite des attitudes des parents, ou de leurs discours, qui peut enfermer l'enfant dans des contradictions telles que le développement de sa relation à lui-même et aux autres s'en trouve altéré plus ou moins gravement selon la précocité, la force et la permanence avec lesquelles cette logique se trouve administrée. A la suite de G. Bateson, les psychiatres et les logiciens de l'université de Palo-Alto ([1]) à Stanford ont mis en évidence trois types de cette logique pathogène, auxquels ils ont donné les appellations suivantes : la tangentialisation disqualifiante, la mystification et la double entrave. Tous les trois sont à l'œuvre à des degrés divers dans cette séquence psychodramatique. Tous les trois impliquant que deux personnes soient dans une relation vitale ou du moins qu'il y ait pour un des deux interlocuteurs un enjeu vital dans cette relation.

La *tangentialisation disqualifiante (tangentialization and disqualification)* consiste en une non-prise en considération brutale du désir de communiquer manifesté par un interlocuteur et ceci, indépendamment du contenu de son message. L'interlocuteur qui a pris l'initiative d'entrer en communication et qui attend une réponse relative au contenu de sa communication se voit non pas approuvé ou critiqué pour ce qu'il dit mais dévalorisé pour avoir pris l'initiative d'entrer en communication. Au moment même où il s'engage dans une activité signifiante, il lui est dénié qu'il puisse être porteur de sens. Il

([1]) Trois publications sont accessibles en français sur les travaux de cette école : l'article canadien de Morissette et coll. (1968) comporte une abondante bibliographie ; un ouvrage américain de Watzlawick et coll. (1967) a été traduit sous le titre *Une logique de la communication* ; un second l'a été sous le titre *Changements, paradoxes et psychothérapies* (Seuil, 1975). Cf. également mon article « le Transfert paradoxal » (*Nouvelle Revue de Psychanalyse*, 1975, n° 12, pp. 49-72).

lui est opposé un refus du sens au niveau originaire de celui-ci, une frustration sémantique primordiale. Tel est l'enfant, heureux de jouer, qui appelle sa mère pour lui manifester qu'il est heureux : « regarde comme je joue bien », et qui s'entend répliquer : « va te laver, grand sale. » C'est la mystification disqualifiante qui est implicitement dénoncée par le taureau ratiocineur : « à quoi bon entrer dans un échange où l'on ne risque que de prendre des mauvais coups ? », et retournée par lui contre le matador : tout ce que tu me dis, je le prends pour du vent. Sous-jacent à ce contenu manifeste, un contenu latent qui se rapporte au séminaire : les participants ne peuvent pas prendre au sérieux l'intention apparente des moniteurs de communiquer avec eux ; quant à l'invitation faite aux participants de prendre l'initiative des communications, ce ne peut être qu'un piège pour les disqualifier. A ce jeu-là, on ne peut que se faire couper la parole, c'est-à-dire couper la queue (la possibilité de prendre des initiatives) et les oreilles (la disposition à entendre).

La *mystification* est aussi une dénégation opposée à l'interlocuteur, mais qui porte sur le contenu de son message : ce qu'il ressent, ce qu'il pense, ce qu'il perçoit et qu'il essaie de communiquer par son message n'est pas considéré comme étant ce qu'il ressent ; ce qu'il pense, ce qu'il perçoit est faux ; l'autre — le mystifiant — sait mieux que lui la vérité sur lui. Ainsi cet enfant que sa mère plongeait régulièrement dans un bain trop chaud afin que l'eau soit à point pour baigner ensuite la petite sœur, qui tentait de faire état de la sensation physique douloureuse et insupportable qui l'envahissait et qui s'entendait répondre que l'eau n'était pas trop chaude, qu'il faisait là un caprice, que ce n'était pas vrai qu'il se sente échaudé et mal à l'aise — et qui finit par se taire jusqu'au jour où il fut victime d'une syncope. La corrida, et l'activité du séminaire qu'elle symbolise, sont représentés dans le psychodrame comme une mystification. Si on joue une corrida, en fait on discutaille, on ratiocine. Que l'on soit acteur ou spectateur, que l'on s'implique dans ce qui se passe ou que l'on réfléchisse dessus (allusion aux deux tâches assignées aux participants par les moniteurs), ce n'est qu'un jeu, qu'un comme si. Foncer est faux ; observer et interpréter est faux ; discuter, communiquer est vain. Là encore la rétorsion, le renvoi en miroir sont utilisés : à ces moniteurs qui prétendent déchiffrer à travers les sensations et les sentiments des participants un autre sens que celui vécu par les intéressés, ceux-ci n'apportent que du faux-semblant au lieu de communiquer ce qu'ils ressentent réellement.

La double entrave (*double bind*), ou *communication paradoxale,* est le plus connu des types de logique pathogène décrits par les chercheurs de Palo-Alto. Alors que dans les deux arguments précédents, un sujet en position de faiblesse se heurtait, dans sa tentative de s'affirmer comme sujet en communiquant, à une frustration de la part de son interlocuteur, c'est ici l'interlocuteur occupant la position de force qui prend l'initiative et qui piège le sujet en lui rendant intenable sa position de sujet. « Double entrave » a un sens non seulement quantitatif (l'interlocuteur énonce deux injonctions à l'égard du sujet) mais aussi et surtout qualitatif, double indiquant une duplicité, un paradoxe (les deux contraintes énoncées sont contradictoires entre elles). Plus précisément, la communication paradoxale est une injonction dans laquelle l'énonciation contredit l'énoncé. La forme la plus courante en est l'injonction paradoxale : « Je vous ordonne d'être spontané », ou encore ce panneau, sur une route, qui porte : « Ne tenez pas compte de ce signal. » La forme de raisonnement logique correspondante est le dilemme : le sujet est enfermé dans une alternative et obligé de choisir entre les deux branches A et B ; mais qu'il choisisse A ou qu'il choisisse B, de toute façon, s'il s'agit de réfléchir, les conséquences contrediront son choix initial (l'exemple le plus pur est l'affirmation « je mens » : si elle est fausse, elle est vraie, et si elle est vraie, elle est fausse), et s'il s'agit d'agir, ça tournera mal pour lui. Telle cette mère de schizophrène qui aimait à lui répéter, quand il était enfant : « Tu es un monstre, seule une maman peut t'aimer », ne laissant à celui-ci que l'alternative entre devenir un monstre pour être aimé d'une mère impersonnelle et ne pas rester monstre mais n'être plus rien.

L'injonction paradoxale est — c'est, rappelons-le, une condition nécessaire pour qu'un piège de la communication fonctionne — adressée à un être pour qui l'enjeu est vital et qui se trouve ainsi en position de faiblesse (enfant, malade, détenu, infirme, patient, amoureux, etc.) Elle est assortie d'une série de contraintes annexes qui interdisent au sujet de sortir de la situation paradoxale. Il pourrait en effet en sortir en exerçant son intelligence, en critiquant l'illogisme, la contradiction interne de ce qu'on lui demande : mais toute critique lui est dénoncée comme répréhensible ; chercher à prendre conscience lui est représenté comme une activité coupable. Il pourrait encore en sortir en extériorisant la surcharge agressive qui se produit inévitablement chez quiconque est mis de force dans une situation paradoxale et en tranchant par une réaction violente le nœud gordien : mais toute expression de ressentiment est condamnée comme un acte d'ingratitude, comme une conduite honteuse, comme une grave désobéissance aux règles du jeu établies par celui qui est en position de force. Si, enfin, il se replie sur lui-même, s'il se réfugie dans la passivité, on lui fait grief de son égoïsme, de son indifférence ; s'il n'utilise ni son intelligence ni son agressivité, on lui reproche sa sottise et sa mollesse. Une situation paradoxale est telle qu'il est interdit de ne pas y réagir, et impossible de ne pas y réagir d'une façon autre que paradoxale : ce qui est alors reproché au sujet pour le discréditer toujours plus.

L'injonction paradoxale dans la scène du taureau ratiocineur

La séance de psychodrame que nous avons rapportée est une suite de variations sur le thème de la communication paradoxale, ce que le moniteur pointe dès sa première intervention quand il met en évidence, à propos de la discussion préalable au jeu, l'alternative, pour les participants, entre identification au comportement neutre et peu participant des moniteurs et obéissance à la règle que ceux-ci proposent et qui est de se laisser aller, de s'exprimer, de s'engager.

Il n'est pas étonnant qu'ensuite le jeu mette en scène, à travers le thème du taureau ratiocineur, cette forme-type de l'injonction paradoxale que nous avons déjà évoquée : « Je vous ordonne d'être spontané. » La représentation paradoxale d'un taureau pensant, inverse de celle, célèbre, de l'homme comme roseau pensant, condense en effet les deux contraintes contenues dans cette injonction, à condition de l'entendre, de la part du participant qui a pris ce rôle, comme une dérision en miroir des animateurs du séminaire : ils passent leur temps à réfléchir sans jamais agir. Plusieurs critiques sont condensées dans cet énoncé. Première critique : ils gardent pour eux leurs réflexions ou les communiquent d'une façon si rare et si elliptique qu'elles ne profitent à personne : quelle est alors l'utilité de leurs réflexions ? L'aporie logique visée ici appartient à la catégorie suivante : Sois spontané dans ce que tu dis mais garde pour toi ce que tu penses. Deuxième critique : si les animateurs réfléchissent sans agir, il ne reste plus aux participants qu'à agir sans réfléchir. L'aporie est dans ce cas : Réfléchis avant d'agir et n'agis pas après avoir réfléchi. Troisième critique : Les animateurs en apparence réfléchissent, se taisent et nous laissent libres ; en réalité, ils sont des taureaux, le pouvoir et la force sont de leur côté. Cette aporie peut s'énoncer ainsi : Fais ce que tu veux à condition que ce soit moi qui en décide. La contradiction interne à ces diverses apories est concrétisée dans la remarque du taureau fonceur face au stimulus de la cape agitée devant lui : « Le rouge pour moi, c'est comme un feu vert. » Ce qui pourrait s'énoncer avec une plus grande pureté logique : c'est le feu rouge qui me donne le feu vert.

La résistance paradoxale s'exprime tout au long du jeu sous de multiples formes. Le taureau ratiocineur a accepté de venir dans l'arène parce qu'il était enfermé et qu'il a cru qu'on le libérait : illustration de l'aphorisme : les hommes se croient libres parce qu'ils ignorent les causes qui les font agir. Le taureau fonceur donne des coups de cornes, mais à travers la cape, c'est-à-dire dans le vide : illustration d'un autre aphorisme : le vouloir-vivre est le voile de Maïa, le leurre qui cause toutes nos souffrances. Ces deux aphorismes, dus l'un à la « sagesse » de Spinoza, l'autre à celle du Bouddha et de Schopenhauer, ne viennent pas là par hasard ; ils sont, comme beaucoup d'aphorismes philosophiques, des résistances à la pulsion de vie, à l'affirmation et au développement de la vie psychique : nous reviendrons tout à l'heure sur ce point. En étayant chacun sur un aphorisme implicite leurs deux arguments contradictoires, les deux taureaux nous font assister au montage, dans sa forme logique la plus pure, du dilemme énoncé au début du présent chapitre : nous qui venons pour nous former, ou bien nous jouons le jeu tel qu'on nous le propose et nous courons de gros risques, ou bien, nous n'entrons pas dans le jeu et il ne se passe rien ; dans les deux cas nous sommes perdants. Ce dilemme s'était exprimé dans une séance précédente de psychodrame du même groupe sous la forme suivante : un condamné à mort se voit offrir d'être libéré, à condition de se laisser inoculer une maladie mortelle jusque-là incurable, afin qu'on puisse essayer sur lui un traitement nouveau dont l'efficacité reste hypothétique. Dans le jeu, l'acteur qui soutenait ce rôle avait refusé la proposition, estimant qu'à rester détenu il avait autant de chance d'être grâcié qu'à devenir malade il en avait d'être guéri. La science-fiction a développé sous d'infinies variantes ce même dilemme fondamental. Dans les activités de formation utilisant le petit groupe non directif, il est souvent condensé dans le thème du cobaye ; les animateurs se servent de nous pour faire des expériences ; au lieu de travailler sur des animaux en laboratoire, ils procèdent à un élevage de cobayes humains. Le dilemme sous-entendu prend la forme suivante : ou bien ils maîtrisent leur technique mais ils ont des intentions suspectes, ou bien leurs intentions sont louables, mais ils ne contrôlent pas ce qu'ils déclenchent, ils agissent en apprentis-sorciers ; dans les deux cas nous nous exposons à être sinon détruits du moins mystifiés. Remarquons que dans tout cela — suprême raffinement logique — c'est l'argument de la mystification qui est mystificateur puisqu'en résistant aux opérations formatrices qui leur sont proposées avec la raison qu'elles sont mystificatrices, ceux qui demandent à être formés ne peuvent pas l'être, c'est-à-dire qu'ils se mystifient eux-mêmes.

L'expérience du travail psychanalytique dans les groupes de formation confirme les résultats de l'école de Palo-Alto. Les parents qui enferment très tôt leurs enfants dans les apories logiques les psychotisent. La régression produite chez les participants par une situation groupale de type psychanalytique les amène à revivre des angoisses psychotiques et à projeter sur les animateurs les raisonnements pathogènes correspondants. Le démontage de ces apories entraîne la reconnaissance de leur fausseté et la possibilité de dégagement du sujet par rapport à leur emprise : la séquence psychodramatique rapportée plus haut illustre bien ce dégagement nécessaire au moment de l'achèvement du séminaire. Un champ nouveau de recherches s'offre là à la dynamique des groupes : établir l'inventaire des raisonnements résistanciels pratiqués dans les groupes et procéder à leur classification en fonction des niveaux de l'angoisse collective et des formes de psychopathologie individuelle des membres.

Les paradoxes logiques sont des figures de la pulsion de mort

Là où commence notre désaccord avec l'orientation théorique des chercheurs de Palo-Alto, c'est lorsqu'ils soutiennent que leur perspective logico-psychologique supprime et remplace l'approche psychanalytique. Qu'elle la complète, c'est évident : à débusquer sans cesse le processus primaire, trop de psychanalystes ont fini par oublier l'existence et l'importance des processus secondaires. Mais par ailleurs pour le psychanalyste il ne saurait y avoir d'explication d'un processus psychique tant que n'ont pas été mis en évidence le motif, le désir, la pulsion qui cherchent à s'accomplir dans ce processus.

Reprenons sous cet angle le cas du taureau ratiocineur. Nous avons étudié surtout le dilemme des taureaux et insuffisamment celui du matador. Ou bien c'est sans désir et uniquement parce qu'il est payé qu'il exécute tout ce qu'il fait, ou bien il le fait parce que cela répond en lui à un vœu profond ; dans les deux cas, le résultat est le même, il donne la mort. Qu'il la donne froidement, en mercenaire, ou passionnément, en artiste, la conclusion, à savoir la mort, est posée d'avance. Il ne s'agit pas là que d'une figuration de l'absurdité de la condition humaine, qui fait de la mort l'inévitable conclusion de la vie. La mort, dans ce dilemme, est présentée comme la conclusion d'une intention : que ce soit par une volonté consciente ou par un désir inconscient, l'homme veut la mort de l'autre, le maître de l'esclave, l'instituteur de ses élèves, les parents de leurs enfants, les animateurs de leurs stagiaires. Le dilemme des deux taureaux demande alors à être reformulé : qu'on se soumette (cas du taureau fonceur menacé par le matador), qu'on se révolte (cas du taureau ratiocineur menacé par les picadors), la mort est au bout.

Qu'on se soumette à quoi, qu'on se révolte contre quoi ? L'objet visé par l'alternative soumission/révolte n'est pas seulement le personnage supposé fort, adulte, non châtré. Il est tout autant, il est surtout la pulsion destructrice intérieure. Si c'est moi qui me laisse aller à la pulsion de détruire, je deviens pour les autres destructeur. Si ce sont les autres qui se laissent aller à la pulsion de détruire, ils deviennent pour moi destructeurs. Détruire — être détruit, tel est le dilemme fondamental que pose au sujet l'existence en lui des pulsions de mort et dont l'angoisse de castration, évoquée dans la réplique finale du psychodrame « Je ne veux pas qu'on me coupe les deux oreilles et la queue », représente un cas particulier.

Ainsi l'analyse du mécanisme logique mis en scène par cette séquence psychodramatique n'épuise pas l'interprétation psychanalytique de cette séance. Ce mécanisme logique est une forme particulière de la résistance, le problème restant de savoir : résistance à quoi ? Une première remarque concerne le transfert : dans cette séance le transfert, qui porte plus sur le groupe que sur les moniteurs, est un transfert persécutif, le groupe étant vécu comme persécuteur. Comme dans le fantasme du groupe-machine où le groupe est persécuteur-séducteur, la position que les participants élaborent est la position paranoïde, mais sans l'élément de séduction. Plus précisément, le moniteur de cette séance de psychodrame — interprétation dont il a parlé aux deux observateurs aussitôt la séance finie mais qu'il n'a évidemment pas communiquée aux participants — l'a comprise comme une représentation burlesque de l'activité des moniteurs entre eux, c'est-à-dire fondamentalement comme une scène primitive sadique, et accessoirement comme un retournement sur les moniteurs de ce qui est entendu, dans les interprétations qu'ils donnent, comme mystification et tangentialisation disqualifiante.

Dans son article de 1925 sur *la Dénégation,* Freud a montré que l'adverbe « non » et que la forme négative de l'énoncé verbal ne peuvent exister comme outils logico-grammaticaux qu'à condition d'être investis par la pulsion de mort. Refuser, nier, sont des équivalents symboliques de détruire. Mais ni lui ni ses successeurs n'ont poussé plus loin l'étude, ainsi amorcée, des figures non plus de l'énoncé, mais du raisonnement dans lesquelles la pulsion de mort trouve une représentation qu'elle cherche à imposer au sujet et à faire imposer par lui aux autres. Une phrase malencontreuse de Freud, disant de cette pulsion qu'elle opère en nous en silence, a servi de point d'ancrage à la résistance à analyser les figures de sa représentation. Non, croyons-nous nécessaire d'affirmer, la pulsion de mort n'est pas muette. Avant l'acquisition du langage, elle se fait entendre, pour reprendre le titre célèbre de Faulkner, dans le bruit et la fureur. Après son acquisition, elle tient des discours selon des modes logiques très particuliers, dont nous avons, à la suite de l'école de Palo-Alto, cherché à mettre en évidence quelques-uns. La résistance au travail psychanalytique dans les groupes de formation peut maintenant être précisée : la psychanalyse est restée pour le public ce qu'elle a été au début pour Freud, l'investigation des avatars et des conflits de la pulsion sexuelle, couverture idéologique qui permet aux pulsions de mort de tenir leurs représentants psychiques hors du champ de l'analyse. Or, se former, c'est parvenir à tenir sur soi et sur les autres des discours, intérieurs ou explicites, dans lesquels les deux catégories pulsionnelles — les pulsions de vie, les pulsions de mort — soient représentées, dans leur complémentarité comme dans leur opposition. R. Kaës (1975) a décrit la fantasmatique qui en résulte chez les parents, éducateurs et formateurs : on (dé)forme un enfant.

9 Le groupe, l'imago paternelle et le Surmoi

A. Perturbations dans un groupe organisé par l'imago paternelle ([1])

Observation n° 2 : le problème d'un comité de direction

Le Président-Directeur général d'une moyenne entreprise, dont la production se situe dans le domaine de la petite métallurgie, nous consulte pour un problème qui se présente à lui sous deux aspects : une difficulté de gestion, à savoir l'impossibilité de faire fonctionner le Comité de direction ; un cas de conscience, provoqué par la nécessité de se séparer d'un collaborateur qu'il s'était engagé à conserver.

Le siège social et l'usine sont dans le Nord de la France. Le Comité de direction comprend quatre personnes :

— Bernard, quarante ans, est le nouveau directeur général depuis un an. Il sort d'une grande école commerciale. Il était directeur commercial, résidant à Paris, en raison de la concentration dans cette ville des principales sociétés clientes. Il a été nommé directeur général par le conseil d'administration, où des membres de sa famille détiennent la majorité : lorsque l'ancien Directeur a dû démissionner pour raisons de santé, Bernard a gardé ses fonctions de directeur commercial, mais est venu résider dans une ville voisine de l'usine (l'usine est installée dans un village).

— Jean-Denis, fils de l'ancien directeur, Jean-Albert, était destiné par celui-ci à prendre sa succession. Les erreurs de Jean-Albert dans la gestion financière, les capacités moyennes de Jean-Denis et le fait que la majorité du conseil d'administration était favorable à Bernard sur lequel elle comptait pour mettre en œuvre une nouvelle politique financière plus efficace, avaient fait échouer ce projet de succession. En contrepartie de son renoncement à voir son fils lui succéder, Jean-Albert, avait obtenu, du Conseil et de Bernard, l'engagement d'honneur que Jean-Denis resterait toujours dans

([1]) Ce texte a paru primitivement, moins le dernier paragraphe de la page 160, sous le titre « Observation clinique d'un groupe malade » dans le *Bulletin de Psychologie*, 1968, *21*, n° 270, pp. 976-986. Un résumé de cette observation n° 2 se trouve plus haut, p. 50 sqq.

l'entreprise avec rang de directeur. Jean-Denis a trente-deux ans, il est directeur administratif, responsable du personnel ; il est licencié en droit.

— Robert, soixante ans, est le chef d'atelier. Il n'a pas rang de directeur, mais sa présence aux réunions du Comité de direction est devenue habituelle, en raison de sa connaissance des problèmes. Il est sorti du rang. Il est parmi les plus anciens dans l'usine, où il a commencé de travailler, il y a quarante ans environ, après sa fondation par Jean-Albert. Ce dernier l'a remarqué, promu et le considérait comme son bras droit.

— Xavier, quarante-huit ans, est le directeur technique. Il a été recruté par Jean-Albert, il y a une dizaine d'années, en raison de l'expansion de l'entreprise, afin de perfectionner et de renouveler les fabrications. Il sort des Arts et Métiers. Il a rationalisé le travail dans l'entreprise et agit surtout en tant que bureau d'études, laissant à Robert la conduite des fabrications. Il a le souci d'améliorer sa formation et a suivi notamment un stage d'entraînement à la conduite des réunions, raison pour laquelle Bernard lui a au début laissé diriger les réunions du Comité de direction.

Les réunions de ce comité étaient interminables et inefficaces ; elles consistaient en altercations entre Jean-Denis, Robert et Xavier. Bernard était obligé de les clore en prenant seul les décisions qu'il estimait les meilleures et en les communiquant aux autres. Il avait donc espacé, puis supprimé ces réunions, leur préférant des entretiens individuels avec chacun des trois collaborateurs. Il estimait avoir de bonnes relations avec eux et pensait que c'étaient les relations entre eux qui étaient mauvaises.

Robert et Xavier ont le même tempérament, soupe-au-lait et autoritaire. Ils ont des altercations quotidiennes, mais résolvent ainsi leurs problèmes au fur et à mesure et ils s'estiment mutuellement pour leur valeur au travail.

Il n'en est pas de même avec Jean-Denis. Celui-ci a la réputation d'être paresseux, incapable ; il égare les dossiers, oublie de régler à temps les questions de son ressort (recrutement du personnel, augmentations de salaires, aménagement de nouveaux bureaux), ce qui entraîne des conséquences fâcheuses pour les autres services et met hors d'eux leurs responsables. Robert et surtout Xavier ont avec lui des explications violentes, dont le ton n'incite pas Jean-Denis à la coopération et ne fait que renforcer son attitude individualiste. Robert et Xavier se réconcilient volontiers sur le dos de Jean-Denis, ils le court-circuitent chaque fois qu'ils l'estiment nécessaire pour la bonne marche de leurs services. Jean-Denis s'en aperçoit et ne néglige aucune occasion de faire obstruction, d'accumuler les lenteurs, de prendre le contre-pied. C'est un échange continuel de « peaux de banane » destinées à mettre en évidence les erreurs de « l'autre ». Le climat est si mauvais que Xavier et Jean-Denis, qui occupent pourtant deux bureaux voisins, n'ont entre eux des échanges qu'à peu près par écrit. Robert et Xavier ont peu à peu convaincu Bernard que Jean-Denis est inapte à remplir ses fonctions et réclament son renvoi comme nécessaire à la sauvegarde de l'entreprise.

Bernard a essayé en vain d'aider Jean-Denis à organiser son travail et d'agir en médiateur dans ses conflits avec ses collègues. Il s'est heurté aux mêmes difficultés : négligences, oublis, retards de Jean-Denis, à la différence toutefois que leurs relations sont demeurées courtoises. Bernard est dans une situation morale pénible, qui le tracasse et dont il ne voit pas l'issue.

Sa conscience est écartelée entre sa parole d'honneur de garder avec lui le fils de son ancien Président-Directeur général et son devoir de veiller à la bonne marche de l'entreprise et à la cohésion de l'équipe de direction. Il se demande si Jean-Denis a des aptitudes intellectuelles suffisantes et si certaine maladie de la petite enfance n'aurait pas laissé chez lui des séquelles dans le fonctionnement cérébral ; il nous demande de faire à Jean-Denis un examen psychotechnique et psychopathologique qui fournirait une réponse objective à ces questions. Mais il est peu probable que Jean-Denis se soumette de son plein gré à cet examen ; Bernard ne se sent pas le droit de mettre son collaborateur en demeure de le passer. Etant donné la réussite universitaire de Jean-Denis et le caractère passionnel pris par le conflit, cette curieuse demande de consultation pour un tiers nous apparaît comme une façon de dériver vers la psychopathologie individuelle un problème qui est d'abord celui d'un groupe malade. De plus, ceci nous laisse deviner que Jean-Denis pourrait fonctionner comme bouc émissaire sur lequel le groupe malade décharge sa tension.

Nous proposons à Bernard d'avoir d'abord avec chacun des quatre membres du Comité de direction des entretiens individuels approfondis. Les entretiens sont aisément acceptés par les intéressés, qui souffrent de la détérioration du climat et de la cohésion de l'équipe dirigeante et qui se déclarent prêts à en chercher avec moi les causes et les remèdes. La demande de consultation individuelle est ainsi replacée dans son vrai sens ; le groupe malade découvre par ce biais que c'est lui en fait qui demande une consultation. Notre intention est de démêler, par des conversations, la part objective et la part fantasmatique du conflit. Pour en saisir la part fantasmatique, il nous semble indispensable de prendre contact également avec une cinquième personne, autour de laquelle nous pressentons que l'imaginaire groupal s'est cristallisé, l'ancien Président-Directeur général, Jean-Albert. Ce dernier, qui garde un œil attristé sur le fonctionnement d'une entreprise qui lui a été si chère, est flatté de notre venue ; de plus notre visite au personnage dont nous allons découvrir que son image est restée centrale pour les quatre autres, achève de rendre notre intervention acceptable à Robert, Xavier et Jean-Denis.

Jean-Albert habite une grosse maison bourgeoise attenante à l'usine : c'est un logement de fonction, dont on lui a laissé l'usage après sa démission. Au fond du jardin, une petite porte permet de passer directement dans l'usine, en évitant le détour par l'entrée principale. C'est ce passage qu'emprunte, pour aller à son travail, Jean-Denis. Il est venu en effet loger dans cette maison quand son père, songeant à sa succession et déçu par le refus réitéré de son fils aîné, auquel il avait pourtant fait faire des études techniques, s'est tourné vers le cadet, qui commençait une carrière administrative dans un établissement de crédit. Il a vaincu les réticences de Jean-Denis, dont l'avenir était moins brillant dans cet établissement, mais qui n'avait ni goût, ni compétence pour les tâches techniques, en lui promettant à peu près formellement de lui transmettre la direction de l'entreprise dès qu'il serait bien au courant, et en recrutant Xavier pour le décharger des responsabilités techniques.

Jean-Denis habite toujours là, avec sa femme, et ses enfants, auprès de son père. Sur le bureau de Jean-Albert, le téléphone est branché sur le standard de l'usine. Devant moi, le père appelle directement son fils, pour lui demander une précision sur un point de détail abordé au cours de notre conversation. En même temps qu'il accomplit ce geste qui dément son projet, Jean-Albert insiste sur le souci qu'il a eu de ne pas s'immiscer, depuis sa retraite, dans les affaires de l'entreprise. Bien sûr, son fils le tient au courant des difficultés et il en est navré, à la fois pour cette entreprise qu'il a fondée et à laquelle il reste attaché, et pour son fils dont il aurait voulu une meilleure réussite ; il se demande parfois si les collègues de son fils ne traitent pas celui-ci injustement. Quand lui, Jean-Albert a eu le premier accès de sa maladie et qu'il a gardé la chambre pendant plusieurs mois, c'est Jean-Denis qui a gouverné l'usine sous le contrôle paternel, et il s'est, affirme-t-il, fort bien tiré d'affaire.

Le style de Jean-Albert transparaît vite au cours de notre entretien. C'est le *self-made-man,* bourreau de travail pour lui et pour les autres ; de ses ascendances nordiques, il a gardé un caractère rigide, dur, autoritaire ; il a écrasé son fils ; à l'usine, il passait chaque jour dans les ateliers, connaissait chaque ouvrier, leur adressait la parole en patois, « gueulait » après eux pour la moindre vétille, le moindre relâchement. En même temps qu'ils tiraient avantage de l'expansion de l'entreprise, tous l'admiraient, le respectaient ; il était redouté et aimé. L'entreprise s'était développée, psychologiquement parlant, autour de lui, par l'ascendant qu'il exerçait et par les liens personnels entre chaque ouvrier et lui ; Robert était son second, un doublet de son image.

Cet homme de labeur, cet Idéal du Moi n'avait malheureusement pas évolué avec son temps ; il n'avait pas su renouveler ses conceptions économiques et financières, se figeant dans une production routinière. L'entreprise, après avoir prospéré, connut des difficultés de financement qui alarmèrent le conseil d'administration. Le souci mina Jean-Albert, et contribua à déclencher sa première maladie. Il se rétablit, mais diminué physiquement et moralement, il ne put empêcher la situation économique de l'usine d'empirer. Un nouvel accès plus grave de la maladie en fut la conséquence et l'obligea à voir ce qu'il ne voulait pas voir : à savoir qu'il avait fait son temps, que la continuation de l'œuvre exigeait d'autres conceptions, un autre style, d'autres hommes et qu'il lui fallait renoncer à se survivre dans son fils.

A travers tout cela, un fil directeur se dessinait, que nos entretiens avec les quatre membres du Comité de direction permirent de préciser : si la succession de Jean-Albert était réglée sur le papier et si officiellement, depuis un an, Bernard l'avait remplacé, le problème de la succession n'était pas réglé dans les esprits et, pour tous, l'image de Jean-Albert continuait inconsciemment de s'imposer comme celle du vrai chef.

Bernard, satisfait de vivre à Paris, avec des responsabilités modérées et des gains appréciables résultant de la bonne marche des ventes, n'avait pas eu d'ambition immédiate en ce qui concerne la direction générale. Ses alliés du conseil d'administration la lui avaient donnée pour empêcher l'entreprise de péricliter et il l'avait assumée car son intérêt financier était lié au maintien et à la progression de l'entreprise. Il éprouvait des sentiments de culpabilité envers Jean-Denis à qui il avait soufflé la place. En raison de ces sentiments, il lui laissait la plus grande indépendance possible, alors que ce jeune homme, habitué depuis l'enfance à être encadré solidement par son père, ne donnait sa pleine mesure que s'il était commandé et contrôlé. Par rapport à l'ensemble du personnel, Bernard avait une vague mauvaise conscience : il était le parisien qui ne comprend pas grand-chose aux gens du Nord, il ne passait jamais dans les ateliers. Il est vrai qu'il avait d'autres choses à faire, l'assainissement financier accaparant ses pensées. Enfin et surtout, il ne se sentait pas capable de s'imposer à la manière de Jean-Albert dont il n'avait point le style. Il craignait de ne pas faire oublier Jean-Albert, d'être accusé d'usurpation, qu'on ne se coalise contre lui.

Le fantôme de Jean-Albert était tout aussi vivace auprès de Robert et de Xavier, mais ils y réagissaient différemment. Pendant des années, Jean-Albert les avait tyrannisés. Il avait même voulu leur imposer son fils, un petit jeune homme intellectuel et effacé. Alors, sans s'en rendre compte, ils prenaient leur revanche : ils faisaient payer à ce fils ce que le père leur avait fait subir. A eux maintenant de faire souffrir ce chef dans son orgueil de père. Ils lui infligeaient l'humiliation d'avoir engendré un incapable, de l'avoir rendu, par son éducation, médiocre. Jean-Albert payait aussi pour autre chose : l'amertume de Robert d'être, lui le plus ancien contremaître, commandé par un nouveau venu, un parisien, un « commercial », l'amertume de Xavier à l'idée que lui échappait la réalité de la direction qu'il aurait en fait exercée si Jean-Denis était devenu le patron, cette double amertume, qui n'osait s'exprimer en hostilité ouverte envers Bernard, se déchargeait, par déplacement, sur Jean-Denis, le souffre-douleur.

Jean-Denis offrait un bel exemple de l'ambivalence envers l'image paternelle. Son entretien avec moi, beaucoup plus spontané que je n'eusse pensé, lui fut une occasion de dire toutes les représentations imaginaires qu'il gardait renfermées en lui et qui étaient sous-jacentes à sa conduite. Il avait pris au pied de la lettre la promesse paternelle et il n'avait jamais douté que la succession lui échoirait. Le compromis élaboré entre son père et le conseil d'administration lui apparut comme une trahison personnelle et libéra en lui l'hostilité latente envers son père. Dès lors il s'installa dans l'attitude suivante :

1. Ce qui était promis lui était dû ; il ne s'acceptait pas comme directeur administratif mais se considérait au fond de son cœur comme le vrai directeur général ; Bernard n'était qu'un usurpateur ; tous ses collègues d'ailleurs, Robert, Xavier, étaient aussi des usurpateurs en puissance, prêts à s'emparer de la direction générale s'ils le pouvaient et à dépouiller Jean-Denis de son héritage légitime.

2. En conséquence, Jean-Denis attendait son heure, où la vérité éclaterait, où son bon droit serait reconnu, où les usurpateurs, incapables de gérer l'entreprise, s'effondreraient ; seul, Jean-Albert savait et pouvait la gérer, seul quelqu'un de sa lignée saurait et pourrait continuer à le faire ; puisqu'on refusait à Jean-Denis d'agir en directeur général, il refusait d'agir en directeur administratif, se drapait dans sa dignité offensée, négligeait ses fonctions, par bouderie, par protestation, par une sorte de sabotage inconscient ; il voulait montrer que, sans lui à sa tête, l'usine sombrerait et il ne faisait rien pour l'empêcher de péricliter. Mais il ne se rendait pas compte qu'en ne faisait rien, il contribuait activement au naufrage.

Sur le plan de la réalité objective, tous avaient intérêt à s'unir pour que l'usine marchât au mieux et que la situation de chacun fût préservée et même améliorée.

Sur le plan fantasmatique, chacun continuait de considérer Jean-Albert comme le vrai chef, celui qui avait fait ses preuves, celui, malgré sa retraite, qui surveillait tout depuis la villa voisine, qui savait tout, qui jugeait de tout et qui sans doute tirait toutes les ficelles. De cet observatoire tout proche, relié à l'usine par un réseau de lignes téléphoniques, l'oreille du maître les écoutait et ils s'attendaient toujours à entendre les éclats impératifs de sa voix. De ce patron qui n'arrivait pas à mourir ni dans sa réalité physique, ni dans son image de patron, les quatre se sentaient tous également héritiers et ils se disputaient les dépouilles de l'agonisant, chacun estimant avoir droit à la plus grosse part. Officiellement, tous avaient été nommés au Comité de direction (il n'en existait pas auparavant) et Bernard au poste suprême : cette situation réelle n'était reconnue par personne, tant il est vrai que la réalité objective ne peut rien contre une réalité fantasmatique opposée. Bernard n'osait pas exercer le pouvoir ; Xavier, Robert, Jean-Denis, tiraient la couverture chacun de leur côté, chacun à leur façon, pour bien manifester que Bernard ne les commandait pas et, par une ruse plus secrète de l'inconscient, pour faire éclater par le désordre qu'ils introduisaient l'incapacité de l'usurpateur à gouverner.

La fantasmatique sous-jacente à cette situation et commune aux quatre protagonistes peut être décrite comme suit, autant qu'il est possible de cerner exactement avec des mots une image, ou mieux, une imago. Le chef idéal reste, dans le for intérieur de chacun Jean-Albert ; ce chef idéal est en même temps détesté pour sa brutalité verbale et il est implicitement entendu pour chacun que désormais il ne saurait plus être question de commander comme Jean-Albert commandait. Bernard est élu roi ; aussitôt les féodaux en prennent à leur aise pour restreindre son pouvoir et, sous prétexte d'obtenir un commandement plus démocratique, instaurent l'anarchie. Jean-Denis reste aux yeux de tous et de lui-même l'héritier légitime. Chacun le sent désireux de reprendre son bien et redoute le règne d'un second Jean-Albert. Une seule solution : qu'il s'en aille. On lui rend alors la vie impossible et, en le tyrannisant, on se venge de la tyrannie passée de son père en même temps que le la tyrannie à venir du fils. Dans tout cela, l'usine, qui était au bord de la faillite économique, s'achemine vers la faillite psychologique. Que le bateau coule avec toute l'équipe à bord, plutôt que de s'en remettre à un sauveur. Plutôt le suicide collectif qu'une résurrection de Jean-Albert.

Contre cette fantasmatique commune, chacun lutte par des démarches rationnelles, avec le sentiment que s'abandonner à elle serait se laisser aller à la catastrophe. Les Directeurs restent à l'usine tard le soir pour travailler. Ils multiplient les plans de réorganisation, d'économie, d'accroissement du rendement. Ils en discutent longuement ensemble, sauf avec Jean-Denis qui est au ban de l'équipe. Mais la communication ne passe pas entre eux, malgré l'intelligence et la pertinence de ces plans. L'imago commune les oppose sur un plan plus profond que le plan rationnel. Elle les empêche de sentir leurs possibilités d'accord sur ce plan rationnel et d'avoir confiance en elles. Chacun se croit rationnel et accuse la part d'imaginaire qui anime les autres, sans voir celle qui, en lui, le leurre également. Le sentiment d'un poids énorme à traîner, d'une usure permanente d'énergie, d'une situation sans espoir, opprime chacun. C'est là une illustration de cet esclavage où les processus psychiques primaires tiennent, selon Freud, les processus psychiques secondaires.

Dans ce climat, l'intervention du psychologue est ressentie par les intéressés comme l'épreuve de vérité, ce qui me permet d'aller vite : deux entretiens avec Xavier, Robert et Jean-Denis, un entretien avec Jean-Albert, trois entretiens avec Bernard, suffisent en quarante-huit heures pour élucider l'imago, dénouer le nœud et laisser l'équipe de direction mettre elle-même au point son propre fonctionnement sur le plan de la réalité objective.

A Bernard, nous faisons prendre conscience qu'il lui revient de présider les réunions du Comité de direction, c'est-à-dire qu'il a à manifester de façon patente son autorité. Nous lui expliquons que le problème posé par Jean-Denis ne réside pas dans ses ressources intellectuelles mais dans ses réactions intérieures ; nous lui laissons entendre qu'il traite Jean-Denis comme le fils du patron et non pas comme un directeur général se conduit envers un chef de service. En un mot, nous mettons Bernard devant la nécessité de se reconnaître et de se faire reconnaître comme le nouveau chef

A Robert et Xavier, nous faisons un petit cours de psychologie concrète : comment Jean-Denis a été élevé, quelles ambitions ont été encouragées chez lui, quelle déception il a eue, quelle façon de réagir négativiste s'en est suivie et comment l'attitude de Robert et Xavier n'a pu qu'accentuer cette façon de réagir. Comment quelqu'un qui sent peser sur lui la méfiance et le mépris de ses collègues peut-il échapper aux pièges qu'ils lui tendent, garder la tête froide, prendre son travail à cœur, éviter les erreurs ? Xavier reste sourd à ce raisonnement et extériorise devant nous d'une façon quasi cathartique une hostilité implacable envers Jean-Denis. Alors nous établissons avec lui l'inventaire des négligences et des erreurs professionnelles de Jean-Denis et nous en soumettons aussitôt la liste à l'intéressé ; sur chaque point, celui-ci a quelque chose à répondre, affaire non urgente, abus de pouvoir de Xavier, divergence de conceptions entre eux deux qui est à trancher par Bernard (chose que ce dernier n'avait pas encore osé faire). Nous revenons auprès de Xavier, à qui nous rapportons les réponses de Jean-Denis. Xavier en admet certaines, en réfute d'autres. Nous le quittons définitivement, lui laissant le soin de tirer lui-même les conclusions : à savoir que la matière réelle de ses conflits avec Jean-Denis était mince, par rapport au halo émotionnel qui les grossissait démesurément, que ces conflits pouvaient aisément se résoudre par une discussion courtoise et sur un pied d'égalité, et qu'au cas où la divergence subsisterait, il y avait un directeur général, dont la fonction était d'arbitrer, même s'il ne sortait pas d'une grande école scientifique et même s'il n'avait pas suivi de séminaire d'entraînement à la gestion des entreprises et aux relations humaines.

Robert, par contre, était entré immédiatement dans notre raisonnement. Il avait vu naître et grandir Jean-Denis. Il n'avait aucun mal à le comprendre et à deviner les composantes fantasmatiques de la situation. Sans m'en avoir parlé, il procéda, aussitôt après son entretien avec nous, à deux démarches qui amorcèrent la résolution de la crise. Avant dîner, il alla trouver Jean-Denis, se montra paternel avec lui, comme il est naturel à un vieil ouvrier qui a initié à la vie de l'usine le plus jeune fils du patron, et régla d'un coup tout le contentieux qui grevait les rapports entre les deux services. Puis il alla trouver, après dîner, Jean-Albert, son vieil ami à qui il n'avait pas osé parler depuis six mois, de peur d'être obligé de lui dire que son fils était un bon à rien, de peur aussi que le vieux ne lui passât un de ses savons dont il avait le secret, en lui reprochant d'entrer dans un complot contre son fils. Robert se présenta donc à Jean-Albert pour une question de fanfare municipale (ils la dirigeaient tous deux). Ravis de retrouver leur amitié, les deux hommes eurent une conversation détendue et générale sur les problèmes de l'usine. Jean-Albert réaffirma sa volonté de ne pas intervenir, pour ne pas gêner son successeur. Robert lui fit comprendre que si son fils persistait dans son attitude nostalgique et boudeuse d'opposition passive, il administrerait la preuve de son incapacité et il serait inévitablement renvoyé. Ainsi, délivré par Jean-Albert du lien de vassalité, Robert fut enfin sûr que son chef était désormais Bernard ; et Jean-Albert, déjà préparé par son entretien avec moi, comprit qu'au lieu de prêter une oreille complaisante aux récriminations de Jean-Denis sur les injustices dont il était la victime à l'usine, il fallait mettre son fils en face de la réalité, comme lui-même s'y était mis il y a plus d'un an en démissionnant au profit de Bernard.

C'est avec Jean-Denis que nous avons la conversation décisive. Après avoir démonté devant lui son comportement (fixation à un espoir déçu, aigreur et ressentiment envers des collègues dont il aurait dû être le supérieur, désir diffus de saborder l'usine dont il avait été dépossédé), nous lui décrivons comment les autres voient son comportement : comme la preuve de son incapacité à être non seulement directeur général, mais même directeur administratif. En croyant saborder l'usine, il se suicide en fait lui-même sur le point professionnel. Les choses en sont au point où la situation est peut-être définitivement compromise. Jean-Denis se défend pied à pied devant cette vérité qui ne lui a jamais été dite en face et qu'enfermé dans sa position fantasmatique, il ne pouvait entrevoir. Mais, dès le lendemain, il se met à son travail, au sens plein de l'expression et, après l'avoir soumise à Bernard et discutée avec lui, établit une liste des tâches, par ordre d'urgence décroissante.

Dès lors, les réunions du Comité de direction peuvent reprendre ; la présidence de Bernard, la mutation d'attitudes de Robert et de Jean-Denis, isolent Xavier, qui est obligé de se rendre à l'évidence, de cesser de jouer au patron et qui reprend, bon gré, mal gré, sa place. Bernard toujours très inquiet, nous demande d'assister à ces réunions comme observateur, voire comme animateur-régulateur. En fait, il voudrait être épaulé et prendre le pas sur ses subordonnés par notre intermédiaire. Dans une ultime conversation avec lui, nous refusons, tout en nous efforçant de le rassurer. Le nœud imaginaire a été défait ; à lui de jouer maintenant son rôle de Président-Directeur général, et de résoudre les problèmes par des démarches rationnelles, enfin possibles, avec ses collaborateurs qui jouent aussi chacun maintenant le rôle répondant à leur fonction. Le psychologue ne saurait, pour des raisons déontologiques aussi bien que d'efficacité, accepter de prendre, dans cette équipe, la place imaginaire que la mort symbolique de Jean-Albert venait de laisser vacante.

Car c'est bien de cette mort symbolique qu'au fond il s'est agi. Le chef à la retraite conservait aux yeux de tous un pouvoir d'autant plus insidieux qu'il ne l'exerçait plus dans la réalité. Souvent le chef absent, ou mort, est idéalisé et devient encore plus puissant, car la fascination des consciences par une image d'autorité est plus forte quand l'individu qui supporte cette image devient moins concret et moins quotidien. Un pouvoir purement psychique est plus grand que tous les pouvoirs physiques et sociaux. En même temps, puisqu'il était à la retraite, les autres pouvaient enfin haïr librement ce chef qui avait été souvent dur et cruel.

Les anciens subordonnés du chef, les fils du « Vieux », bâtards ou légitimes, n'arrivaient pas à faire leur deuil de cette *imago,* à l'égard de laquelle ils continuaient de réagir avec un mélange d'admiration et de ressentiment. L'intervention du psychologue a consisté à faire évoluer cette situation uniquement sur le plan fantasmatique, en faisant vivre, dans leur for intérieur, aux quatre protagonistes, l'aventure mythique que Freud a imaginée dans *Totem et Tabou* (1912-1913). Les fils rivaux se sont unis pour tuer en esprit le père, renonçant chacun pour sa part à posséder le pouvoir absolu que celui-ci détenait ; alors ils deviennent solidaires, ont des normes et des buts communs, se répartissent les rôles. Cette aventure mythique, vécue simultanément dans la vie fantasmatique de chacun, c'est l'aventure constituante d'un groupe coopératif.

Le Comité de direction put fonctionner véritablement pendant dix-huit mois en permettant à l'entreprise d'amorcer une importante évolution économique qui lui était devenue nécessaire. Mais le lecteur aura compris — ce que j'avais moi-même deviné à l'époque — que la personnalité de Bernard, le nouveau Président-Directeur général, ne le prédisposait pas à exercer avec assurance une responsabilité aussi élevée. Une fois de plus s'est trouvée vérifiée la loi générale qui fait que les phénomènes de groupe résultent de la collusion d'une fantasmatique collective avec la psychologie particulière d'un des membres. L'autorité du Vieux avait continué de s'exercer aussi fort dans l'esprit de ses anciens subordonnés parce qu'elle était forte et parce qu'inconsciemment le Vieux désirait continuer de l'exercer, mais aussi parce que Bernard, le nouveau venu, n'avait pas pu, pour des raisons tenant à sa caractéropathie personnelle, assumer de lui-même le pouvoir qui lui avait été dévolu et imposer son autorité. A son tour, la permanence fantasmatique de l'autorité ancienne avait accentué l'incertitude et la timidité de Bernard, qui ne put se tirer d'affaire — provisoirement —

que par mon intervention. Provisoirement, car le problème groupal étant résolu, Bernard fut, de plus en plus, affronté à son problème personnel. Il en tira la conséquence en donnant, après ces dix-huit mois, sa démission.

Je reviendrai plus loin sur cette observation, lorsque je discuterai du complexe d'Œdipe comme organisateur groupal (cf. p. 191).

B. Un cas de caractère obsessionnel dans un groupe : Observation n° 10

Dans une publication antérieure j'ai donné un exemple d'interprétation « active », par le biais d'un psychodrame, à l'égard d'un caractère hystérique (observation d'Irma, *in* Anzieu D., 1972). Je vais présenter ici un cas de caractère obsessionnel, observé au cours d'un groupe de diagnostic de trois jours dont j'étais le moniteur. Le groupe était composé de onze personnes, cinq hommes et six femmes, de vingt-deux à cinquante ans. Il y avait en outre un observateur, dont je ne révèlerai pas le nom pour mieux éviter le risque de localiser le groupe et d'identifier les participants et avec lequel j'ai eu tout au long de la session des échanges répétés, approfondis et précieux.

Alex a environ quarante ans, il est agrégé de lettres, détaché dans un centre pédagogique pour suivre une formation aux méthodes actives. Dans ce cadre, il a déjà participé à un groupe de diagnostic. Au cours des présentations, il fait état de la multiplicité de ses titres et de la richesse de son expérience et, bien que le groupe comprenne des médecins, des psychologues, des économistes, des responsables d'organismes éducatifs, soignants ou religieux, pour la plupart eux aussi engagés dans un cycle de formation, il s'impose très vite auprès d'eux comme une personne qui passe pour avoir achevé sa formation alors qu'eux ne feraient que la commencer.

Voici le tableau des attitudes d'Alex dans ce groupe.

Un premier trait est l'impersonnalité. Quand il parle, et il parle souvent, c'est toujours pour dire « on ». Au bout de quelques séances, cette attitude lui est vivement reprochée par une participante, Désirée, dont la caractérologie hystérique est nette : elle dit ostensiblement « je » et l'invite avec une certaine véhémence à en faire autant, ce à quoi d'ailleurs il arrive mal.

Alex refuse ce qu'il appelle le « sentimentalisme ». Il dénonce l'expression des émotions dans le groupe comme un contre-sens par rapport aux buts de la session. Le groupe vise l'échange des idées, affirme-t-il avec une telle force que pendant un certain temps s'instaure une norme collective implicite qui prohibe les manifestations affectives. L'intellectualisation, l'isolation de l'affect et de la représentation sont fortes chez lui.

Je viens de dire qu'il parle souvent : une fois sur deux ou trois environ. A peine quelqu'un a-t-il parlé qu'il commente, approuve, contredit ou condamne ce qui vient d'être dit. Il ne laisse pas se développer d'associations libres collectives. Il ramène tout à lui et se fait le centre de la conversation. J'ai écrit dans mes notes à un certain moment : il est sur le pot au milieu du cercle de famille et fait admirer ses fèces.

Il ne supporte pas le silence, sans doute par crainte d'un surgissement possible de l'agressivité, et il l'interrompt. Lassés par son intellectualisme et par son narcissisme, les autres participants ont d'ailleurs tendance à multiplier les silences, ce qu'Alex ne manque pas de leur reprocher comme une démission, comme un manquement aux règles du jeu.

Une autre norme qu'il s'efforce — en vain — d'imposer est l'interdiction de rapporter des souvenirs d'enfance. Par ses reproches, il fait pleurer une participante qui venait de communiquer avec beaucoup d'émotion un épisode important de sa jeunesse, qui se trouvait être très éclairant sur son attitude dans le groupe.

Pour Alex, le groupe, les relations de groupe n'existent pas. Il a à faire à une collection, à une série d'individus et il entre tour à tour en relation avec l'un d'eux. Dans ces relations à deux, il intervient soit pour provoquer l'autre si celui-ci se tait, soit pour le contrecarrer s'il vient de s'exprimer : il n'est satisfait que quand il a instauré une relation de type dominateur et sado-masochiste avec son interlocuteur.

Naturellement, puisqu'il en sait plus que les autres, étant censé avoir achevé sa formation, c'est lui qui donne les interprétations. Il se pose comme le vrai moniteur du groupe. Ce sont toujours des interprétations individuelles et malveillantes qu'il énonce.

La fixation sadique-anale est si prononcée chez lui à travers son besoin de tout contrôler et d'en faire baver aux autres qu'elle suscite, chez la participante la plus jeune, la plus « naïve » (elle est à peu près la seule à n'avoir fait antérieurement ni psychologie, ni groupe) et la plus réservée (elle appartient à un ordre laïque charitable), la réaction spontanée suivante : « Alex, tu sèmes ! ». Devant la surprise et la curiosité générales, elle finit par expliquer que, dans la région où elle est née, on avait l'habitude de dire « semer », tout court, par abréviation de « semer la merde » !

Alex reproche au groupe de ne pas vivre, d'être « comateux », projetant sur lui sa propre non-vie intérieure d'obsessionnel affronté à la pulsion de mort.

A l'inverse de la plupart des autres participants, il se refuse, je l'ai dit, à communiquer aucun souvenir personnel. Toutefois, après qu'un certain travail psychanalytique ait eu lieu (j'en parlerai dans un moment), le groupe s'était dégagé du problème, au début massif, que ces diverses attitudes d'Alex lui posait et un certain assouplissement se manifestait chez ce dernier. Alex décide de faire un geste de gratitude à l'égard du groupe qui a dépassé son irritation pour lui témoigner une certaine confiance : il va communiquer quelque chose de très personnel. Ce sera non pas un souvenir ancien, donc inadéquat, mais une fantaisie qui lui est venue, ici et maintenant, au cours d'une séance. Le point de départ était un fait réel, rapporté par deux participants : le concierge du bâtiment où se tenait la session et qui n'avait pas été prévenu de celle-ci s'était étonné auprès d'eux, le second jour, de façon mal gracieuse, que des gens viennent travailler là le samedi. Alex avait imaginé après coup qu'il aurait pu lui répondre : « Il nous faut travailler tout le week-end car nous préparons un hold-up à la Banque de France et nous n'avons pas trop de temps pour mettre au point tous les détails. » Et, ajoutait-il amusé, une demi-heure après la police débarquait dans notre salle ! Cette fantaisie possédait un caractère tellement dissonant par rapport aux confidences personnelles faites antérieurement par les autres participants qu'elle tomba à plat, personne n'y apportant de commentaire, ce dont Alex fut amer, se jugeant payé d'ingratitude pour les efforts qu'il déployait dans ce groupe.

Moi-même j'eus le tort à ce moment-là de partager la réaction générale, de rester indifférent à cette fantaisie, de manquer ainsi en entendre suffisamment vite le sens et à en tirer profit pour la poursuite du travail psychanalytique. L'argent, symbole de cette puissance anale (dévaliser la Banque de France) qu'Alex ne cesse d'attaquer pour tenter de se l'approprier, la menace permanente du Surmoi (la descente de police) étaient pourtant là en quelque sorte servis sur un plateau. Mais ce n'était pas la problématique des autres participants, laquelle tournait tantôt autour de la perte d'un être cher, tantôt autour de la revendication phallique, et mon contre-transfert m'a sans doute fait inconsciemment craindre de remettre Alex en position de centre d'intérêt du groupe si moi, moniteur, je tenais compte de cette fantaisie que les autres n'avaient pas relevée. C'est la discussion avec l'observateur qui me fit prendre conscience de tout cela, un peu tard pour intervenir en pointant par exemple le conflit au sein du groupe entre une représentation anale et une représentation phallique de la puissance. Le groupe avait en effet évolué vers d'autres problématiques. Mais Alex, arrêté dans l'évolution qu'il amorçait par l'absence de tout écho à son fantasme personnel se replia en partie sur ses positions habituelles et recommença, mais à un moindre degré, de gêner le groupe par son comportement provoquant et par ses exigences surmoïques.

Le travail d'interprétation « indirecte »

Avant l'épisode de cette fantaisie, un certain travail d'interprétation avait eu lieu en deux temps. Le premier jour, j'avais fourni une interprétation inefficace, expliquant que le pouvoir était apparu vacant dans le groupe puisque je m'étais déclaré non directif, qu'Alex l'avait pris, se conduisant d'ailleurs plus en animateur qui sollicite et critique qu'en moniteur qui interprète, et que le reste du groupe s'était senti mal à l'aise devant ce qu'il avait sans doute ressenti comme une usurpation. Interprétation inefficace car plus psychosociologique que psychanalytique, et mal reçue de la plupart, car c'est, dirent-ils, une manie des moniteurs de vouloir ramener à eux et au transfert tout ce qui se passe dans le groupe, alors que ni mon rôle ni ma personne ne leur avaient fait jusque-là problème et qu'ils ne se sentaient ni en dépendance, ni en rivalité à mon égard.

Le second jour, m'appuyant sur la vive algarade qui venait d'opposer Désirée (celle qui voulait qu'on dise « je ») à Alex (qui disait « on »), je décidai d'être plus précis, de parler non plus d'un hypothétique phénomène de groupe mais des personnes actuellement en conflit, de parler d'elles toutefois en termes de rôles pour ne pas les blesser par ce qui sans cela eût été une interprétation sauvage et aussi pour ne traiter des individus que sous couvert de phénomène se déroulant, comme on dit, au niveau du groupe. Il s'agit là de ce que je propose d'appeler une interprétation individuelle « indirecte » (ce qui est contraire à la lettre mais conforme à l'esprit de la règle d'Ezriel). Je décrivis d'abord le « rôle » que jouait Alex dans le groupe. En fait, j'énumérai, en me gardant bien de tout vocabulaire et de toute allusion psychanalytiques, les traits de son comportement que j'ai rapportés au début de cette observation. Mais j'ajoutai que, bien que ces traits aient probablement quelque chose à voir avec ses problèmes personnels, ce n'était pas notre affaire dans ce groupe de nous occuper de ceux-ci. Par contre ce qui nous intéressait c'était de savoir quels « rôles », et pourquoi, le « rôle » d'Alex suscitait chez les autres participants. Et je décrivis l'agressivité des uns, l'étouffement des autres et finalement la volonté inconsciente chez chacun de vouloir que les autres fonctionnent comme lui-même.

Cette interprétation fut résolutive. Alex avait d'autant plus mal reçu les réactions affectives des autres à son égard qu'elles se situaient dans les registres, auxquels il était hypersensible, de l'agressivité et de la passivité. Il accepta la description que je donnais de lui-même parce qu'elle était objective d'intention et de ton et parce qu'il pouvait — chose qu'il était venu chercher — apprendre là quelque chose sur lui-même. Pour le reste du groupe ce fut un grand soulagement : je situais leur problème là où il était réellement, à savoir que l'attitude d'Alex les empêchait d'être libres et spontanés — ce pourquoi ils étaient venus à cette session — ; leur impatience, leur irritation, leur déplaisir, leur paralysie se trouvaient ainsi déculpabilisés — car quoi que ce soit qu'ils fissent, ou ne fissent pas, l'attitude surmoïque d'Alex les avaient jusque-là culpabilisés. Ils purent mettre chaque fois que c'était nécessaire les choses au point avec Alex non plus dans la hargne et l'inhibition mais dans la fermeté ou dans un mouvement agressif plein d'humour. Chaque participant, à une ou deux exceptions près, put affirmer ce qu'il attendait de cette expérience de groupe. C'est à partir de ce moment que des souvenirs d'enfance, des épisodes douloureux de deuils, des moments d'émotion purent être revécus et l'expérience singulière de chacun confrontée à celle des autres. Le rôle central dans le groupe ne fut plus occupé par Alex, ni par le duo ou le duel Alex-Désirée, mais par Thibaut, un jeune ingénieur, apparemment étranger à la psychologie — mais qui me fit savoir après la session qu'il était en psychanalyse — et dont l'esprit, la gaité et les talents de négociateur surent arrondir les angles, fût-ce parfois de façon factice, chaque fois que s'élevait un conflit interpersonnel ou que resurgissait la tension générale à l'égard d'Alex. Alex avait fait fonctionner le groupe en position de Surmoi ; Thibaut le fit fonctionner jusqu'à la fin dans la position du Moi.

Le groupe, projection du Surmoi

Qu'une personnalité à caractérologie obsessionnelle projette son Surmoi sur le groupe n'étonnera personne, encore qu'à notre connaissance, aucune observation concrète du fonctionnement surmoïque dans un groupe n'ait été publiée avant celle que je viens de rapporter. Le groupe, pourtant, est un support protéiforme pour toutes les instances de la topique subjective : support de l'Idéal du Moi aux yeux de Freud (1921), support du Moi pour l'école lewinienne, support de l'objet perdu du désir comme Pontalis (1966) puis moi-même l'avons développé. Cette curieuse occultation du Surmoi groupal chez les praticiens et les théoriciens des groupes de formation et de psychothérapie s'explique peut-être par leur désir de créer dans ces groupes une situation, un climat, où les désirs individuels puissent se libérer et où le Surmoi soit mis entre parenthèses dans une sorte de suspension épistémologique. Ils admettent que le Surmoi soit projeté à l'extérieur, car on en est — momentanément — débarrassé, ou sur le moniteur — ce qui est interprétable —, mais non sur le groupe. Cette résistance contre-transférentielle nous a sans doute privés jusqu'ici d'une analyse du fonctionnement surmoïque dans les groupes réels alors que dans ceux-ci la projection du Surmoi sur le groupe constitue l'éventualité la plus répandue. N'est-ce pas une contradiction interne aux méthodes dites de groupe que de vouloir créer des situations groupales inverses de celle des groupes sociaux ou professionnels habituels et de prétendre en même temps comprendre ceux-ci à la lumière de celles-là ?

Jusqu'à ma seconde interprétation, la groupe d'Alex a été un groupe surmoïque. Alors que j'avais été attentif à alléger les consignes initiales et sans doute en partie à cause de cela, Alex a imposé un réseau serré et pesant de règles au groupe : ne pas rapporter de souvenirs car c'est hors de l'ici et du maintenant ; ne pas parler de soi, car ce n'est plus du groupe ; ne pas exprimer de sentiments car c'est ce qu'on fait dans les groupes ordinaires et ici ce qui compte ce sont les idées ; soumettre chaque intervention d'un participant à un examen critique car on a à se mettre en question ; aiguillonner ceux qui se taisent car c'est un devoir de s'impliquer et de faire participer ; interpréter tout ce qui se dit car on vient pour s'exercer à comprendre, etc. Mais pourquoi le groupe s'est-il laissé imposé, pendant une moitié environ de la session, ce système de normes non seulement écrasantes mais contraires à l'esprit même de tout ce qui peut se réclamer de Freud, de Lewin, de Rogers ou de Moreno ? Parce que le Surmoi existe chez tout le monde et que celui d'Alex est entré en résonance, en connivence, avec les Surmoi des membres du groupe. Par ces normes dont personne n'avait l'idée ou le courage de contester le bien-fondé, le groupe, à l'incitation d'Alex, apportait une satisfaction aux exigences surmoïques de chacun. Ainsi le groupe trouva sa cohésion dans les sentiments de culpabilité. Combien de groupes naturels ne fonctionnent-ils pas ainsi ?

10 Théorie générale de la circulation fantasmatique en groupe

A. Panorama de la vie groupale inconsciente (1)

Le but de ce chapitre est de faire le point des connaissances acquises par nous à la lumière de la théorie psychanalytique sur les principaux processus psychiques inconscients qui se déroulent dans les groupes humains : il se place au point de vue de la recherche fondamentale. L'expérience sur laquelle nous nous sommes appuyés porte sur des groupes sociaux naturels, sur des groupes de formation et, à un degré moindre, sur les groupes de psychothérapie. Cette expérience a été l'objet d'un travail d'élaboration collective au sein d'une équipe de psychanalystes intéressés par les activités de groupe et avec lesquels j'ai travaillé régulièrement de 1962 à 1978 (le CEFFRAP).

Les groupes humains étudiés dans le présent chapitre sont non seulement le petit groupe classique de 8 à 12 personnes, mais aussi le groupe large de 25 à 60 personnes . Afin d'élucider les processus du groupe large, nous

(1) Cette première partie du chapitre 10 résume les principales hypothèses développées dans le présent ouvrage. C'est pour l'essentiel une reprise de notre rapport sur *Dynamique et processus de groupe* que nous avons présenté le 29 septembre 1971 au IIIe séminaire international de psychothérapie de groupe à Lausanne et qui a paru ensuite *in* Schneider P. B., *Pratique de la psychothérapie de groupe. Problèmes actuels de la psychothérapie de groupe analytique et de groupes de discussion*, Florence, Giunti, et Paris, P.U.F., 1972, pp. 19-41.

avons dans le cadre du CEFFRAP réalisé à partir de 1967 des variantes du groupe de diagnostic *(T-Group)* avec 30 à 50 participants et 8 à 10 moniteurs, au sein des séminaires de formation psychologique d'une durée d'une semaine dont les participants étaient chaque jour alternativement réunis en petit groupe (groupe de diagnostic et psychodrame) et en groupe large.

Critique des théories psychosociologiques

L'étude scientifique des processus de groupe a été entreprise aux Etats-Unis depuis 1930 par des psychosociologues et la théorie la plus intéressante a été formulée par Kurt Lewin entre 1940 et 1946 sous le nom de dynamique des groupes. Peu de progrès ont ensuite été effectué par les psychosociologues dans la description et dans la théorisation des processus de groupe. Parallèlement, les interventions psychosociologiques dans les groupes se sont répandues et multipliées souvent selon un empirisme aveugle. Les psychosociologues, qu'ils se réclament de Lewin, de Rogers ou de Moreno, ont en effet tendance à manipuler le transfert au lieu de l'interpréter : les résultats satisfaisant qu'il leur arrive d'obtenir proviennent de l'identification des membres au moniteur quand celui-ci se propose inconsciemment à eux comme Idéal du Moi (processus décrit par Freud dès 1921 dans *Psychologie collective et analyse du Moi).* Ce processus d'idéalisation est un processus défensif, mais il n'est généralement pas analysé comme tel. Foulkes (1971) a justement mis en garde contre la « conformisation » des participants aux idées du moniteur. La conséquence en est que les gens formés par de telles méthodes de groupe développent, en correspondance avec cet Idéal du Moi, une *idéologie,* que ce soit de la collégialité, du travail en équipe, de la transparence, du « bon groupe », ou que ce soit du spontanéisme contestataire, de l'ébranlement systématique par l'intérieur des organisations sociales. Aussi se révèlent-ils peu capables de reconnaître et de verbaliser les véritables processus à l'œuvre dans un groupe à un moment donné. L'étude comparative de Netter (1974) entre les effets respectifs des interventions psychosociologiques et des interprétations psychanalytiques dans des groupes de formation a confirmé que les changements individuels (et la progression du groupe) se produisent plus sûrement avec les secondes.

La valeur de l'explication psychanalytique tient en ce qu'elle opère à la fois en termes de forces et de sens. L'explication lewinienne n'a retenu de Freud qu'une économique coupée de l'herméneutique : elle rend compte du groupe comme système de forces, elle l'ignore comme organisation des significations inconscientes. Le groupe n'est ainsi envisagé qu'en se plaçant au point de vue du système du Moi. Le fait que les processus de groupe mobilisent la totalité de l'appareil psychique chez les participants, y compris le système du Ça et le système du Surmoi, est méconnu. La cohésion d'un groupe est attribuée à l'implication des membres dans l'élaboration des buts et des normes communs, à l'établissement d'un réseau de relations interindividuelles, spécialement de sympathies, alors que ces phénomènes conscients sont la conséquence d'un processus inconscient fondamental, à savoir qu'un nombre suffisant de fantasmes individuels des membres sont entrés en résonance les uns avec les autres ou que le groupe s'est cristallisé autour d'une imago commune.

Les disciples de Rogers, tel en France Max Pagès dans *La vie affective des groupes* (1968), admettent l'existence d'un affect de groupe ; ils assignent même comme but aux méthodes de groupe de faire vivre aux participants une intense expérience de communion affective qui leur permette de retrouver le « lien originel » entre les êtres humains, et ceci grâce au fait que chacun renvoie au groupe son vécu émotionnel de la situation. Ce lien originel supposé par Max Pagès est en fait une dépendance archaïque, il correspond à ce que nous avons appelé l'illusion groupale : les participants cherchent à retrouver dans le groupe le bon sein, après avoir vécu inconsciemment lors des premières réunions l'angoisse persécutrice véhiculée par le fantasme inconscient d'un danger de destruction par le groupe en tant que mauvaise mère : comme Scaglia (1974) l'a montré, la position paranoïde-schizoïde est dominante dans la période initiale d'un groupe.

Les travaux les plus féconds sur le groupe sont ceux qui prolongent les apports de Freud et de Mélanie Klein. Ce sont la pratique et la théorie psychanalytiques qui nous ont éclairé sur les insuffisances de l'approche psychosociologique des groupes. Ce sont elles qui, jusqu'à nouvel ordre, rendent le mieux compte des processus observables. La suite de ce chapitre cherchera à décrire et à expliquer un certain nombre des processus-clés du groupe dans cette perspective psychanalytique.

L'illusion groupale et les fantasmes de casse

Nous avons proposé d'appeler illusion groupale le sentiment d'euphorie que les groupes en général, les groupes de formation en particulier, éprouvent à certains moments, et qui s'exprime dans le discours des participants de la façon suivante : « Nous sommes bien ensemble », « Nous sommes un bon groupe ». Le moniteur non analyste est tenté de participer à cette euphorie gratifiante pour lui : si le groupe est un bon groupe, n'est-ce pas la preuve que son moniteur est un bon moniteur ?

L'illusion groupale suppose que le groupe soit érigé en objet libidinal. Le moniteur, les participants s'adressent alors nommément à lui dans leurs discours. Ceux-ci rapportent « au groupe » ce qu'ils ont ressenti « au niveau du groupe » ; celui-là invite « le groupe » à s'organiser, ou à s'autoanalyser.

Evoquer dans le discours cet objet-groupe qui n'existe pas dans la réalité psychique, c'est assigner aux participants comme but plus ou moins explicite d'avoir à le faire exister. Faire un groupe, faire un bon groupe : cet objectif constitue un déplacement défensif par rapport au but véritable, recherché et redouté, de la formation ou de la psychothérapie : la mise en question personnelle de chacun. Le « groupe » devient le but du groupe, restauration collective des narcissismes individuels menacés. A peine initiés, les membres s'érigent à leur tour en moniteurs : ils « font du groupe » pour faire partager à d'autres l'idéologie collégiale et l'euphorie groupale. Le groupe fonctionne ainsi dans l'appareil psychique des participants comme Moi idéal.

Ce processus de groupe complète celui, découvert en 1921 par Freud, de l'identification au chef en tant qu'Idéal du Moi commun. Dans le cas où le groupe se structure autour de l'Idéal du Moi, c'est l'imago du père tout-puissant et bienveillant qui se trouve investie. Dans le cas où le groupe se structure autour du Moi idéal, c'est une imago de toute-puissance narcissique du groupe (identification narcissique au sein, source de plaisir et de fécondité) qui est investie. Une interprétation de type psychanalytique permet aux participants de reconnaître ces processus au lieu de se laisser capter par eux.

L'illusion groupale, où l'objet-groupe est massivement investi par les pulsions libidinales, a pour contrepartie les fantasmes de casse, où cet objet-groupe est investi par les pulsions de mort sous leurs différentes formes. Le couple illusion groupale - fantasmes de casse commande les oscillations « primaires » (au sens psychanalytique) observables dans les groupes.

Le groupe, accomplissement imaginaire du désir et de la menace

Si le groupe produit l'illusion groupale, c'est en raison d'un processus plus général : le « groupe » fabrique de l'illusion tout court. C'est la raison pour laquelle j'ai soutenu l'analogie du groupe et du rêve : le groupe, comme le rêve, remplit une fonction d'accomplissement imaginaire des désirs inaccomplis, en particulier des désirs interdits. A la société, aux institutions, lieux du défendu, on entend souvent opposer le petit groupe spontané et informel comme lieu où tout serait permis. Les persécutions dont les sectes, les communautés, les phalanstères, toutes les formes de vie groupale indépendantes, n'ont cessé d'être l'objet, tout au long de l'histoire, de la part de la société globale illustrent bien la représentation fantasmatique collective sous-jacente : tout groupe non contrôlé par le corps social représente un danger de débauches perverses ou de conspirations homicides. Aussi le petit groupe fonctionne-t-il, dans les représentations collectives, comme un lieu d'accomplissement imaginaire des menaces du Surmoi et comme un lieu d'accomplissement réel des menaces de la société globale.

Un exemple d'accomplissement imaginaire du désir est fourni par les projets « utopiques » si souvent suscités par les groupes réels : conquête d'un trésor caché, d'un lieu saint occupé par les infidèles, réalisation d'un exploit, construction et défense d'une cabane en forêt chez les bandes d'enfants, etc. Peu importe que l'illusion forgée par le groupe reste une rêverie éveillée ou qu'elle anime des entreprises réelles dans lesquelles des quantités considérables d'énergie peuvent être à l'occasion dépensées. A travers ces rêveries ou ces actions, c'est une illusion qui est poursuivie et le plaisir intense qu'elles procurent est le plaisir d'un accomplissement de désir sur le mode de l'illusion.

Comme dans le rêve, les processus psychiques primaires qui, dans le groupe, érigent un objet en objet du désir commun aux membres, sont le déplacement, la condensation, la figuration symbolique et le renversement en son contraire. Comme dans le rêve, l'élaboration secondaire ré-arrange les résultats des processus primaires : dans les groupes, cela se traduit par exemple par une production de récits à valeur mythique ou de constructions intellectuelles de nature idéologique où l'objet visé par les désirs interdits et communs, tout en étant maintenu présent, est accentué différemment, de façon que sa signification se trouve déviée. Mythes et idéologies constituent, comme l'a montré René Kaës (1971 *b,* 1974 *b,* 1980), les formations de compromis spécifiques aux situations groupales ou sociales.

La production d'illusion dans le groupe opère par un processus de mise en scène également analogue à celui du rêve. Que le groupe entretienne, par une conversation à bâtons rompus, une sorte de fantaisie préconsciente, ou qu'il s'engage dans des activités en prise sur la réalité extérieure, cette fantaisie, ces activités constituent des mises en scène que les participants se donnent à eux-mêmes de leur désir commun, sur un fond de décor qu'est l'espace imaginaire du groupe. Autrement dit, il existe, en tout groupe naturel ou artificiel, un processus qui pousse les participants à se donner en représentation quelque chose que, soit à la suite d'Ezriel (1950), on pourrait appeler le plus grand dénominateur commun de leurs fantasmes individuels, soit qui serait l'imago organisatrice inconsciente du groupe.

Le rêve, comme le symptôme, est une formation de compromis entre des désirs inconscients et des mécanismes de défense eux aussi généralement inconscients. Un groupe, quand il devient une réalité psychique, négocie des compromis entre un Ça pulsionnel de groupe (qui peut être aussi bien agressif ou auto-destructeur que libidinal) et un Surmoi de groupe (qui s'érige en contrôle des pensées et des affects individuels).

L'espace imaginaire du groupe

De même que le rêve nocturne se déroule sur une toile de fond qui est l'image du corps propre déréalisé et peut-être, plus primitivement encore, l'image de la relation sein-bouche, la fomentation fantasmatique dans un groupe se développe sur une toile de fond qui est l'espace imaginaire du groupe.

Dans le petit groupe informel, la disposition spontanément adoptée par les participants est en cercle ou en ovale. Les images du corps sous-jacentes s'extériorisent généralement comme suit. Si c'est un cercle, le groupe est une bouche, d'où sort le discours cohérent du groupe, ou une multiplicité de bouches qui s'entre-dévorent ; le groupe peut également être un sexe féminin, trou central que pénètre et féconde la parole du moniteur ou du président-phallus. Si c'est un ovale, le groupe est un œuf clos, le moniteur est le germe, les participants ont à naître. Dans tous les cas, la disposition circulaire ou ellipsoïdale évoque, chez les intéressés, une imago maternelle, tandis que la disposition en rangs de type scolaire a pour but inconscient d'imposer la prévalence de l'imago paternelle.

Dans le groupe large, les participants ont d'abord tendance à rechercher un contact étroit avec ce que Turquet (1974) a appelé « la peau de mon voisin » et à s'agglutiner en une masse compacte. Puis ils s'asseyent côte à côte selon une ligne fermée (ou selon deux lignes concentriques) dont la configuration d'ensemble varie entre l'ovale et le rectangle. Cette disposition figure l'intérieur d'un espace clos. Le vide central est si angoissant que participants et moniteurs éprouvent le besoin de le diminuer en plaçant des tables soit devant les participants, soit au milieu, soit les deux. Qu'il soit marqué par un trou central ou par une table centrale, ce milieu est vécu par les participants comme le lieu imaginaire occupé soit par le mauvais objet (dans le groupe large, les pulsions destructrices sont projetées non à l'extérieur mais au centre), soit par le groupe des moniteurs. Dans la réunion plénière les moniteurs, bien que réellement dispersés à la périphérie du groupe large, sont présents imaginairement comme *corps constitué* (et là aussi, au début, comme corps du mauvais objet), au centre de l'espace (cœur, germe). S'ils sont assis côte à côte, ils suscitent ce que Kaës (1974 *c*) a décrit comme le fantasme des moniteurs embrochés. Le problème des orifices et de leur fonctionnement (besoin d'ouverture réelle des portes et des fenêtres à certains moments), celui des appendices ou des excréments (participants s'asseyant en arrière et en retrait des autres) sont également présents dans l'imaginaire groupal.

Le groupe large est donc vécu comme intérieur du corps de la mère. Le matériel corrélatif concerne :

a) l'exploration de la surface et de l'intérieur du corps. Certaines séances plénières s'apparentent aux voyages mythiques décrits par les ethnologues dans les rites de guérison ou d'accouchement. Cela est à rapprocher des deux formulations de la demande exprimée par les participants des séminaires de formation : on vient pour guérir, on vient pour naître. Ces deux objectifs n'en font d'ailleurs qu'un : acquérir l'autonomie par rapport au corps imaginaire de la mère. Les participants sont ambivalents envers cet objectif : ils défendent jalousement leur identité personnelle, c'est-à-dire leur autonomie personnelle par rapport au groupe-mère ; et inversement ils se sentent bien dans le petit groupe comme dans le ventre de la mère, et ne veulent pas en sortir.

b) l'acquisition du symbolisme comme appropriation du corps de la mère et sublimation de l'angoisse de sa perte.

c) la rivalité des enfants (enfants-pénis, enfants-excréments) dans le ventre de la mère, rivalité destructrice soit pour eux, soit pour elle.

d) les fantasmes de parents combinés et de scène primitive, projetés sur le groupe des moniteurs.

Le clivage du transfert

Angélo Béjarano (1971, 1976) a attiré pour la première fois l'attention sur le clivage du transfert, au sens kleinien du terme, dans les séminaires de formation où les participants sont alternativement réunis en plusieurs petits groupes (groupe de diagnostic et psychodrame) et en un groupe large (réunion plénière).

L'expérience montre en effet que le petit groupe inséré dans un séminaire d'une semaine connaît une intensité dans son déroulement et dans ses effets supérieure à celle obtenue par un groupe de diagnostic condensé en trois jours ou dilué en séances hebdomadaires sur un an. L'explication réside dans la dynamique du transfert. Le transfert positif tend à se concentrer dans les petits groupes ; le transfert négatif, dans le groupe large. La fixation sur la réunion plénière des angoisses de morcellement et de destruction ainsi que des angoisses persécutive ou dépressive, maintient dans le groupe large un niveau de régression constant et archaïque. Ceci libère, dans les petits groupes de diagnostic et de psychodrame, les processus évolutifs liés aux avatars de la libido : exploration des diverses problématiques de la sexualité prégénitale et génitale, phénomène de couplage, relation à l'autorité, à la loi, au double interdit de l'inceste et du meurtre, intrication du masochisme et du narcissisme, sentiments de culpabilité et leur érotisation, rôle de la transgression, diversité et mobilité des choix libidinaux. Dans un séminaire, le petit groupe devient le lieu imaginaire du plaisir ; le groupe large, le lieu imaginaire de la mort.

Non seulement la nature, mais aussi l'objet du transfert est différent. Dans le petit groupe, le transfert central porte sur le moniteur mais les transferts latéraux des participants les uns sur les autres sont tout aussi actifs et significatifs. Cela est dû au fait que, très vite, dans un petit groupe, chacun connaît chacun. Il existe aussi une troisième forme de transfert, beaucoup plus difficile à repérer, à analyser et à interpréter, qui est le transfert des participants (et le contre-transfert du moniteur) sur le petit groupe comme objet ou entité propre.

Il en va différemment dans le groupe large. En premier lieu, le transfert latéral est minime. En effet, les participants, appartenant à des petits groupes différents, ne se connaissent pas ou guère entre eux, en raison de leur grand nombre d'une part, de leur implication dans leurs petits groupes respectifs d'autre part. Nos observations nous conduisent même à l'hypothèse que les transferts latéraux dans le groupe large sont des déplacements du transfert central sur les moniteurs. Dans le petit groupe, par contre, le transfert latéral d'un participant sur un autre, tout en étant quelquefois un déplacement par rapport au moniteur, a généralement une signification propre aux deux personnes, objet et sujet de ce transfert, et c'est une tâche du travail psychanalytique dans le petit groupe que d'élucider et de verbaliser cette double signification. En second lieu, le transfert, dans le groupe large, vise le petit groupe des moniteurs dans son ensemble ou tel ou tel moniteur particulier mais considéré comme membre de l'équipe interprétante.

Le transfert sur le groupe des moniteurs se repère à travers l'apparition spontanée des thèmes suivants dans les discours tenus en réunion plénière : monolithisme ou morcellement du « staff » (c'est-à-dire l'équipe des moniteurs), sa cohésion ou ses désaccords, son autoritarisme ou son laissez-faire, son savoir ou son non-savoir, son honnêteté ou son goût pour la manipulation, son hétérosexualité ou son homosexualité, sa génitalité ou son polymorphisme pervers, les désirs et les plaisirs supposés des membres du « staff » les uns pour les autres, la volonté du « staff » de cacher ces désirs aux participants (fantasme de la scène primitive), l'absence de désir du « staff » envers les participants, son désir de garder les participants dans son sein sans leur permettre d'en sortir, etc. Tout cela constitue le matériel spécifique du transfert dans le groupe large.

Le transfert dans le groupe large remplit ainsi une fonction complémentaire de celle qu'il assure dans le petit groupe. L'analyse du transfert des participants sur le groupe comme objet libidinal est rendue très difficile dans le petit groupe par le fait qu'il s'agit du même groupe, sujet et objet du transfert. Par exemple, l'illusion groupale, si fréquemment éprouvée au sein du petit groupe, est difficilement analysable à l'intérieur de ce petit groupe, même si le moniteur a su ne pas se laisser prendre à cette illusion. Un lieu possible de son analyse se trouve être le groupe large. L'interprétation dans ce cas pointera le clivage de la persécution et de l'idéalisation (idéalisation du petit groupe, des moniteurs, de la dynamique de groupe).

Les manifestations des angoisses archaïques

La menace d'une atteinte à l'intégrité du Moi (cf. les fantasmes de « casse ») mobilise :

a) quatre types différents d'angoisse archaïque : l'angoisse d'annihilation ou de vide, l'angoisse schizoïde de morcellement, l'angoisse persécutive, l'angoisse dépressive, qui sont toutes en rapport avec l'imago maternelle ;

b) des processus défensifs contre de telles angoisses : clivage de l'objet en bon et mauvais, identification projective, fragmentation, restauration réparatrice du lien.

Les préceptes ou les consignes « aimez-vous les uns les autres », « l'union fait la force », « le but de l'expérience que vous allez vivre est de voir comment surmonter vos difficultés à vous entendre et apprendre à coopérer », sont des exhortations à ne pas se laisser gagner par l'angoisse persécutive. Dans les groupes qui comprennent une forte proportion de psychistes, cette angoisse persécutive se déploie sous la forme d'interprétations « sauvages » que les participants s'appliquent mutuellement.

L'angoisse dépressive (« nous n'arrivons à rien », « nous ne sommes bons à rien », « nous sommes incapables de faire fonctionner le groupe en nous passant de chef ou de moniteur ») est plus aisément tolérée et exprimée. Un des mécanismes de défense qu'elle suscite est l'identification aux moniteurs (les stagiaires manifestent le désir de devenir à leur tour, après le séminaire, des moniteurs et interviennent dans les débats des groupes en se plaçant du point de vue du moniteur). L'identification à l'objet aimant et perdu est en effet le moyen le plus sûr et le plus ancien de surmonter sa perte et de le réincorporer.

L'angoisse d'annihilation, enfin, est plus éprouvante que les précédentes, car elle contient une menace de destruction vitale, de castration radicale portant sur tout le corps. Les mécanismes de défense qui connotent la présence de cette angoisse dans les groupes s'enchaînent généralement dans l'ordre suivant : le silence (certains participants sont paralysés et n'arrivent pas à proférer une parole), l'identification à l'agresseur et à la victime (tel participant se présente au groupe comme sa victime ou fait tout pour être traité ainsi ; tel autre reproduit l'image supposée de la toute-puissance narcissique du moniteur en développant des relations sado-masochiques avec d'autres membres), et enfin le « couplage » (la recherche d'un partenaire privilégié, de sexe différent ou non, par lequel on est reconnu dans son identité personnelle et aimé comme un être distinct, contrebalance l'angoisse devant le groupe-mauvaise mère qui aime ses enfants pour les garder en elle indistincts et non pour leur permettre de naître et de se différencier : en ce sens le couple est une fuite du groupe, en même temps qu'une réparation des dommages qu'on y encourt). Springmann (1976) a montré que la fragmentation était un mécanisme de défense propre au groupe large contre les menaces à l'identité personnelle ressenties dans cette situation.

La situation de petit groupe fait régresser les individus à ce que Mélanie Klein a appelé les « positions » psychotiques. Dans les groupes institutionnels, une des fonctions de l'organisation et du règlement, comme l'a montré

E. Jaques (1955), est d'instaurer des défenses (plus ou moins efficaces) contre les angoisses persécutives et dépressives corrélatives de ces positions. Le petit groupe informel, sans organisation préalable, donne l'occasion aux participants, s'il est psychanalytiquement mené, d'être sensibilisés à ces positions, à ces angoisses ainsi qu'aux fantasmes et aux mécanismes de défense qui y sont liés, et de mieux se familiariser avec le noyau psychotique de leur propre personne. Il peut en ce sens amorcer un double effet, formateur et thérapeutique. De ce point de vue les méthodes psychanalytiques de groupe se trouvent particulièrement appropriées au perfectionnement psychologique des personnels travaillant dans des institutions éducatives et soignantes pour enfants ou adultes perturbés, notamment psychotiques, et à l'intervention de type psychanalytique sur les difficultés de fonctionnement rencontrées par ces institutions : la relation à la psychose appelle dans ce cas un travail de symbolisation simultané sur quatre plans différents qui sont en intercorrélation : intraindividuel, interindividuel, groupal et institutionnel (1).

Le Moi, le groupe et la réorganisation des identifications

Avec l'enchaînement réglé à l'avance des diverses activités qui le compose, avec ses exigences de temps et de lieu, avec les consignes qui régissent ces activités et qui sont des transpositions des règles psychanalytiques de non-omission et d'abstinence, le séminaire de formation se présente sous forme d'une institution. Cette institution fonctionne auprès des participants comme un garant symbolique : ils peuvent se laisser aller à vivre leur imaginaire dans les petits groupes, car ils le vivent dans le cadre symbolique institué par le séminaire. René Kaës (1972) a proposé de distinguer, dans la graphie et dans la conceptualisation, le Séminaire (S) comme institution et ordre symbolique, et le séminaire (s) comme activité concrète infiltrée par l'inconscient des participants.

La situation de groupe, dont Freud (1921) a comparé les effets à ceux de l'hypnose, mobilise chez les membres deux types d'identifications imaginaires : l'identification au moniteur, au chef, au père, à l'Idéal du moi ; l'identification, projective et introjective, des participants les uns aux autres. Comme André Missenard (1969, 1971, 1972, 1976) l'a montré au fil de travaux successifs, les techniques de groupe non directives mettent rapidement en question les identifications imaginaires individuelles et obligent les participants à les abandonner, au prix d'une angoisse de « casse », d'une peur de changer, du sentiment d'un risque de tomber fou. Si le moniteur a une réaction contre-transférentielle d'affolement devant ce danger,

(1) J'en ai donné des exemples dans le chapitre 3, section 3, de mon livre sur *Le psychodrame analytique chez l'enfant et l'adolescent* (D. Anzieu, 1979, pp. 192-8), et dans l'ouvrage collectif, *Le travail psychanalytique dans les groupes,* tome 2 : *Les voies de l'élaboration* (D. Anzieu, 1982 ; Un dispositif pour l'analyse transitionnelle : le psychodrame en groupe large).

s'il donne, dans l'intention de les secourir, des interprétations individuelles aux participants les plus perturbés par cette perte de leurs repères identificatoires habituels et inconscients, loin de les rassurer il leur confirme le danger où ils se trouvent et la gravité de leur cas, il leur donne acte en quelque sorte que cette perte est réelle et irréparable et il les précipite dans la décompensation qu'il voulait leur éviter. Ceci justifie d'ailleurs la règle énoncée par Ezriel, selon laquelle l'interprétation a à être donnée au groupe, non à un individu.

A partir de ce nivellement groupal, où plus personne n'est individualisé, les participants reconstruisent peu à peu des identifications symboliques qui viennent remplacer les identifications imaginaires perdues. Toujours selon A. Missenard, dans une première étape, l'identification de chaque « un » à chaque « autre », sur le modèle de la relation spéculaire, permet la réindividualisation. L'identification narcissique à des leaders ou au moniteur, dont on reproduit la position en miroir, fait partie de cette étape. Les participants peuvent ensuite arriver à des identifications plus individualisées, où le désir de chacun se manifeste dans sa différence et dans sa communauté par rapport aux désirs des autres.

Dans les groupes réels, directifs, des processus analogues jouent, mais sur un mode ou plus lent, ou plus syncopé. Si le chef est seul face à une foule, il provoque à son profit ou à son détriment la convergence des identifications imaginaires sur lui. Par contre dans le cas d'une organisation, par exemple d'une entreprise relevant de la vie économique ou sociale, l'existence d'un règlement intérieur et d'un organigramme constitue un tel garant symbolique, si du moins les chefs, en le respectant, témoignent par leur exemple qu'ils le reconnaissent comme tel. La construction d'identifications symboliques devient alors possible. Elle se trouve facilitée par le rôle de relais identificatoire, entre les subalternes et les chefs, rempli par des responsables de niveau intermédiaire.

Un petit groupe psychanalytiquement mené peut apporter aux participants, une expérience enrichissante du narcissisme humain : diversité des formes, des niveaux de structuration et des modes d'investissement du Moi et du Soi ; fragilité narcissique propre à chacun et danger ressenti à sa mise en question ; prédisposition à la blessure ou à la rage narcissiques et aux contre-investissements défensifs ; jeu des identifications imaginaires, projectives, spéculaires, idéales, masochiques-héroïques, symboliques ; recherche d'un narcissisme primaire collectif, etc.

Les individus demandent aux groupes naturels dont ils font partie une sécurité narcissique de base et ils l'y trouvent éventuellement. Selon les particularités et la gravité des déficits narcissiques de chacun, ce n'est pas la même expérience de groupe qui en permettra un dépassement relatif. Une session intensive de quelques jours peut suffire à certains ; d'autres auront besoin d'expériences de groupe répétées, ou alternées avec une psychothérapie personnelle ; d'autres encore ne tireront bénéfice qu'au terme d'une participation continue pendant plusieurs années à un *slow open group* (groupe partiellement ouvert). En aménageant un cadre qui, par son dispositif, par ses règles, par le style des interprétations, crée une aire transitionnelle dans le groupe, le ou les psychanalystes qui le conduisent parviennent à assurer cette sécurité narcissique : le groupe devient un contenant des pulsions, des affects, des fantasmes qui circulent entre les membres ; il facilite la constitution d'une enveloppe psychique que chacun peut intérioriser à la place d'un Moi-peau trop rigide, ou trop troué, ou trop inconsistant. Par ailleurs, les participants ont l'occasion de revivre et de retrouver, par rapport aux autres, au psychanalyste, au groupe, les liens humains fondamentaux : le lien de la bouche au sein (fantasme du groupe-bouche), le lien de la persécution et de la séduction quand on est en état de dépendance (fantasme du groupe-machine), le lien entre le dehors qui comprend et le dedans qui se sent rconnu, le lien entre la chose ou l'acte et le symbole, etc. L'analyse transitionnelle que Winnicott a découverte au cours de consultations thérapeutiques avec de jeunes enfants et que Kaës a étendue au groupe psychothérapique et formatif fait du groupe une structure d'accueil, d'élaboration et de réparation des empiètements, des traumatismes cumulatifs, des ruptures subies actuellement, ou même autrefois, par les sujets et contribue à restaurer chez eux l'activité de symbolisation.

Il découle de la position de double appui, décrite par Kaës et propre à l'appareil psychique groupal, que le groupe peut être aussi utilisé par les participants comme une prothèse compensatrice, ou comme un écran défensif, ou comme un fétiche dénégateur soit à l'égard de l'inconscient individuel, soit à l'égard de la culture environnante dans son aspect d'inconscient social ou dans celui de ses valeurs établies, de ses mœurs, de ses croyances, de ses rites. Par exemple, dans la mesure où des personnes souffrant de déficits narcissiques trouvent dans un groupe un soutien anaclitique important, elles ont tendance à faire gérer par le groupe le traitement de leurs difficultés et la satisfaction de leurs besoins — ce qui peut s'avérer transitoirement utile — et si le psychanalyste groupal ne veille pas à la fois à analyser cette utilisation prothétique défensive du groupe et à favoriser l'établissement chez ces personnes d'un auto-étayage par intériorisation sur leurs ressources propres, le groupe se trouve empêché de remplir ses véritables fonctions formatives et thérapeutiques et les personnes en question se trouvent exposées au risque de décompensation après la fin du groupe si elles éprouvent cette fin comme un brusque retrait d'étayage, équivalent pour elles à une rupture catastrophique et anéantissante.

Quelques autres phénomènes

La facilité ou les difficultés de communication dans un groupe sont apparues dépendre de la résonance ou des oppositions entre la vie imaginaire inconsciente des membres, c'est-à-dire de phénomènes sur lesquels n'agissent pas la plupart des méthodes de discussion qui prétendent améliorer les dites communications. Le leadership a perdu la fonction privilégiée que lui assignait la dynamique de groupe selon Kurt Lewin, pour s'apparenter à une formation de compromis analogue à ce qu'est le symptôme en psychopathologie individuelle ; il est en effet au service non seulement des désirs communs, point de vue auxquels se sont arrêtés la plupart des auteurs non-psychanalystes, mais il est tout autant au service des mécanismes de défense du Moi ; c'est le mérite des groupe-analystes d'avoir attiré l'attention sur le leader comme porte-parole de la résistance du groupe ou d'un sous-groupe à des désirs inconscients communs et latents. Le terme d'affinités (sympathies et antipathies entre les membres) n'a pas non plus échappé à la critique psychanalytique, car il recouvre d'une même étiquette au moins deux processus très différents, tantôt l'identification d'un membre à telle instance psychique perçue par lui chez un autre (mécanisme de défense du Moi, Surmoi, Idéal du Moi, Moi idéal), tantôt le transfert « latéral » d'un objet interne d'amour ou de haine sur un autre membre du groupe. Le climat d'un groupe, ses productions, ses réalisations, ses blocages, sont liés aux résonances ou aux discordances fantasmatiques sous-jacentes entre ses membres ou entre des sous-groupes.

Roland Gori (1973 *a*, 1974, 1976) a mis en évidence des résistances particulières, de la part des participants, à vivre une expérience de groupe psychanalytiquement menée. Ils interposent entre le groupe et eux un « savoir préalable ». L'utilisation d'une parole abstraite et désincarnée a pour pendant la résistance inverse : une parole, en groupe, si proche du corps et des affects qu'elle ne laisse de place ni aux autres ni à la pensée. Parler pour parler, pour faire du volume, est une autre forme de résistance, celle des « murailles sonores ».

Kaës (1971, 1980) fait l'hypothèse que les formations de compromis prennent des formes spécifiques dans les groupes : ce sont les mythes, les utopies, les idéologies ; les petits groupes non-directifs permettent de les observer à l'état naissant. Il classe les idéologies d'après la position de l'appareil psychique qui s'y trouve impliquée. Les idéologies relevant du Moi idéal sont de deux sortes : les unes sont persécutives (lutte contre une image de mère dévoratrice projetée sur la nature, la ville, la société, idéalisation de la « cause » à laquelle on se voue et sur laquelle est projetée une image de toute-puissance narcissique) ; les autres sont dépressives (nostalgie d'un paradis perdu, sentiment de culpabilité d'avoir détruit ce qui était bon, négation des différences entre les êtres humains). Seules les idéologies relevant de l'Idéal du moi témoignent du passage de l'appareil psychique à la position réparatrice, à la sublimation des pulsions partielles, à l'ordre symbolique. L'idéologie remplirait dans la pensée le même rôle que la production de l'objet-fétiche dans l'économie du désir chez le pervers.

Kaës est ainsi amené à proposer l'hypothèse d'une « position » idéologique chez les individus et dans les groupes, et qui serait intermédiaire entre les positions persécutive et dépressive.

B. Cinq organisateurs psychiques inconscients du groupe

La circulation fantasmatique

Les relations entre les êtres humains s'ordonnent autour de deux grands pôles, la technique et le fantasme. Le pôle technique — qu'il s'agisse des techniques du corps, de la pensée, de l'expression, de la fabrication — est lié au développement du système perception-conscience et à l'accomplissement de tâches communes ou en commun ; il permet la circulation des biens et des idées. Le lien interhumain inconscient, dans le couple, dans le groupe, dans la vie familiale et sociale, résulte de la circulation fantasmatique ; elle stimule, infléchit, fait dévier ou empêche les accomplissements techniques réels : elle réunit ou oppose les individus plus sur des manières d'être et de sentir que sur des façons d'agir : elle cherche à provoquer la mise en commun de l'accomplissement imaginaire des menaces et des désirs individuels inconscients.

Toute activité humaine visant à satisfaire les besoins de l'organisme vivant ou du corps social met en jeu, en les mêlant, une dimension fantasmatique et une dimension technique. La résistance technicienne suppose que l'activité technique pourrait être un jour complètement débarrassée, épurée de ses « scories » fantasmatiques. Réciproquement, la résistance fantasmatique croit qu'il suffit de désirer pour que l'accomplissement s'ensuive et qu'il n'est pas nécessaire, pour commander à la nature, de se soumettre à ses lois. Ces deux résistances se retrouvent dans la vie et dans l'étude des groupes.

La *fantasmatisation,* ou activité de fomentation fantasmatique dans l'appareil psychique individuel, se trouve particulièrement stimulée entre deux ou trois personnes par l'amour ou par une profonde amitié ; entre un plus grand nombre, par des activités communes comme la discussion libre ou l'improvisation dramatique (à condition que ces activités fassent l'objet, pour les intéressés, d'un enjeu personnel important) ; et, entre ces deux séries, par un type de situations dont l'hypnose, la psychanalyse, la relaxation représentent les variantes les plus connues. Quant à la société, elle fournit de grands stimulants de la fomentation fantasmatique, l'art, la religion, la science, qui présentent la particularité de pouvoir exercer cet effet aussi bien sur un individu seul que dans de vastes situations collectives. Toute rencontre vécue comme authentique ou intense entre deux ou plusieurs êtres humains, éveille, mobilise, active chez les intéressés leurs fantasmes personnels, conscients et inconscients. La fantasmatisation est une activité du préconscient ; elle articule représentations de choses et représentations de mots selon des relations complexes (Freud a décrit le déplacement, la condensation, la figuration, le renversement en son contraire ; Bernard Barrau ([1]) a montré qu'elle opère ainsi sur le modèle du langage enfantin). Elle est nécessaire à la santé psychique par la décharge pulsionnelle régulière qu'elle apporte et par la circulation de sens intra-psychique et inter-individuelle qu'elle permet. Elle intervient dans le rêve nocturne, la rêverie éveillée, le trait d'esprit, le travail psychique du deuil et celui de la création. Elle est pauvre ou quasi absente dans l'immaturité affective, les états limites, le caractère psychosomatique. La capacité de fantasmer est un des traits importants du Moi. C'est en stimulant cette capacité que les méthodes de groupe peuvent avoir des effets individuels positifs, notamment sur le développement de la créativité.

Il n'y a que des *fantasmes individuels* et c'est un abus de langage, dénoncé par Roger Dorey (1971), que de parler d'un fantasme de groupe ou d'un fantasme commun. Le petit enfant devient un sujet quand le fantasme acquiert chez lui une organisation définitive : le fantasme inconscient est ce qui opère l'individuation. Rien d'étonnant à ce que les groupes de formation ou de psychothérapie dans lesquels l'individu se sent particulièrement mis en question mobilisent ses fantasmes individuels. Plus généralement, dans toute rencontre qui compte entre deux ou plusieurs êtres, le sujet humain ou bien se replie sur lui-même pour protéger son identité menacée et ses fantasmes personnels inconscients, ou bien met en avant un de ces fantasmes pour faire entrer l'autre ou les autres dans le jeu de celui-ci. Un groupe se trouve paralysé dans ses actions ou ses débats si plusieurs fantasmes individuels luttent entre eux pour s'imposer comme centre d'intérêt du groupe. L'unité apparente d'un groupe peut se faire dans la coalition défensive contre tel fantasme individuel, dont par exemple un bouc émissaire ou un déviant est fait le porteur. Il arrive aussi qu'on observe alors des phases parfois très longues de discussions abstraites, de querelles de personnes, d'arguties, de rationalisations, d'analyses psychologiques sauvages, voire de montées de violence. L'opposition entre deux sous-groupes peut également provenir de l'antagonisme fantasmatique des individus qui en sont les éléments moteurs.

Qu'est le fantasme individuel, à le prendre, pour le moment du moins, dans son acception freudienne ([2]) ? C'est un scénario imaginaire qui se joue entre plusieurs personnes, le sujet étant généralement présent dans la scène

([1]) Communication personnelle.

([2]) Freud décrit le fantasme au niveau de la symbolisation secondaire, elle-même consécutive à l'érotisation de la pensée et au cheminement vers le complexe d'Œdipe. Mélanie Klein amène à tenir compte d'éléments fantasmiques qui sont des représentants pulsionnels moins élaborés et qui relèvent de la symbolisation primaire.

à titre de spectateur et non d'acteur. Il en ressort que le fantasme a une *organisation groupale interne*. Dans sa conduite, dans ses symptômes, dans ses rêves nocturnes, le sujet tente d'accomplir ce scénario. Les positions qu'il fait occuper aux autres et à lui-même sont permutables ; le déroulement du scénario peut comporter des variantes ; sa structure reste la même. Chaque personnage du scénario résulte d'une ou plusieurs identifications à des personnes réelles importantes de l'entourage et d'une ou plusieurs figurations de processus psychiques internes qui se trouvent ainsi personnifiés : l'appareil psychique utilise les identifications-projections de l'individu pour lui rendre représentables les instances psychiques et les pulsions qui œuvrent en lui et pour dramatiser leurs rapports et leurs conflits. René Kaës (1976 *d*) a fait à partir de là l'hypothèse d'une homologie entre l'organisation groupale interne du fantasme et la situation groupale où certains membres servent à d'autres tantôt de repères identificatoires et tantôt de supports projectifs pour leur topique subjective et leurs pulsions. Nous sommes d'accord avec lui pour voir, dans cette organisation groupale interiorisée du fantasme individuel, ce qui fonde la possibilité du phénomène que nous allons examiner maintenant : la résonance fantasmatique. D'ailleurs, l'homologie de l'appareil psychique groupal avec l'appareil psychique individuel est réversible : lorsque Freud a élaboré la seconde topique, il a conçu le jeu des instances (Ça, Moi, Surmoi) dans l'appareil psychique individuel comme un groupe interne.

Un premier organisateur psychique inconscient du groupe : le fantasme individuel

La *résonance fantasmatique* est le regroupement de certains participants autour de l'un d'eux qui a donné à voir ou à entendre, à travers ses actes, sa manière d'être ou ses propos, un de ses fantasmes individuels inconscients. Regroupement veut dire non pas tant accord qu'intérêt, convergence, écho, stimulation mutuelle. En tant qu'il est porteur d'un désir refoulé, un fantasme suscite chez celui devant qui il se dévoile l'horreur, la fascination ou l'indifférence, selon qu'il éveille, chez ce témoin qui se sent invité à y devenir acteur, une violente condamnation par le Surmoi, ou un désir analogue jusque là resté latent mais prêt à flamber en cas de sollicitation, ou enfin d'efficaces mécanismes de défense, en particulier de dénégation. André Missenard (1971), à qui je dois l'idée de ce premier organisateur, a décrit ainsi l'émergence et le développement de la résonance : « Le discours du groupe peut être entendu comme la mise en scène et en paroles du fantasme de celui qui en est le « porteur », auquel les autres membres du groupe — du moins certains d'entre eux — donnent la réplique. Plus précisément, chacun des protagonistes occupe une des positions individuelles incluse dans le scénario fantasmatique du porteur.

« Cela est possible pour deux motifs : d'une part les grands thèmes de l'inconscient sont en petit nombre ; d'autre part chaque humain en a franchi — inévitablement et à sa propre façon — le défilé. [...] Les échanges se développent avec ceux des autres participants qui sont sensibles au thème qui y est inclus, et à sa problématique. Ainsi peuvent-ils aisément prendre l'une des « places » que le fantasme comporte. Ceux qui restent silencieux sont cependant présents, mais comme « spectateurs-auditeurs ». Ainsi ils s'identifient à ceux qui actualisent le fantasme, par un pôle de celui-ci, ou par l'autre ; cela par une identification au désir de l'autre ou à la défense contre ce même désir. »

Comme Missenard le conclut, c'est alors un fantasme individuel inconscient qui devient « organisateur » du fonctionnement du groupe. J'aimerais préciser, en me référant à la succession, décrite par Spitz, des organisateurs de la vie psychique chez le petit enfant, qu'il s'agit là d'un *premier organisateur de la vie de groupe*. Spitz, on le sait, distingue trois organisateurs psychiques successifs chez le petit enfant : à trois mois, le sourire à la personne humaine, qui marque le passage de la réception sensorielle passive à la perception active, avec élaboration du pré-objet et du pré-Moi et l'ébauche des relations sociales ; vers huit mois (datation qui a été mise en question depuis), l'angoisse devant le visage étranger, ou angoisse de perte de l'objet d'amour, avec la différenciation du mien et du non mien, la structuration du Moi dans des frontières avec le Ça et avec la réalité, l'accès à l'intégration et à l'adaptation ; vers quinze mois, le recours au non, par le geste et le mot, condition d'acquisition de la parole, de la négation, du jugement, de la communication à distance.

L'effet de « résonance inconsciente » dans les groupes psychothérapiques a été dénommé ainsi pour la première fois par Foulkes (1948) et il est, depuis, passé dans le langage courant de la psychanalyse appliquée au groupe. L'analogie avec le phénomène physique de la résonance est nette. La résonance acoustique a été découverte vers 1450. Helmholtz en 1862 a généralisé le concept après avoir remarqué que le même phénomène se produisait en optique, en électro-magnétisme, etc., c'est-à-dire partout où il y avait vibration. Un système physique peut être mis en vibration même avec une fréquence très éloignée de sa (ou de ses) fréquence naturelle ; cet effet reste faible mais il croît à mesure que la fréquence excitatrice se rapproche d'une fréquence naturelle et il atteint, par continuité, une très grande amplitude de vibration (amplitude de résonance) lorsqu'on se place exactement à l'une des fréquences naturelles (fréquence de résonance) : le système est dit alors « en résonance » (définition empruntée au dictionnaire Robert). Le fantasme inconscient correspondrait donc à une des « fréquences naturelles » d'un individu et, quand un fantasme actif chez un sujet met en oscillation chez un autre un fantasme similaire, complémentaire, antagoniste ou contigu, il le fait « vibrer » avec une amplitude qui tend vers le maximum. Ce ne sont là évidemment que des métaphores.

C'est Ezriel (1950, puis 1966) qui a précisé que cette résonance était de nature fantasmatique. Selon lui, dans une cure aussi bien individuelle que de groupe, les pensées et les attitudes du patient se manifestent sous forme d'un désir d'établir des relations d'objet particulières avec le psychanalyste dans l'ici et le maintenant. Ceci provient du besoin de trouver une issue aux conflits inconscients non résolus en liquidant la tension qu'ils créent chez l'intéressé. Dans la vie, dans le groupe, dans la cure individuelle, le transfert est un des efforts que fait le patient pour établir de telles relations avec son entourage. Quand plusieurs personnes se rencontrent, chacune tend à projeter son objet fantasmatique inconscient sur les autres et essaie de les faire agir en accord avec elle. Si cela correspond à leurs propres fantasmes, les autres joueront le rôle attendu, et si suffisamment de membres du groupe trouvent ainsi entre eux suffisamment de réponses mutuelles au niveau fantasmatique, une « tension commune au groupe » s'établira, à moins qu'une majorité de participants ne se coalisent pour utiliser des mécanismes de défense inconscients contre cette tension. Ce que, toujours selon Ezriel, le groupe-analyste doit chercher à comprendre, c'est « ce que l'attitude et les pensées d'un membre du groupe signifient pour les autres et comment chacun réagit de façon spécifique au problème commun du groupe ». Ses interprétations portent soit sur le problème latent, révélé par le contenu manifeste des discussions, et qui est le « dénominateur commun des fantasmes inconscients des membres du groupe », soit sur les résistances à l'établissement d'une tension commune au groupe, par exemple sous forme d'un silence général, de récits autobiographiques circonstanciés, de discussions oiseuses sur le métier ou la littérature, de plaisanteries, de refus de parler devant les autres ou de prises de parole à leur place.

Cette théorie de la résonance fantasmatique intra-groupe fonde une technique de la psychanalyse de groupe. L'interprétation porte sur la seule situation ici et maintenant (alors qu'en psychanalyse individuelle elle rattache le présent au passé de l'individu). Elle vise, non pas la problématique individuelle d'un membre, mais le dénominateur commun des fantasmes inconscients des membres ou les mécanismes de défense collectifs mobilisés contre la tension commune. Enfin elle ne prend en considération que le transfert central sur le psychanalyste (il est vrai que pour Ezriel, ainsi que pour la plupart des psychanalystes anglais kleiniens de groupe, un seul groupe-analyste suffit à mener un groupe), les transferts latéraux entre membres étant considérés comme des déplacements du transfert central.

André Missenard (1971) a fait remarquer que l'origine de la résonance fantasmatique se trouve dans la relation duelle et symbiotique entre l'enfant et sa mère et il a proposé la métaphore du plasmodium pour essayer de cerner sa trame faite à la fois des désirs communs des participants qui les ont conduits à être ensemble et du désir du moniteur ou de celui qui a pris l'initiative de réunir le groupe, et sur le fond de laquelle se déroulent les processus et les épisodes groupaux : « A ce niveau de son fonctionnement, le groupe peut être décrit comme ce tissu vivant particulier appelé plasmodium, composé d'un ensemble de noyaux au sein d'un cytoplasme unique. On peut représenter le groupe comme oscillant entre cette image de lui et une autre, celle d'un tissu fait d'un assemblage de cellules différenciées, chacun ayant une certaine unité ». Ainsi un premier organisateur psychique inconscient du groupe vise à constituer un appareil psychique groupal à partir d'un appareil psychique individuel. Il répond donc à cette tendance à l'isomorphie dont René Kaës (1976 d) a trouvé qu'elle est une des deux tendances constitutives de l'appareil psychique groupal et qui aboutirait, à la limite, au groupe psychotique, avec fusion des appareils psychiques individuels dans l'appareil groupal. Les organisateurs suivants du groupe obéissent à la seconde tendance ; ils vont dans le sens d'une homomorphie croissante. Par cette expression, Kaës entend que l'appareil groupal s'étaie sur l'appareil psychique individuel mais en se différenciant de lui.

Lorsqu'un groupe s'organise de façon manifeste autour du fantasme inconscient d'un de ses membres, qu'est-ce que cela suppose quant à sa structure latente ? Selon moi, les autres membres délèguent inconsciemment à celui-ci la double fonction nécessaire et difficile de former des compromis entre le Ça, le Surmoi et la réalité, ils se déchargent sur l'appareil groupal de la prise en charge des conflits de leurs appareils psychiques individuels ; l'individu qualifié justement de central, est mis en position d'être le Moi du groupe : le leader est alors un arbitre.

Où peut-on trouver des exemples de groupes ayant fonctionné autour de ce premier organisateur ? Dans le même article de 1971, Missenard résume l'observation d'un groupe qui s'est un temps organisé autour du fantasme de revendication phallique d'une participante, Dominique. Le groupe de Cythère (ou du « Paradis perdu ») que j'ai cité à propos de l'illusion groupale (p. 69), s'est organisé durablement autour du fantasme d'omnipotence narcissique de Léonore : l'idéologie triomphante d'une égalité absolue entre les membres de ce groupe correspond bien à une tendance prédominante à l'isomorphie. Par contre, l'échec de ce premier organisateur entraîne des risques de décompensation chez le porteur du fantasme individuel avec lequel le groupe refuse finalement de fusionner : les fantasmes de casse ne sont pas par hasard la contrepartie de l'illusion groupale.

Le fantasme individuel inconscient opère également dans des groupes naturels, quand, par exemple, une entreprise économique, un organisme social, institutionalisent le fantasme de leurs fondateurs. Nombre d'organisations apparaissent, même aux yeux de l'observateur le moins informé, fonctionner à l'image de la personnalité de leur leader. Un dirigeant qui réussit est celui qui, tout en contribuant efficacement à résoudre les problèmes concernant le secteur de la réalité extérieure auquel son organisation est confrontée, exerce une large et forte résonance fantasmatique à l'intérieur de celle-ci. De graves difficultés surgissent quand il y a discordance fantasmatique entre le *leader* officiel et le groupe (c'est alors que surgissent les *leaders* informels) ou quand le fondateur disparaît, laissant son organisation vidée en quelque sorte de sa circulation fantasmatique habituelle. Par contre, dans les groupes occasionnels de formation, ce premier organisateur du fonctionnement du groupe est généralement moins stable. Les incompatibilités et les revendications fantasmatiques s'affirment vite : un fantasme individuel qui devient à un moment donné le centre d'attraction d'un groupe barre la route, de ce fait même, à la mise en circulation de ceux des autres fantasmes individuels qui ne sont pas entrés en résonance avec lui. Dans un groupe où tous les membres sont égaux quant à leur statut de membre de ce groupe, la prévalence constante de l'un d'eux sur le plan fantasmatique, où se situe précisément l'enjeu profond de ce type de groupe, n'est ni supportable ni supportée. Il lui faut chercher un autre organisateur.

Un second organisateur : l'imago

Bion nous met sur la voie, à condition de repenser sa notion de présupposés de base inconscients, instantanés et communs à tout le groupe à un moment donné. Son apport s'inscrit dans la suite de Freud, qui montrait comment les membres d'une collectivité trouvent leur unité, chacun substituant à son Idéal du moi une même image idéale, celle du chef. Pour Freud c'est non pas le fantasme prévalent d'un individu mais l'*imago* du chef qui assure le lien groupal. L'imago appartient au même ordre de réalité inconsciente que le fantasme, mais à deux importantes différences près. Premièrement le fantasme est une représentation d'action — d'une action impliquant plusieurs protagonistes personnifiant des pulsions et des mécanismes de défense — tandis que l'imago est une représentation de personne, représentation contribuant à constituer les instances psychiques régulatrices du Moi, que sont le Surmoi, l'Idéal du Moi, le Moi idéal. Deuxièmement, le fantasme se construit au cours du développement psychique de l'individu. L'imago, du moins pour Freud, se serait historiquement construite au cours du développement de l'espèce et préexisterait en l'enfant, dès la naissance, sous forme potentielle. D'où le caractère universel des imagos et leur prédisposition à fournir aux groupes, aux collectivités, aux organisations leur unité psychique profonde. D'où également, à une réserve près que nous verrons plus loin, la plus grande stabilité que l'organisateur imagoïque confère au groupe : une même imago peut trouver un support sur plusieurs individus successifs et le groupe à fondement imagoïque peut survivre plus facilement au changement de leader que le groupe organisé autour du fantasme d'un individu. Ainsi l'imago est-elle un second organisateur du groupe.

Bion, sous le nom de présupposé de base, a en fait développé l'intuition freudienne de l'*imago*. Le premier présupposé de base est en effet celui de la dépendance : le groupe désire dépendre d'un chef, dont il reçoit protection, aide et soins — sous-entendu d'un chef juste, puissant et aimant comme l'est le père bon dans la première face de l'*imago* paternelle décrite par Freud. Le second présupposé de base, celui d'attaque-fuite, correspond à l'autre face, également décrite par Freud, de l'*imago* paternelle — *imago* bivalente comme sont toutes les *imagos* —, celle du père égoïste, sévère et cruel que l'enfant, plein de ressentiment, a envie d'agresser mais qu'il a en même temps envie de fuir à cause des terribles menaces qu'il lui a entendu proférer. Il est évident que derrière cette double *imago* paternelle — la seule décrite par Freud — se profile, dans l'esprit de Bion qui est un disciple de Mélanie Klein, l'*imago* clivée de la bonne et de la mauvaise mère. Ces deux imagos, toutefois, ne sont pas, pour Mélanie Klein, innées : elles se construisent au moment de la position paranoïde-schizoïde, et c'est autour d'elles que se joue la vie psychique du petit enfant pendant le deuxième trimestre d'existence. Ce sont ces *imagos,* dont le père est ensuite investi, qui sont ravivées chez les participants par la situation de groupe non directive.

Quoique cela reste implicite dans les textes de Bion sur le groupe, il semble bien que la dépendance corresponde à la forme primitive de la *libido,* c'est-à-dire au *lien* du nourrisson à l'égard du bon sein dont il reçoit tout ce qu'il y a de bon en lui (nourriture, soins, guérison), et que l'attaque-fuite corresponde à la forme primaire de la pulsion de mort, c'est-à-dire à l'*envie* destructrice du mauvais sein frustrant et destructeur. L'une et l'autre seraient donc des représentations de l'objet partiel visé par la pulsion dès que se constitue la première ébauche de l'appareil psychique.

Les difficultés commencent avec le troisième présupposé de base, celui du couplage. D'une part, en effet, Bion le caractérise par un duo séducteur supposé par le groupe se dérouler entre deux participants et par un sentiment d'espoir messianique chez les spectateurs tacites de ce duo : alors que le *leader,* dans les deux autres présupposés de base, préexiste au groupe et est visé par la dépendance ou par l'attaque-fuite, ici le *leader* est à venir (et il faut que son attente ne soit pas comblée et que sa venue reste à l'état d'espoir). D'autre part, Bion rattache ce présupposé de base au complexe d'Œdipe précoce telle que l'a décrit Mélanie Klein et laisse entendre qu'il s'agit là d'un fantasme de parents combinés : or Mélanie Klein a décrit ce fantasme comme un des plus terrifiants pour le tout-petit et l'on voit mal comment accorder un contenu latent aussi anxiogène avec un contenu manifeste dominé par l'espoir.

La difficulté est de décider si nous avons encore à faire à une *imago* (*imago* des parents combinés, de la femme au pénis, de la mère phallique ?) ou à des fantasmes, mais plus archaïques que ceux étudiés par Freud, auquel cas il conviendrait, comme nous allons le voir, de transférer ce troisième présupposé de base dans une catégorie différente des deux premiers.

C'est Jung, rappelons-le, qui fut le premier utilisateur du mot et de la notion d'*imago* en psychologie. Il lui assignait trois domaines : paternel, maternel, fraternel. J'ai, dans le chapitre 5, montré par exemple que la fantasmatique orale collective résultait d'une organisation du groupe autour de l'*imago* de la mère alternativement bonne et mauvaise. Au chapitre 9 A, j'ai expliqué les difficultés de fonctionnement d'un groupe réel (le comité de direction d'une entreprise) par les conflits suscités en chaque membre et entre eux par la présence massive d'une *imago* paternelle.

L'inventaire des *imagos* reste une question ouverte. L'existence d'une *imago* maternelle ou paternelle double, bonne et mauvaise (objet d'ambivalence), ne fait aucun doute. Faut-il ajouter à cette liste une *imago* de la mère phallique ? La mère phallique et la mauvaise mère sont incontestablement deux réalités psychiques différentes par leur contenu et leurs effets. Mais la première me semble être plutôt un fantasme originaire qu'une *imago*. La notion d'imago fraternelle demanderait par contre à être prise en considération : Béjarano (1974) s'est employé avec succès à l'étudier dans le groupe large sous le nom d'*imago* sociétale.

Ce second organisateur tend à assurer au groupe un état d'équilibre entre la tendance à l'isomorphie et celle de l'homomorphie. Le dégagement suffisant par rapport à l'isomorphie lui permet de passer du clivage à l'ambivalence, de développer la dépendance et la contre-dépendance, de différencier réalité extérieure et réalité intérieure, de délimiter l'appareil psychique groupal dans des frontières qui ne sont plus identiques à celles de l'appareil psychique individuel. Ce fonctionnement illustre particulièrement l'articulation, indiquée dans l'Introduction au présent ouvrage, entre l'organisation et la structure. L'imago émerge comme organisateur manifeste du groupe quand la structure latente de l'appareil groupal est marquée par la prédominance d'une des instances régulatrices de l'appareil psychique individuel : Idéal du Moi (cf. les collectivités évoquées par Freud), Moi idéal (le groupe de Cythère, cité au chapitre 4, et qui s'est stabilisé ainsi autour de Léonore), Surmoi (cf. le groupe d'Alex, au chapitre 9 B). André Missenard a, autre exemple, attiré l'attention sur le sacrifice rituel d'un coéquipier objet-idéal au cours des séminaires du CEFFRAP. L'homomorphie reste ainsi seulement ébauchée.

Une imago peut assurer de façon durable l'unité d'un groupe, mais la bivalence des *imagos*, que Freud a été le premier à signaler, favorise des retournements imagoïques, souvent brusques (en général, *l'imago* bonne devenant mauvaise), et qui entraînent des remous, des désordres ou des transformations dans l'organisation interne et le fonctionnement du groupe.

Un troisième organisateur : les fantasmes originaires

Les *imagos* ne sont pas les seules représentations psychiques inconscientes communes à l'humanité. Parmi les fantasmes individuels inconscients, certains sont assez semblables chez tous les humains parce qu'ils répondent à des questions que les enfants se posent, du moins à partir d'un certain moment, plus tardif pour Freud, plus précoce pour Mélanie Klein, de leur développement. Ces questions portent sur les origines et ces fantasmes ont été pour cette raison dénommés originaires. *Les fantasmes originaires constituent un troisième organisateur du groupe.*

Laplanche et Pontalis (1964) ont proposé de ceux-ci la classification structurale suivante. Ces fantasmes se rapportent :
— aux origines de l'individu : ce sont les fantasmes de vie intra-utérine, d'enfant à naître dans le sein-ventre de la mère, de coït des parents, autrement dit de scène primitive ou originaire (à mon avis, d'ailleurs, les fantames de vie intra-utérine et de scène primitive constituent deux catégories distinctes) ; ces fantasmes sous-tendent les théories sexuelles infantiles en fournissant les éléments de réponse à la question de l'enfant sur les origines des enfants :
— aux origines de la différence des sexes : ce sont les fantasmes de castration, l'enfant n'imaginant qu'un seul sexe, le pénis, dont la préservation aléatoire ou la suppression brutale définissent à ses yeux respectivement les hommes et les femmes ;
— aux origines de la sexualité : ce sont les fantasmes de séduction, les émois sexuels éprouvés par l'enfant étant expliqués par lui comme l'effet de la séduction exercée à son égard par l'objet de son désir.

J'ai donné des exemples de fantasmes intra-utérins à propos de l'espace imaginaire du groupe large ; j'ai évoqué notamment l'exploration symbolique de l'image de l'intérieur du corps de la mère (cf. p. 172).

Le fantasme de scène primitive s'observe sous bien des formes. Scaglia, dans son article sur les « Couplages » (1976 *b*), a montré que la situation à trois, moniteur, observateur, groupe, permettait toutes les permutations possibles de ce fantasme. L'observateur peut en effet se vivre et être vécu comme le tiers exclu du commerce du moniteur avec le groupe. Mais il arrive peut-être encore plus souvent que le groupe se sente, non sans quelque raison, dédaigné et délaissé par le moniteur et l'observateur, trop absorbés dans leurs propres échanges. Scaglia cite enfin une observation où l'observateur, par le contre-transfert inconscient qui émanait de lui au cours des réunions et par de brefs contacts avec les participants au cours des pauses, était entré en connivence avec le groupe et s'était détourné d'un échange vrai avec le moniteur, ainsi abandonné à l'impuissance à comprendre. Dans le groupe large, ce sont les réunions internes de l'équipe des moniteurs qui sont fantasmées comme un coït collectif ou comme une scène de parents combinés, ce qui pousse les participants à venir les épier (en entrouvant la porte ou la cloison) ou les déranger. Bion (1961, p. 112) va même jusqu'à penser que les trois présupposés de base « émergent comme des formations secondaires d'une scène primitive très ancienne », associée aux angoisses psychotiques et aux mécanismes de défense des positions paranoïde-schizoïde et dépressive.

Le fantasme de castration prend dans les séminaires de formation une forme assez spécifique que j'ai décrite plus haut, au chapitre 6, comme étant les fantasmes de casse et qui réunit l'angoisse phallique de castration et l'angoisse orale de séparation du sein. Comme c'est généralement le cas des fantasmes originaires dans les groupes, les fantasmes de casse sont tus au début et péniblement exprimés au bout de plusieurs séances. L'affrontement à ces fantasmes est un risque que doit nécessairement encourir le sujet se formant dans une situation groupale, mais ce risque est inconsciemment vécu comme celui d'un accomplissement « réel » de la menace. La dynamique, au sens psychanalytique, du groupe se joue en effet entre les deux pôles de l'accomplissement imaginaire du désir (les participants vont au groupe comme on entre en rêve) et de l'accomplissement imaginaire de la menace (une fois le groupe commencé, ils vivent la situation comme une machination perverse et comme une machinerie persécutive : cf. l'analyse donnée au chapitre 7 du fantasme du groupe-machine). Dans les groupes de psychodrame, les fantasmes de castration primaire peuvent s'exprimer par des thèmes de bébé infirme à la naissance ou d'enfant privé de la possibilité de la marche ou de la parole.

Quant aux fantasmes de séduction, il me semble bien qu'ils correspondent au troisième présupposé de base, celui du couplage selon Bion. Le fantasme du groupe-machine, auquel j'ai consacré le chapitre 7, illustre bien le passage, dans un groupe, de la persécution par l'*imago* de la mauvaise mère à un fantasme originaire de séduction.

Les fantasmes originaires se trouvent mobilisés également chez les moniteurs et l'analyse inter-transférentielle leur est nécessaire quand ces fantasmes dominent trop fortement leur contre-transfert.

Avec les fantasmes originaires, l'appareil psychique groupal acquiert des systèmes d'opposition plus élaborés et plus divers que la bivalence introduite par l'*imago* : par exemple contenant-contenu (fantasmes intra-utérins), acteur-observateur (fantasmes de scène primitive), actif-passif (fantasmes de castration), initiateur-initié (fantasmes de séduction). Ce sont ces différences que tente de nier l'illusion groupale (cf. chapitre 4) : je l'ai pour cette raison considérée comme un contre-fantasme originaire. Le groupe organisé autour d'un fantasme originaire admet des différences entre ses membres puisqu'il est assuré d'avoir en commun quelque chose de définitif, qui est l'origine. Les appareils psychiques individuels sont reconnus dans leur autonomie relative et dans leur transitivité avec les autres appareils individuels. Ils peuvent occuper, sur les différents vecteurs physiques de l'appareil groupal, des positions antagonistes, symétriques, complémentaires. Des identifications sont acceptées, d'autres, refusées. Des codes d'échange et des codes de classification des réalités internes et externes s'ébauchent. C'est avec ce troisième organisateur que dans le groupe, la tendance à l'homomorphie contrebalance le plus la tendance à l'isomorphie. Du point de vue des rapports de l'organisation et de la structure, l'organisation groupale autour d'un fantasme originaire me semble répondre à une structure de l'appareil psychique groupale où la prévalence de telle ou telle instance psychique n'est plus établie de façon fixe et permanente : des individus différents peuvent, selon la conjoncture et selon les particularités de leur topique subjective, occuper dans le groupe des positions différentes qui représentent une certaine variété, et variabilité, de pulsions, de mécanismes de défense, de modes de perception de la réalité, de règles et de valeurs.

Le complexe d'Œdipe, organisateur spécifique du groupe familial ou méta-organisateur groupal ?

Sigmund Freud a, entre 1895 et 1900, inventé la psychanalyse en confrontant les observations de ses patients hystériques et obsessionnels à l'auto-analyse de ses rêves. Aussi n'est-il pas étonnant que sa première théorie ait concerné seulement l'appareil psychique individuel (le conscient, le préconscient, l'inconscient). Trois facteurs l'ont ensuite conduit à prendre en considération le rôle joué par l'inconscient dans la vie collective :

a) les travaux des sociologues sur le totémisme, la horde primitive, les foules ;

b) l'expérience de la vie de groupe et des conflits avec ses premiers disciples et entre ceux-ci au sein des institutions psychanalytiques naissantes ;

c) enfin, le souvenir, retrouvé au cours de son auto-analyse, de la vie de groupe intense et riche pendant les trois premières années de son existence à Freiberg. Là, entre 1856 et 1859, trois familles vivaient en symbiose : celle de Jacob Freud, dont Sigmund était le fils aîné : celle de son demi-frère Emmanuel, son aîné de vingt ans, né d'un premier lit du père ; et celle du serrurier Zajíc qui louait à Jacob dans sa maison une chambre et une boutique : à cette dernière famille appartenait Nannie, la nurse qui élevait Freud. Entre 1912 et 1922, la double intuition fondamentale de la solidarité mais aussi de l'ambivalence des membres d'un groupe entre eux fait en quelque sorte retour dans la pensée de Freud à partir d'un fond personnel très ancien et elle contribue au remaniement de sa première théorie de l'appareil psychique.

Totem et Tabou (1913-4), écrit à l'occasion des démêlés qui aboutirent à exclure Jung du mouvement psychanalytique, généralise la découverte contenue dans *l'Interprétation des rêves* (1900) : le complexe d'Œdipe ne se trouve pas seulement au cœur du conflit névrotique ; il constitue aussi le noyau de l'éducation et de la culture.

L'apport essentiel de Freud réside dans un mythe qu'il a inventé et qui depuis s'est avéré être souvent présent à un moment ou à un autre dans les groupes restreints comme dans les vastes collectivités. A l'origine aurait existé la horde primitive, dirigée par un Vieux, tyran brutal se réservant pour lui la possession des femelles et chassant ses fils en âge de devenir ses rivaux. Les frères s'unissent un jour pour procéder ensemble au meurtre du Père et au festin où ils se partagent son corps, ce dont nul d'entre eux ne peut s'excepter. Cette communion totémique réalise l'identification au père mort, redouté et admiré, c'est-à-dire devenant la loi symbolique. Cette identification et cet accès à la loi fondent la société comme telle, avec sa morale, ses institutions, sa culture. Les deux premiers tabous : ne pas tuer le totem (substitut du père), ne pas se marier avec des parents (tabou de l'inceste), constituent la transposition sociale du complexe d'Œdipe. Le meurtre du père fondateur est un travail psychique interne que tout groupe a à effectuer sur le plan symbolique (et quelquefois sur le plan réel) pour accéder à sa propre souveraineté et devenir son propre législateur. L'interdit de l'inceste est la loi qui, en réglant les rapports entre les sexes et les générations, fonde la vie sociale. Le meurtre collectif du père, supposé réel à l'origine, symbolique ensuite, rend possible, chez les membres d'une communauté, l'idéalisation du disparu, aimé et haï, et l'intériorisation de son image, qui devient alors le soubassement de ce que Freud appellera dix ans plus tard le Surmoi (plus précisément le Surmoi régulateur post-œdipien).

La loi commune commence avec l'interdiction de tuer son semblable — la définition du semblable pouvant être plus ou moins large ou restrictive selon les civilisations et selon les conjonctures. Pointons au passage le souci constant des collectivités et des groupes de pourchasser de leur sein l'hétérogénéité, ressentie comme une menace envers leur cohésion : les différences sont censées être source de différends. Les reconnaître et les tolérer, au lieu de les redouter et de chercher à tout prix à les réduire peut constituer sur ce point un résultat possible du travail psychanalytique dans les groupes.

Dans cette perspective freudienne, le complexe d'Œdipe, noyau psychique de la culture et de la socialité, comme il l'est de l'éducation et de la névrose, serait plus qu'un quatrième organisateur inconscient des groupes. Pour reprendre une expression de René Kaës, il apparaîtrait comme un méta-organisateur, ou, si je me réfère à ma distinction de la structure et de l'organisation, les trois organisateurs précédents (le fantasme individuel, l'imago, les fantasmes originaires) assureraient l'organisation fantasmatique de la vie groupale tandis que le complexe d'Œdipe en fonderait la structure topique. L'observation n° 2 sur les perturbations dans un groupe organisé par l'imago paternelle (cf. chapitre 9 A) en a apporté une illustration. Le comité de direction de l'entreprise en question avait été imaginairement organisé d'abord autour du fantasme individuel de son fondateur, puis autour d'une imago paternelle omnisciente et providentielle étayée sur la figure de ce chef, qui, dans la réalité, était de plus en plus dépassé par l'évolution de l'entreprise et du contexte économique et par sa méconnaissance des problèmes financiers. Bien que mis à la retraite, le « Vieux » continuait d'alimenter, par sa proche présence, par ses interventions, cette imago à laquelle la majorité du personnel restait attachée car elle assurait l'organisation inconsciente de leur collectivité. C'est en traversant une crise « œdipienne » (limitée à sa dimension « parricide ») que les cadres supérieurs et leur ancien patron purent dépasser cette organisation imaginaire inappropriée à la conjoncture et tenter (pour une durée qui s'avèrera provisoire faute d'avoir su mettre en place aux postes qu'il fallait les hommes aptes à fonctionner selon la nouvelle structure) d'instaurer une restructuration topique centrée sur un Moi de groupe ayant suffisamment intégré le Surmoi commun. Le mythe du meurtre du père, revécu symboliquement là, a permis de décoller la structure topique du groupe de son organisation imaginaire.

J'ai donné ailleurs (D. Anzieu, 1976 *a*) l'exemple d'une équipe de moniteurs de groupes dans laquelle j'ai joué pendant tout un temps un rôle central. Tant qu' « Œdipe *(y)* était supposé conquérir le groupe », une créativité collective put s'y développer par l'organisation de séminaires de formation psychologique d'un type nouveau, et une moitié environ des membres firent des découvertes théoriques ou cliniques en matière de psychanalyse groupale. Les deux interdits post-œdipiens étaient implicitement respectés dans ce groupe : interdiction des luttes fratricides (ce qui amenait chacun à s'intéresser à un morceau particulier de la vie groupale inconsciente sans empiéter sur les morceaux des autres), interdiction des rapports sexuels entre les membres de l'équipe (les rapports homosexuels étant plus fortement écartés encore que les rapports hétérosexuels), ce qui obligeait chacun à séparer ses investissements privés des investissements collectifs. Les désirs œdipiens pouvaient être ainsi déplacés sur le plan du savoir : aller plus loin que Freud, conquérir le groupe comme corps imaginaire de la mère ou comme organe stimulateur et fécondateur du père faisaient des membres du groupe des Œdipe à la fois triomphants et anthropologues. Avec le recul je peux maintenant préciser dans quelles circonstances la créativité diminua dans cette équipe : par suite de l'effet de saturation des découvertes effectuées trop vite et en trop grand nombre (les coéquipiers n'arrivaient plus à les digérer et ceux qui n'en avaient pas effectuées étaient mus par une envie destructrice à l'égard de leurs collègues créateurs) ; par suite aussi de la tendance croissante, non élaborée dans une réflexion commune, à constituer au sein du groupe des couples sexuels « incestueux » qui infléchissaient, voire pervertissaient les objectifs de celui-ci.

A cette hypothèse qui envisage le complexe d'Œdipe comme un organisateur groupal, on a pu opposer plusieurs objections.

Un premier argument est qu'il n'est pas nécessaire que les organisateurs psychiques soient les mêmes chez l'individu et dans le groupe. La supposition d'une identité complète ne fait qu'exprimer la tendance de l'appareil psychique groupal vers une isomorphie avec l'appareil psychique individuel. Il semblerait plus rigoureux et plus fécond de postuler au départ l'hypothèse homomorphique : les groupes ne sont composés que d'individus et ont affaire aux mêmes matériels et aux mêmes processus que ceux traités par l'appareil psychique individuel, mais ce matériel, ces processus, se combinent selon des organisations et aboutissent à des productions dont certaines sont spécifiques de la vie groupale. Des exemples ont été fournis, dans le sens d'une homomorphie croissante, par les trois organisateurs que je viens de décrire : la résonance d'un fantasme individuel, l'universalité d'une *imago,* et ce qu'on pourrait appeler la « collectivisation » d'un fantasme originaire. Le premier phénomène est spécifiquement interindividuel ; il se produit dans les relations à deux ou à plusieurs, donc notamment mais pas exclusivement dans les groupes et les institutions. Le second phénomène est propre aux foules, aux groupes formels ou informels, aux collectivités organisées. Le troisième paraît le plus spécifique des groupes informels, petits ou larges.

Un second argument tient dans un fait d'observation courante. Supposons un groupe qui ne soit composé que d'individus ayant affronté et suffisamment dépassé, chacun pour sa part, la problématique œdipienne et qui, pris individuellement, ont une conduite qui relève généralement du stade génital du développement libidinal. Il suffit qu'ils se trouvent en groupe pour qu'ils aient le plus grand mal à continuer de sentir, de réfléchir et d'agir à un niveau œdipien ou post-œdipien. Tout groupe informel, petit ou large, fournit d'ailleurs à ceux qui y participent, qui l'observent ou qui ont fonction d'interpréter, la démonstration de l'existence d'une vie psychique prégénitale. Il en va exactement de même dans les groupes institutionnels, mais le phénomène est en partie caché par le cadre institutionnel (les institutions sont une défense contre la régression prégénitale).

Je dois un troisième argument à Annie Anzieu. Le stade génital suppose acquise la reconnaissance de la différence des sexes, ce qui permet d'instaurer des relations non plus à deux mais triangulées. Or seuls les individus ont un sexe. Le groupe n'a pas, ne peut pas avoir de sexe. On connaît en effet la tendance naturelle à tout groupe de niveler la différence de sexes entre ses membres. Je n'ai constaté aucune différence fondamentale dans la dynamique inconsciente du groupe, qu'il soit composé de représentants d'un seul sexe ou des deux, et, s'il y a les deux, quelles qu'en soient les proportions respectives. Le groupe est une réalité psychique antérieure à la différence des sexes. Les liens narcissiques et les liens homosexuels inconscients y sont les plus forts — ils présentent l'avantage supplémentaire de constituer une bonne défense contre l'agressivité potentielle entre les membres —, tandis que le lien hétérosexuel est dominant dans la famille.

En effet, et c'est là un argument formulé en France par Lacan (1938) et en Angleterre par Foulkes : « la situation œdipienne est un complexe du groupe familial » (Foulkes, 1972, p. 70). Les attitudes et les sentiments œdipiens, dans les familles réelles comme dans la légende, sont le fait de tous les membres, parents aussi bien qu'enfants ; Laïos, effrayé par Œdipe nouveau-né, le fait exposer et mutiler ; Jocaste, qui a vraisemblablement reconnu son fils en Œdipe conquérant, s'unit à lui en connaissance de cause ; le complexe d'Œdipe des enfants envers les parents est souvent une réponse au complexe d'Œdipe des parents à l'égard des enfants. « Le même drame peut se centrer sur n'importe quel participant du groupe (familial) » (*ibid,* p. 59).

Organiser le groupe sur le modèle inconscient, et parfois explicite, de la famille représente une tendance antagoniste de celle qui le pousse à s'organiser autour de fantasmes individuels ou originaires ou d'imagos. Comme Freud l'a déjà remarqué, il y a dans la société un conflit entre les forces qui poussent les humains à constituer des couples et celles qui les conduisent à se grouper. Il est tout aussi vrai que les groupes informels ou institutionnels sont parmi les principaux lieux où s'effectuent les rencontres avec d'éventuels partenaires amoureux ou sexuels. Tantôt les membres d'un groupe se vivent comme frères et sœurs et l'interdit de l'inceste est explicitement posé. Tantôt la situation de groupe fonctionne comme une soupape d'échappement par rapport à la famille en incitant aux « transgressions » sexuelles et ce n'est pas par hasard ni si les communautés qui veulent les empêcher doivent établir des règles (par exemple de chasteté) assorties de sanctions, c'est-à-dire des défenses institutionnelles à leur encontre, ni s'il existe chez beaucoup d'individus des fantasmes, généralement non-réalisés, de sexualité de groupe. Dans son mythe du meurtre du père de la horde, Freud prend un exemple très particulier, celui du clan, qui est à la fois un groupe et une famille. Ce qui est l'organisateur de la famille n'est pas nécessairement l'organisateur du groupe. Peut-être serait-ce là une raison pour laquelle famille et groupe se seraient historiquement séparés à partir de la matrice indifférenciée du clan — à supposer qu'ait réellement existé au début de l'humanité un clan indifférencié. Je préfère penser que le proto-groupe-horde dont Freud a forgé le mythe représente un fantasme des origines de la vie collective, une sorte de fantasme groupal originaire.

Les groupes se servent souvent du complexe d'Œdipe comme d'un pseudo-organisateur. Est-il besoin d'ajouter qu'il s'agit là d'un pseudo-Œdipe défensif contre la régression Moïque et prégénitale et que « faire du groupe » est pour certains une façon de se donner une façade de pseudo-œdipification ?

L'hypothèse que nous venons d'émettre — celle d'une différence structurale quant à leur organisateur inconscient entre la famille et le groupe — permet de prédire une conséquence que l'on constate en effet dans la réalité : seule la famille peut faire accéder l'individu à l'organisation œdipienne ; toutefois, quand elle y a échoué, adolescents et jeunes adultes tendent à se réunir en groupes, en bandes, en communautés libres, qui peuvent parfois leur permettre de parachever une évolution œdipienne laissée en plan. Il n'en reste pas moins qu'une fois unifiés au niveau inconscient par un organisateur psychique, les groupes agissent dans la réalité en fonction des ressources intellectuelles et affectives (et aussi économiques et techniques) de leurs membres. Un groupe de travail, par exemple, accède plus facilement à l'instauration de règles communes, de la division des tâches, de l'épreuve de la réalité et d'une autorégulation, si la plupart de ses membres ont acquis, au cours de leur développement individuel, par dépassement du complexe d'Œdipe, les dispositions correspondantes.

Un mot encore sur la distinction de la famille et du groupe. Contrairement à l'hypothèse — ou au fantasme — du clan originaire indifférencié, les sociétés de singes étudiées par les éthologues et les sociétés dites primitives étudiées par les ethnologues témoignent de la coexistence d'une part d'une famille large (par opposition à la famille restreinte de la civilisation occidentale) régie par un chef et où les relations sexuelles sont réglementées, d'autre part du groupe (bande des petits, classes d'âge d'adolescents et d'adolescentes réunis séparément en vue de l'initiation, dans certains cas conseil du village se réunissant sur la place publique ou dans la case à palabres) : c'est dans la bande hétérosexuée des congénères chez les jeunes singes ou des enfants du village que s'effectuent avec une grande liberté les premières expériences relevant de la sexualité infantile. Ethologues et ethnologues à tendance psychologisante s'accordent pour décrire les bandes comme des relais, voire comme des substituts de la mère. Nous trouvons bien là l'*imago* maternelle comme organisateur du premier groupe dont chronologiquement l'individu fait l'expérience au cours de son développement.

Le *groupe psychothérapique* a un statut intermédiaire entre la famille et le groupe. En effet, comme la famille, le groupe psychothérapique mobilise chez les participants le complexe d'Œdipe. Foulkes (1972) cite plusieurs exemples de patients chez qui un conflit ou une inhibition de type œdipien envers le conjoint ont été résolus, sans toutefois avoir été exposés et traités explicitement dans le groupe, à l'occasion des affects que ces patients ont été amenés à vivre en rapport avec d'autres participants. Foulkes (*ibid.*, p. 62) rapporte même une observation où tout un groupe thérapeutique se trouve pris pendant un certain temps dans une problématique œdipienne : plusieurs patients préfèrent demander des entretiens privés au psychothérapeute pour parler de leurs problèmes ; d'autres reconnaissent leur difficulté à apporter des contributions vraiment personnelles pendant les séances, ou leur propension à ne le faire que pour se mettre en avant. Une première interprétation souligne que, cette barrière que chacun ressent en lui et qu'il a en commun avec tous, il la retrouve non seulement par rapport aux autres mais par rapport au groupe. Un peu plus tard, un patient remarque à juste titre qu'il semble que presque tous les participants ont eu des complications incestueuses dans leur vie. Une seconde interprétation peut alors rapprocher cette recherche infantile de relations intimes avec les objets parentaux des demandes d'entretiens individuels avec le psychothérapeute, et des préoccupations concernant la valeur du secret professionnel, les risques de la confidence publique et la méfiance vis-à-vis du groupe et des autres.

Foulkes précise encore que le traitement du complexe d'Œdipe individuel s'effectue dans le groupe thérapeutique *indirectement :* « Si l'on aborde par contraste la situation habituelle du groupe analytique réunissant des étrangers, un groupe par procuration ou un groupe de transfert, nous constatons que le complexe d'Œdipe n'apparaît pas souvent, si ce n'est pas du tout, ouvertement, non déguisé en termes de sexualité infantile mais qu'il opère régressivement dans le transfert par le biais de substitutions et de déplacements tardifs » (*Ibid*, p. 61). Et encore : « Les réactions œdipiennes et les névroses de transfert sont moins bien éclaircies et moins concentrées sur le thérapeute que dans la situation psychanalytique. Malgré tout, elles sont souvent suffisamment claires » (*Ibid,* p. 67). « Dans l'ensemble, j'ai l'impression que les aperçus que nous avons de la situation œdipienne conflictuelle nous parviennent dans le groupe comme la lumière d'un phare lointain, chaque patient agissant comme s'il s'agissait de son signal » (*Ibid,* p. 68).

Organisateur, pseudo-organisateur et désorganisateur

Tout ne se réduit pas à la psychologie et il existe des organisateurs économiques, sociologiques, historiques, etc., du groupe, connus ou à chercher ; les éthologistes ont même mis en évidence des organisateurs chimiques dans les sociétés d'insectes. Mais les groupes peuvent aussi chercher à se donner des organisateurs psychologiques susbtitutifs, faute d'un organisateur inconscient véritable.

Par exemple, le *fantasme* individuel peut être inconscient (il sous-tend le rêve, le symptôme, le passage à l'acte, etc.) ou *conscient* (la rêverie éveillée est une élaboration très secondaire d'un fantasme inconscient). Des groupes peuvent s'adonner à une vie fantasmatique consciente, par exemple à des rêveries éveillées collectives. J'ai cité, dans le chapitre 3 sur *l'Analogie du groupe et du rêve,* la rêverie sur les animaux en liberté dans la Camargue *(observation n° 3).* Max Pagès (1968) a rapporté l'observation intégrale du groupe de la baleine, dénommé ainsi d'après une fantaisie collective où cet animal jouait un rôle, fantaisie qui a finalement constitué l'essentiel de la vie de ce groupe. Ces rêveries sont plaisantes et appréciées des participants, mais leur effet formatif ou thérapeutique est médiocre : c'est là une tentative du groupe de fonctionner autour d'un pseudo-organisateur. Très différents sont les rêves nocturnes que des participants rapportent en groupe pendant une session (J.B. Pontalis (1972) a analysé l'évolution d'un groupe d'après tous les rêves rapportés au cours des séances par les membres) ou que les moniteurs se communiquent entre eux pendant un séminaire. Les échanges dans les groupes se situent là au niveau du fantasme individuel inconscient. La convergence, voire la similitude de ces rêves, est frappante : au cours d'un séminaire où j'ai entendu leurs récits, deux rêveurs ont par exemple la même nuit fait chacun entrer l'autre dans son rêve, renouvelant sans le savoir une expérience décrite par le romancier anglais George du Maurier dans *Peter Ibbetson* (1891). C'est là une nouvelle illustration du phénomène de la résonance fantasmatique.

Dans le groupe comme chez l'individu, le fantasme peut également apparaître comme un *désorganisateur*. Il l'est selon la nature et la massivité de l'angoisse avec laquelle il est en rapport, la contagion, propre à toute situation plurielle (couple, groupe, foule) de l'angoisse venant ajouter à la difficulté.

Le fantasme du groupe-machine traduit un débat avec l'angoisse persécutive : certains silences, avec l'angoisse de dévoration. L'illusion groupale se constitue sur un déni de la perte de l'objet d'amour ; c'est une défense collective contre l'angoisse de la perte. Les fantasmes de casse se laissent plus difficilement cerner : ils m'ont paru pouvoir s'expliquer en terme tantôt de castration imaginaire, tantôt de perte de l'objet, mais accompagnée d'une projection de l'envie destructrice. C'est dire que ces fantasmes peuvent recouvrir des niveaux d'angoisse très différents. Leur fréquence élevée provient sans doute de ce qu'ils représentent une sorte de dénominateur commun des diverses désorganisations possibles dont se sentent menacés les participants dans un groupe : aussi apparaissent-ils comme le plus grand désorganisateur commun par excellence.

Dans les groupes occasionnels de formation ou de psychothérapie, le surgissement d'angoisses et de fantasmes désorganisateurs conduit les participants à recourir à des mécanismes de défense archaïques, voire à des décompensations. Dans les groupes sociaux naturels, comme Elliott Jaques (1955) l'a vu le premier, les institutions, le cadre, le règlement, constituent des défenses collectives plus stables contre les angoisses et les fantasmes désorganisateurs. Pour comprendre ce qui fait que la résonance fantasmatique peut avoir un effet organisateur ou désorganisateur sur le groupe, il est nécessaire de recourir aux notions d'image du corps et d'enveloppe du psychisme, c'est-à-dire à l'hypothèse d'un cinquième type d'organisateur psychique inconscient.

Un cinquième organisateur : l'image du corps propre et l'enveloppe psychique de l'appareil groupal

Convient-il d'ajouter à la liste des organisateurs psychiques du groupe, comme l'ont pensé notamment R. Kaës (1976 *d*) et R. Gori (1974), une imago du corps propre ? L'hypothèse fondamentale de Freud selon laquelle toutes les fonctions psychiques dérivent par étayage de fonctions organiques ne saurait évidemment s'appliquer à l'appareil groupal. Celui-ci souffre du manque d'un corps réel et il cherche à se doter d'un corps imaginaire. En même temps, par un phénomène de multiple appui noté par Kaës, il s'articule, plus étroitement que l'appareil individuel, au « corps » social. Comme je l'ai signalé au chapitre 2, les métaphores du groupe comme « corps » et des individus qui en font partie comme « membres » visent, entre autres, à réaliser ce désir du Soi du groupe de trouver sa résidence dans un organisme vivant : un groupe n'existerait pas comme tel tant qu'il n'a pas, dit-on, un « esprit de corps ». L'appartenance à un groupe impose souvent aux membres des marques corporelles (peintures, maquillages, tatouages, scarifications, circoncision, blessures symboliques) ou vestimentaires (uniformes, badges, brassards, etc.) qui signifient la participation à un corps commun. L'essor, à partir des années 70, des méthodes de groupe fondées sur l'expression corporelle et les contacts sensori-moteurs (en réaction aux méthodes non directives et purement verbales des années 50 et 60) représente la forme moderne de cette aspiration à un groupe-corps unique doté de nombreuses têtes et de multiples membres.

Je ne suis pas sûr qu'il convienne de prendre au pied de la lettre ces métaphores. Ce sont, comme le rêve nocturne, des accomplissements imaginaires de désir. Qu'il soit allégorique ou mystique, le corps ainsi désigné comme commun n'est qu'un ersatz, un substitut prothétique d'une réalité biologique absente. Il n'y a, il n'y aura jamais dans un groupe que plusieurs corps individuels séparés, quelles que soient les tentatives physiques ou fantasmatiques, de les disposer en séries, en cercle, en rangs, de les rapprocher physiquement comme les méthodes corporelles de groupe l'opèrent, de les unir en un magma plus ou moins ordonné comme en donne une représentation le fantasme des sept souabes embrochés que R. Kaës (1974 *c*), en se référant à un conte de Grimm, a observé sur un groupe de moniteurs. R. Kaës (1971 *b*) a également vu dans la formation d'une idéologie par un groupe une tentative pour se donner un équivalent mental du corps propre.

Ces diverses constatations me donnent à penser 1°/ que l'imago supposée d'un corps propre au groupe est souvent un pseudo-organisateur ; 2°/ qu'elle répond au rêve nostalgique d'une union symbiotique entre les membres du groupe dans une matrice maternelle primitive. C'est là, avec la horde (chère aux sociologues du XIXe siècle, et lieu d'une promiscuité dans laquelle est projetée l'anarchie des pulsions partielles), un des fantasmes originaires spécifiquement groupaux, c'est-à-dire une représentation fantasmatique de l'origine des groupes.

Par contre, il y a nécessité pour l'appareil psychique, qu'il soit individuel ou groupal, de se constituer une enveloppe qui le contienne, qui le délimite, qui le protège et qui permette des échanges avec l'extérieur — ce que j'ai appelé un Moi-peau (D. Anzieu, 1974 *b*). Plusieurs auteurs ont observé des phénomènes qui vont dans ce sens.

Pierre Turquet (1974), dans une perspective kleinienne, a montré qu'à côté de la projection de l'envie destructrice à l'extérieur (sur *l'out-group* ou sur un individu, le moniteur ou le déviant, considéré comme n'appartenant pas vraiment au groupe) fonctionnait, surtout dans le groupe large, une projection dans l'intérieur (le centre du groupe symbolisant l'intérieur du corps propre en devenant le lieu du mauvais objet). Donald Meltzer (1967), autre psychanalyste anglais kleinien, avait déjà amorcé dans le même sens une découverte importante : avant les trois imagos du bon-sein qui nourrit et guérit, du mauvais sein qui frustre et détruit et du sein idéalisé fantasmé tout-puissant, omniscient et immortel, il existe un sein-toilettes (*toilet-breast,* ou encore sein-poubelle) où la fonction anale d'expulsion est au premier plan et qui constitue la représentation la plus primitive de la mère comme objet partiel. Citons le résumé que donne sur cette notion le traducteur français, Jean Bégoin : « Cette représentation est le résultat du besoin primaire d'un objet extérieur qui puisse contenir la projection de la souffrance psychique intolérable pour le Moi encore trop faiblement organisé du bébé. Le sein, sous cet aspect, est valorisé pour les services indispenpensables qu'il procure, mais il ne peut pas être " aimé " à proprement parler. Il est caractéristique de l'aspect *projectif* de la relation primitive avec la mère. L'établissement de cet objet dans la réalité psychique est nécessaire pour que l'enfant puisse renoncer progressivement à l'utilisation de l'identification projective massive avec la mère et développer le sentiment de son individualité, en même temps qu'il va peu à peu reconnaître sa relation de dépendance envers le " sein-qui-nourrit " *(" feeding-breast "),* caractéristique de l'aspect *introjectif* de la relation avec la mère. La relation projective (" sein-toilettes ") s'établit beaucoup plus facilement que la relation introjective (" sein-qui-nourrit ") en raison du déni primitif des conflits » (Meltzer, 1967, trad. fr. pp. 21-22). Pour Meltzer, c'est la résolution ou la non-résolution de la dépendance projective au sein-toilettes qui établit la frontière entre la psychose et un développement mental sain.

Ce sont des psychanalystes argentins (cf. J. Bleger, 1966) qui ont appliqué les premiers cette notion au groupe en mettant en évidence la *fonction du dépôt et le rôle du dépositaire,* dont Hector Scaglia (1976 *a*) fait l'essentiel de la position fantasmatique occupée inconsciemment par l'observateur d'un groupe dans l'esprit des participants, voire du moniteur. L'observateur d'un groupe de formation est en effet présent et muet : on peut tout dire devant lui car, d'une part, il ne le rapportera pas au-dehors (il ne s'entretient qu'avec le moniteur et en dehors des séances de ce qui se passe dans le groupe), et d'autre part, il ne renverra pas en boomerang (ce que font facilement les participants entre eux) ce qu'on a projeté sur lui de désagréable ou d'insupportable. Cela est à rapprocher de ce rôle du second d'un équipage, qui, comme Elliott Jaques l'a formulé et comme il est fréquent de le constater, est « d'encaisser la merde ». André Missenard (1971), dans son observation du cas de François-Joseph, a eu aussi recours, sous une forme sans doute moins élaborée, à la notion de dépôt : tout en attaquant François-Joseph pour son évitement trop manifestement défensif de la régression et de la libre parole auxquelles la situation invitait, la plupart des participants ont déposé en lui leurs problèmes et ont pu ensuite, en s'occupant du sien, traiter indirectement le leur. Deux autres psychanalystes argentins, Gear et Liendo (1976) ont appliqué ces vues à la compréhension de la dynamique inconsciente des familles, dont un membre est psychotique et à l'intervention psychanalytique, qui doit être globale, sur ces familles.

Cette fonction du dépôt dans un sein-toilettes, réceptacle accueillant et non réagissant, ni aimé ni haï, ni aimant ni haïssant, disponible aux détritus, aux déchets, aux saletés, capable de les tenir enfermés (comme la boîte de Pandore, dans la mythologie grecque, qui contenait sous forme de vents les principaux vices qui se sont ensuite répandus sur les humains) sans être atteint ou souillé par eux, est un élément, par nature inaperçu et par là-même d'autant plus régulateur, de tout ce qui, dans un groupe, relève de l'ordre du cadre (les règles, l'institution, les rôles techniques, etc.). C'est aussi ce processus du dépôt qui libère chez le moniteur et chez les participants la capacité de fantasmer, la créativité et le désir épistémophilique.

Cela me permet de revenir sur la distinction, que j'ai proposée dans l'Introduction du présent livre, entre la structure et l'organisation. Le fantasme, individuel ou originaire, l'imago, le complexe d'Œdipe peuvent organiser ou réorganiser l'appareil psychique groupal à condition que celui-ci possède un minimum de structure. Cette structure, ou mieux cette pré-structuration, lui est fournie par une des instances psychiques de nature identificatoire décrites par Freud et précisées par ses successeurs : le Moi, le Moi idéal, le Surmoi, l'Idéal du Moi. Le chef, ou le groupe, ou l'idéologie, etc., sont non seulement des objets, au sens psychanalytique, fortement investis mais ils viennent remplacer, dans les appareils psychiques des membres, une même instance. Une identité fondatrice du groupe comme tel se trouve ainsi substituée à la diversité individuelle, une identité non pas de perception ou de pensée, comme dans les processus respectivement primaires et secondaires, mais une identité que j'appellerai d'enveloppe : le chef, l'idée, la représentation du groupe comme horde ou comme matrice ont pour fonction de contenir les processus psychiques, principalement inconscients, qui surviennent entre les membres. En effet l'instance dominante dans l'appareil psychique groupal tend à être non pas le centre, ou le noyau organisateur (ceci relève de l'organisation, non pas de la structure) mais l'enveloppe qui lui assure son unité, sa continuité, son intégrité, sa différenciation périphérique de l'interne et de l'externe, avec une zone de transition entre l'un et l'autre permettant certains types d'échanges, avec des barrières empêchant d'autres types d'échanges, avec des zones excentrées de dépôts, d'implicitations, d'oublis.

Les rapports, que je ne peux qu'ébaucher ici, entre la topique subjective, la topologie de l'appareil groupal et la topographie imaginaire des groupes appellent des précisions que des travaux ultérieurs, espérons-le, apporteront. Les trois premiers organisateurs psychiques inconscients des groupes — le fantasme individuel, l'imago, les fantasmes originaires — vont d'une isomorphie de départ par rapport à l'appareil psychique individuel à une homomorphie croissante. Le quatrième organisateur, le complexe d'Œdipe, intervient sur une autre ligne de forces : il opère la différenciation, jamais achevée et souvent remise en question, du groupe-famille (hétérogène et naturel, car fondé sur la différence des sexes et des générations) et du groupe-association (homogène et culturel, et où l'une ou l'autre de ces différences, voire les deux, ne sont pas prises en considération). Le cinquième organisateur instaure une autre différence, entre le dehors et le dedans du groupe. Pour séparer le dehors et le dedans, pour les mettre en contact, pour filtrer leurs échanges, pour contenir le dedans à l'intérieur, il faut que se constitue une surface à la fois délimitative, protectrice, enveloppante, immunitaire et qui se fasse source active d'initiatives. Cette enveloppe psychique groupale constitue le cinquième organisateur. Dans une perspective psychosociale, elle se présente comme chef, comme idéologie, comme utopie. Une lecture psychanalytique la déchiffre comme un des sous-systèmes de l'appareil psychique individuel devenu commun à la plupart des membres. Pour se la représenter, l'appareil psychique groupal recourt généralement à des métaphores tirées de l'image du corps propre.

Ces cinq organisateurs, indépendants quant à leur nature, sont interdépendants quant à leur fonctionnement. Ils sont présents dans tous les groupes. Généralement l'un d'eux prévaut, mais le rôle, complémentaire, antagoniste ou réprimé, des autres demande à être repéré.

Principes du fonctionnement psychique de l'appareil groupal

En conclusion, l'imaginaire groupal, dans la mesure où il n'est pas identique à l'imaginaire individuel, découle de trois principes de fonctionnement psychiques propres à l'appareil groupal, principes que l'étude de cet imaginaire, malgré le tableau limité qu'en propose le présent ouvrage, permet de mettre maintenant en évidence.

Il y a d'abord un principe d'*indifférenciation* de l'individu et du groupe (que René Kaës a dénommé tendance à l'isomorphie). Tout individu est né et a été élevé dans un groupe ; les expériences de groupe l'amènent à à découvrir sa groupalité psychique interne, au risque d'une dépersonnalisation. L'individu devient individu autant en se distinguant des groupes, choisis ou imposés, auxquels il appartient qu'en retrouvant le contact vivifiant et créatif avec un Soi groupal originaire. Ce principe d'indifférenciation fait également que tout groupe tend vers une individualité externe (par laquelle il se distingue des autres groupes et s'affirme être autant et même plus un individu que les individus même qui le composent) et qu'il tend vers une individualité interne (d'individus incertains de leur individualité singulière, le groupe fait des membres assurés d'avoir une individualité commune). Toute une dimension de l'imaginaire groupal mise en branle par ce principe, est faite de jeux qui consistent à opposer et/ou à associer l'individu au groupe, le groupe à l'individu. La devise pourrait en être : individu et groupe, une même réalité, un même combat ; ou encore : le groupe engendre l'individu, qui engendre les groupes. Le fantasme (individuel ou originaire) ou l'imago (bonne ou mauvaise) servent aux accomplissements imaginaires qui obéissent à ce principe d'indifférenciation de l'individu et du groupe. L'illusion groupale et son antagonisme, les fantasmes de casse (la différenciation étant vécue comme cassure) en ont fourni des exemples.

Vient ensuite un principe d'*auto-suffisance* du groupe par rapport à la réalité physique et sociale. Ce principe fait que les groupes, comme Bion l'a justement vu, fonctionnent à deux niveaux qu'ils tendent à maintenir séparés : le niveau des « présupposés de base », où le groupe se cherche une organisation interne principalement destinée à satisfaire la résonance fantasmatique et ou imagoïque entre ses membres (par exemple, en étant dépendant d'un leader bon et actif, ou en se faisant le témoin fasciné d'un couple porteur d'une promesse) et le niveau du groupe de travail, où le groupe se donne une organisation appropriée à l'analyse de la réalité extérieure et à l'action réfléchie et concertée sur les secteurs de celle-ci qui l'intéressent ou qui le concernent. Ce principe provoque un double évitement : tantôt les groupes fuient le débat avec les autres groupes et avec le milieu naturel et social dans une tentative et une tentation de vivre sur eux-mêmes et par eux-mêmes ; et inversement, les groupes échappent au débat avec eux-mêmes par une fuite en avant qui les jette dans des entreprises de conquête, de maîtrise, de participation active à la lutte des espèces pour la survie, à la lutte sociale pour le pouvoir. Ce double évitement reste provisoire : la réalité extérieure vient cogner à la vitre ou manger à la table du groupe qui se veut maison de verre ou banquet totémique (parce qu'il vise à la transparence mutuelle des membres ou à l'auto-subsistance par la contemplation et la consommation d'un dénominateur commun aux fantasmes de ceux-ci), et cette intrusion est vécue, selon le moment et selon la dynamique interne du groupe, sur le mode persécutif ou dépressif. A l'autre extrémité les groupes d'action sont freinés ou exaspérés par le poids de leur réalité groupale interne inconsciente qui ne cesse de s'infiltrer dans leurs perceptions, leurs décisions, leurs projets et ils essaient de s'en prémunir par toute une gamme de règlements, qui va des règlements administratifs aux règlements de comptes, aux procès, aux scissions, aux exclusions. Ce principe d'auto-suffisance du groupe est rarement perçu de façon neutre : il est tantôt fortement valorisé par les uns, qui l'adoptent avec enthousiasme ou qui en ressentent la pression comme fascinante et inévitable (cf. le fantasme du groupe-machine) ; il est non moins fortement réprouvé par ceux qui pressentent que son observance menacerait la toute-puissance sociale à laquelle aspirent les Etats, les Eglises, les partis, dont ils sont les dévôts. Un cas intermédiaire est celui du groupe en quête d'une image grandiose de lui-même et qui se donne des buts utopiques : ou bien il se désillusionne et s'effondre ; ou bien il accomplit de grandes actions, qui auraient été irréalisables autrement. C'est le complexe d'Œdipe qui permet le dépassement (toujours inachevé et à réentreprendre) d'un fonctionnement groupal obéissant à ce principe d'auto-suffisance. Il le permet grâce à une perception plus attentive de la réalité groupale inconsciente et de la réalité externe et grâce à une ébauche de compréhension de leurs interactions. En effet le complexe d'Œdipe sert à une double mise en ordre : des rapports d'amour et de haine, entre les sexes et les générations. Le groupe auto-suffisant est anté-œdipien et anti-œdipien : amour et haine, sexes et générations tendent à y être confondus, que ce soit sous la forme spiritualisée ou intellectualisée d'un groupe de parfaits égaux supposés sans rivalité, se supposant immortels, voire visant à jouir d'une totale promiscuité, ou sous celle d'une famille psychotique fournissant en son sein à ses membres la satisfaction de leurs désirs incestueux et mortifères. C'est parce qu'il a accédé à la problématique œdipienne dans sa famille que l'enfant peut sortir de celle-ci et participer à des groupes en se soumettant à une loi commune de nature post-œdipienne. C'est parce qu'il est sorti de sa famille pour faire l'expérience d'une telle vie de groupe que l'enfant parachève le dépassement du complexe d'Œdipe, l'intériorisation de la loi et la capacité de fonctionner en groupe de travail. L'imaginaire groupal conserve la trace de cette histoire (qui n'est jamais définitive) et en fait revivre des séquences en diverses occasions aux êtres humains devenus adultes et participants à des groupes naturels ou thérapeutiques.

Un troisième principe est un principe de *délimitation* entre un dedans du groupe et le dehors, entre l'*out-group* et ce qu'il conviendrait d'appeler l'*in-group*. C'est aussi un principe d'englobement ou de *contenance*. Une membrane psychique est extrapolée d'un des sous-systèmes de la topique subjective. Elle fait tenir ensemble non seulement des individus mais des processus psychiques interindividuels. Elle propose à ces derniers une localisation dans l'appareil groupal et au groupe une place dans l'espace physique et social. L'imaginaire groupal recourt volontiers à des métaphores tirées de l'image du corps (la peau, les organes, le chef et les membres) pour procurer ne fût-ce que l'illusion nécessaire de cette surface. Aux phases de crise, la représentation imaginaire change : l'enveloppe se durcit et se déchire, ou s'effrite et se fragmente ; l'intérieur du groupe se vide de sa substance, à moins qu'une zone floue, intermédiaire, ne s'établisse à la périphérie de l'appareil groupal et que des phénomènes transitionnels n'amènent dans le groupe des pensées nouvelles qui le préparent aux transformations devenues nécessaires.

Je ne connais pas, pour le moment, d'autres principes de fonctionnement psychique qui seraient propres aux groupes. Peut-être y en a-t-il encore à découvrir par l'observation plus fine de ces derniers et par une réflexion plus systématique sur les concepts nécessaires à la psychanalyse groupale.

C. Représentations collectives et résonance fantasmatique groupale

Tout autant qu'il l'est pour l'inconscient individuel, le groupe est une surface projective pour la culture et la société. Il est un miroir à deux faces et l'on pourrait reprendre à son propos la métaphore de Freud attribuant au Moi une double surface, externe et interne, et faisant de lui une membrane sensible à la fois à la réalité matérielle et à la réalité psychique.

Prenons un premier exemple : les praticiens du groupe savent combien ils ont pu, en écoutant ce qui se disait spontanément dans les sessions de formation, prendre le pouls de l'opinion publique plus finement que par les sondages et pressentir certaines des grandes lignes de forces qui allaient déterminer en France l'évolution des idées, des goûts et des mœurs. Vers 1960, c'était notamment l'opposition à la peine de mort, à la poursuite de la guerre d'Algérie, c'était l'affirmation du droit à la contraception, à l'autonomie de la femme, dans sa vie professionnelle et privée. Ensuite, on a pu voir apparaître, au décours des expériences de groupe, la revendication auto-gestionnaire, l'intolérance à la croissance encombrante des êtres humains, des objets fabriqués, des informations, la demande d'une organisation de la vie humaine non plus soumise au seul rendement mais permettant de véritables rencontres avec autrui, la saturation en matière de langage (c'est-à-dire le sentiment d'excès et finalement de vide des échanges verbaux à l'école, dans les réunions professionnelles ou sociales, dans les *mass media,* la désillusion à l'égard des espoirs un temps suscités par la linguistique). Enfin, ce qui, à partir des années 70, a émergé, avec une force de contagion considérable, c'est l'exigence de prise en considération du corps, à la fois comme enracinant le sujet dans l'être, comme instrument premier du contact et de l'échange, et dans son polymorphisme sexuel (par exemple, les hommes font part désormais de leurs éventuelles expériences homosexuelles, alors que, dans ce type de sessions de formation, ils n'exposaient jusque là que leur vie hétérosexuelle).

Ces derniers points — désintérêt pour la parole d'autant plus vaine qu'elle est libre, besoin d'exister d'abord comme Moi corporel — entraînent des conséquences notables. Alors que les courants sociaux s'étaient manifestés jusque-là dans le choix des thèmes de discussion et dans le mode d'organisation des échanges verbaux au sein des petits groupes non directifs, c'est la conception même des finalités, des activités, des démarches propres à ces groupes qui s'est trouvé mise en question. D'où la multiplication de sessions où les buts, les règles, les limites temporelles et spatiales deviennent flous, où le cadre perd sa consistance et se subordonne au bon vouloir de l'animateur ou des participants, où l'expression corporelle et émotionnelle de soi et les contacts physiques avec autrui prédominent, où la violence n'est déchargée que pour nier la mort et pour faire au plaisir une place qu'on promet totale. L'essor de ces nouvelles méthodes de groupe est le signe d'une réaction aux frustrations produites par la civilisation industrielle, où les objets fabriqués sont surinvestis au détriment des réalités biologiques naturelles et humaines. C'est là un premier exemple d'utilisation de représentations collectives dans la résonance fantasmatique des petits groupes : des représentations qui émergent à un moment donné dans une culture se trouvent répercutées par ces petits groupes comme par une caisse de résonance.

Telle est une première série de constatations, tirées d'exemples observés récemment en France, mais qui peuvent être étendues à d'autres pays et à des circonstances plus anciennes. Cette extension nous amène à une seconde série de constatations : l'élaboration, à un moment donné, de certains concepts des sciences sociales, a été une tentative de réponse à des crises survenant dans la société industrielle occidentale. Je prendrai pour exemple le concept de *dynamique de groupe*.

Ce n'est pas par hasard s'il est inventé en 1944, en pleine guerre mondiale, par Kurt Lewin, un psychologue expérimentaliste allemand émigré depuis près de 15 ans en Amérique. Pour son auteur, c'était la révision d'un postulat individualiste : les conduites humaines s'avèrent être la résultante du champ non seulement des forces psychologiques individuelles — hypothèse sur laquelle Lewin avait travaillé jusqu'à l'arrivée d'Hitler au pouvoir — mais des forces propres au groupe auquel l'individu appartient. Pour la démocratie américaine, en lutte pour sa survie face aux agressions allemande et japonaise, il s'agissait de comprendre en quoi un phénomène comme le fascisme et le nazisme, avait été psychologiquement possible et comment prévenir son retour. La première recherche en laboratoire, sur des petits groupes artificiellement créés, réalisée par Lewin et ses deux collaborateurs, Lippitt et White, avait démontré expérimentalement, dès 1939, la supériorité de la conduite démocratique sur la conduite autoritaire ou sur la conduite « laisser faire » (anarchique) tant au point de vue de l'efficacité du travail qu'à celui de la satisfaction des participants à œuvrer ensemble. Dès la fin de la guerre, le « petit groupe » s'est trouvé fortement valorisé dans la recherche fondamentale et appliquée aux Etats-Unis, puis dans les pays adeptes de la démocratie politique. Ainsi le premier séminaire résidentiel comportant des *T-Groups* est introduit en France en 1956, avec le concours d'experts américains, par des moniteurs français qui avaient fait pour la plupart l'expérience d'un séminaire à Bethel (U.S.A.)

Les justifications de cet engouement pour le petit groupe tournent autour de deux thèmes. D'une part le groupe apparaît comme l'antidote de la massification sociale. Le sentiment d'appartenance au groupe, la solidarité et les échanges entre ses membres, l'adhésion à des buts, des normes, des idéaux communs rétablissent les relations humaines altérées par la division scientifique du travail, par les communications de masse, par l'anonymat et les manipulations de la civilisation urbaine et industrielle et de l'organisation sociale bureaucratique. D'autre part, l'appropriation de la vérité est une tâche collective. Ainsi les Quakers, nombreux parmi les premiers colons anglais émigrés, et qui ont contribué à donner à la démocratie américaine sa coloration idéologique, croyaient que la vérité divine ne parle aux hommes que s'ils sont, comme dans les communautés chrétiennes primitives, fraternellement assemblés, sans aucune hiérarchie. Le résultat est que le petit groupe dont les membres partagent un certain idéal est perçu comme le ferment social par excellence : conception que dès l'Antiquité la démocratie grecque naissante avait projetée dans le Conseil des douze dieux de l'Olympe, que le christianisme naissant avait pratiquée avec les douze apôtres et qu'une fois américanisé, Kurt Lewin adopte.

Une troisième série de constatations montre comment des représentations collectives propres à une culture donnée peuvent, au contraire, conduire à une méfiance et à un besoin de contrôle systématique envers cette capacité de libre fantasmatisation inhérente aux petits groupes spontanés. Ainsi, malgré la déstalinisation, l'URSS et les pays ayant adopté un système économique et politique collectiviste sont restés très réservés à l'égard de la dynamique des groupes, suspecte d'être tantôt une science capitaliste et tantôt une arme aux mains des partisans d'une libéralisation imprudente des régimes communistes. Ces critiques doctrinales s'enracinent sur un vieux fond de méfiance persécutive de la part du centralisme étatique à l'égard des clans et des fractions, méfiance qui peut s'exprimer ainsi : si des individus s'isolent pour vivre ensemble une expérience ou pour se mettre à parler librement, ils forment un groupe clandestin et, si un groupe cherche la clandestinité, ce ne peut être que pour contester le pouvoir et conspirer contre lui, ou pour se livrer à des pratiques sexuellement perverses ou socialement délinquantes. Les activités de groupe ne sont admises que si elles confirment l'individu dans les croyances imposées par l'autorité étatique ou institutionnelle — attitude très générale dont l'URSS est loin d'être la seule institution à fournir l'exemple. Le psychiatre américain d'origine slave Isidore Ziferstein (1972) a pu effectuer pendant plusieurs mois des observations directes de la psychothérapie de groupe soviétique. Voici l'exemple d'une réaction qu'il a rapportée :

« Par exemple, dans un groupe que j'ai observé, une femme mariée annonça son intention de ne jamais avoir d'enfants. Elle expliqua sa décision ainsi : 1) Plusieurs années d'expérience dans des colonies de vacances l'avaient convaincue que tous les enfants sont des monstres et qu'on ne peut attendre aucune joie d'en avoir. 2) La vie est difficile, le monde est injuste ; et elle estimait inutile d'élever des enfants dans un tel monde.

« Le groupe promptement s'unit pour persuader cette patiente que ses vues étaient erronées, que les enfants étaient l'avenir de la nation et de l'humanité, que nous avons tous la responsabilité de procréer et de donner à nos enfants le meilleur dont nous sommes capables et que sûrement elle devait se tromper dans son appréciation des enfants des camps d'été.

« Sollicité de donner mon opinion (le groupe ne m'avait pas laissé la permission d'être observateur non participant), je suggérai que, peut-être, le droit de ne pas avoir d'enfants devrait être accordé à la patiente, que, peut-être, il y a des gens qui peuvent avoir une meilleure vie sans enfants qu'avec. Le groupe tint cette déclaration pour provocatrice et réagit en se retournant contre moi. Il m'accusa d'introduire une note antithérapeutique, qui, au lieu d'aider la patiente à surmonter son stéréotype morbide, encourageait et renforçait celui-ci. Les membres du groupe déclarèrent que cela était particulièrement répréhensible de la part d'un psychiatre, dont la parole est un puissant stimulus comme venant d'une personne ayant l'autorité de l'instruction ».

Une autre représentation collective importante du groupe tient compte, mais d'une façon qui reste implicite, de la stimulation que les fantasmes d'un individu peuvent exercer sur la résonance fantasmatique dans une collectivité petite ou vaste. D'où la notion d'une communauté unie autour d'un chef, à la fois imposé et « élu ». C'est le *Bund* et le leader charismatique chers à la sociologie allemande. Freud, homme lui aussi de culture germanique, a démonté, en 1921, dans *Psychologie collective et analyse du Moi*, le mécanisme de la double identification, dans l'Armée ou l'Eglise, des membres entre eux et au chef, devenu Idéal du moi commun, et il a anticipé, entre autre, ce qui allait être le nazisme. Mais ici les différences, à mon sens fondamentales, entre petit groupe, groupe large, foule et peuple sont effacées. On en revient aux vues de la psychologie intermentale de Tarde et de la psychologie des foules de Le Bon en France à la fin du XIXe siècle : un individu créateur innove ; il arrive que, par conformisme ou par contagion, la masse suive. Or, c'est, à mon avis, un point de méthode essentiel pour la psychanalyse sociale que de postuler là trois niveaux distincts et en interaction : le niveau de l'inconscient individuel, le niveau de la résonance fantasmatique groupale et le niveau des représentations collectives.

Je prendrai un dernier exemple concernant des événements politiques ayant exercé un effet d'activation de la vie fantasmatique groupale. J'ai bien connu ces événements pour les avoir, en mai-juin 1968, vécus sur place à l'université de Nanterre comme professeur et au Quartier Latin à Paris où je résidais. J'ai essayé de décrire à chaud cet effet — sans bien le conceptualiser — dans mon livre paru dès la mi-juillet 1968 sous le pseudonyme d'Epistémon, *Ces idées qui ont ébranlé la France*. L'effet immédiat de ces événements a été fort bien indiqué par un slogan qui fleurit alors, au milieu de bien d'autres, sur les murs de la capitale : « L'imagination au pouvoir ». Celui-ci résume bien l'intense activité fantasmatique de groupe et sa conséquence, la libération de la parole, qui se propagèrent alors dans les universités françaises et dans de nombreux milieux professionnels et sociaux. Mais cet effet fut dans l'ensemble peu durable. « L'imagination au pouvoir » : oui, mais l'imagination de quoi ? Il me semble que la ligne de clivage entre ce qui, de mai 1968, a réussi ou a échoué passe par la réponse à cette question. Là où l'imagination des acteurs de cette époque a deviné le réel, un réel nouveau mais latent, et possible, elle a gagné. Ainsi se font d'ailleurs les grandes découvertes : se représenter le virtuel pour le rendre actuel. Quand par contre l'imagination se détourne de tout réel, le réel résiste et subsiste. Ceux qui se sont jugés après coup déçus par les suites lointaines de mai 1968 et par lesquelles, dès 1969, la majorité de ceux qui avaient cru en mai 1968 se sont sentis floués, repoussaient à un lendemain indéfiniment reporté de faire des plans d'avenir, refusaient les potentialités d'innovations concrètes immédiates et écartaient la prise en considération des divers ordres de réalité pour imaginer plus librement des utopies dont le manque de consistance et le peu de prise sur le cours des choses ont fini par devenir évidents.

Essayons d'analyser plus en détail l'enchaînement des causes et des effets.

De novembre 1967 à mai 1968, le campus de Nanterre fut de plus en plus souvent un théâtre spontané où s'essayèrent des auteurs-acteurs dont certains avaient en tête un canevas de l'action et des prototypes de rôles à tenir et dont d'autres s'en tenaient pour toute philosophie à improviser, et où se mirent en place les éléments d'une dramaturgie sociale plus vaste.

La libre circulation entre les chambres des filles et celles des garçons dans la résidence, la dérision des pouvoirs constitués et des savoirs acquis, la protestation contre des programmes qui transformaient les étudiants en consommateurs et en « oies gavées », la liberté de réunions politiques dans les enceintes universitaires sans autorisation préalable, l'examen et la discussion collective des présupposés sociaux des enseignements donnés, le décloisonnement des connaissances, la dé-hiérarchisation des relations entre professeurs, assistants et étudiants, la participation de représentants des deux dernières catégories au Conseil de l'université et à la gestion des départements, la détermination en commun par les enseignants et les enseignés des conditions d'examens, le libre accès sans sélection à l'enseignement supérieur et le droit à des débouchés assurés : tels ont été, dans l'hiver 1967-68 à Nanterre, les principaux motifs des grèves et des manifestations étudiantes, des occupations de locaux et des perturbations de cours, et les thèmes des réunions, des harangues, des discussions plus ou moins impromptues qui se tenaient dans les couloirs, à la caféteria, au milieu des amphithéâtres et, dès qu'il fit beau, sur les pelouses. Trois facteurs ont entraîné l'intensification et la généralisation de ces phénomènes : les réactions autoritaires inefficaces de la grande majorité du corps professoral, blessé dans son libéralisme et dans son ambition de faire du campus nanterrois une université pilote ; l'existence d'une pluralité de groupes d'étudiants contestataires, se réclamant d'idéologies ou d'utopies à la fois concurrentes et convergentes et de plus en plus disposés à prendre un rôle en public ; cet autre fait enfin que les discussions de ces « acteurs » entre eux ou avec des professeurs, en se multipliant et en prenant l'allure de « psychodrames », mobilisaient la curiosité, l'intérêt, l'attrait d'un nombre croissant d'étudiants, d'abord simples spectateurs, puis intégrés à l'action sur le mode du chœur antique, et enfin participants actifs aux manifestations.

En quittant Nanterre, quand cette université fut fermée, pour la Sorbonne, l'Odéon, les facultés de province et pour une bonne partie du pays, les thèmes des discussions et des psychodrames improvisés évoluèrent. Tantôt ils devinrent plus généraux (analyse du fonctionnement de la société et des institutions dans lesquelles chacun travaille ou vit ; critique plus particulièrement systématique des niveaux, formes et modes de pouvoir ; égalité fondamentale entre les êtres humains en ce qui concerne le droit à la parole quels que soient l'âge, le sexe, le savoir, le statut, l'identité ; libre et égal accès à la culture pour tous ; revendication, contre tous les formalismes des relations bureaucratiques ou institutionnelles, d'un droit permanent à la fête). Tantôt apparurent des thèmes propres à des groupes sociaux maintenus par la mentalité dominante dans une position minoritaire ou marginale : employés subalternes, travailleurs sociaux, homosexuels de l'un et l'autre sexes, malades psychiatriques, détenus, etc.

L'enjeu de cette dramaturgie collective consista en la mise en scène d'une série de conflits entre les croyances établies et des idées et des mœurs nouvelles. Les croyances établies qui ne suscitaient plus une résonance fantasmatique suffisamment active chez un nombre suffisant de Français, furent perdantes. Les idées nouvelles l'emportèrent à moyen terme dans la mesure où elles mobilisèrent une activité intense de fantasmatisation dans de nombreux groupes, dans la mesure aussi où elles furent prises en charge de façon réaliste, et non utopiste. Cela explique, à mon avis, pourquoi les effets de mai 1968 en France ont été à peu près nuls sur les plans économique et politique : les systèmes en place ont été, pendant la décennie suivante, conservés et consolidés. Les vues de certains sociologues qui saluèrent là l'émergence d'une nouvelle classe révolutionnaire dans les sociétés occidentales hyperindustrialisées ont été une erreur. Les tentatives de reproduire intentionnellement la chaîne des explosions sociales qui avaient déferlé pendant ces semaines se sont avérées être des détonateurs mouillés : l'histoire ne se répète pas deux fois. La loi d'orientation de l'enseignement supérieur préparée par Edgar Faure et adoptée unanimement par le Parlement n'a pas résolu les problèmes fondamentaux de l'orientation, de la sélection, des débouchés, de l'afflux des étudiants, d'une certaine déqualification des diplômes, de la place, du rôle, de la mission des universités dans les sociétés industrialisées avancées ; mais elle a désamorcé la contestation et dédramatisé la tension entre professeurs, assistants et étudiants. Certains « anciens combattants » de mai 1968 se sont présentés par la suite comme des « déclassés », comme des gens généreux qui ont été leurrés parce qu'ils ont cru aux utopies qui circulaient alors : droit automatique pour tous au savoir, aux diplômes, aux débouchés ; société sans Etat qui rendrait inutiles tous les pouvoirs et qui assurerait des relations plus vraies, plus chaleureuses entre les individus ; disparition rapide du capitalisme international.

C'est dans trois domaines que les effets de la libération fantasmatique de mai-juin 1968 sur les représentations collectives ont été les plus sensibles. Premièrement, les changements dans le style des rapports humains et sociaux, dans la façon d'exercer des responsabilités en consultant, informant, en expliquant, en tenant compte des avis, ont été indéniables même s'ils n'ont pas été universels ni acquis une fois pour toutes. Des minorités ont échappé au ghetto moral dans lequel elles étaient maintenues et ont pu se faire entendre et reconnaître dans leurs particularités, leurs différences, leur droit à s'exprimer : par exemple le gauchisme a acquis sa place dans l'éventail de la presse politique et des compétitions électorales. Inversement des privilèges indus sont dénoncés ; c'est ainsi que les délinquants « en col blanc » sont davantage poursuivis pour leurs fraudes économiques ou pour leurs négligences en matière de sécurité.

C'est peut-être en matière de mœurs que la mutation de la mentalité française contemporaine a été la plus patente : c'est là un second effet à moyen terme de mai 1968. Le choix des femmes s'est affirmé à penser, à écrire, à aimer, à être respectées en tant que femmes, à être davantage protégées du risque d'être battues ou violées, à accéder aux emplois, aux rémunérations, aux responsabilités à égalité avec les hommes. La libéralisation de la contraception, de l'avortement, de la censure sur les livres et les films érotiques, a été officiellement acquise. La réprobation à l'égard de l'homosexualité a diminué. La liberté sexuelle reconnue aux jeunes à partir de la puberté, la liberté pour chacun de trouver le plaisir qui lui convient avec le partenaire qui y consent, sont des notions de plus en plus admises alors qu'auparavant elles heurtaient l'opinion générale.

Enfin, troisièmement, les idées en matière de société ont également beaucoup évolué et mai 1968 a répandu des thèmes, aujourd'hui courants, comme l'aspiration à l'autogestion, à la vie locale, en communautés, dans des associations, ainsi que le souci d'une certaine qualité de la vie quotidienne et la protestation contre le technocratisme, le gigantisme, l'impersonnalité des organisations économiques ou administratives.

La déception qui a par ailleurs suivi l'échec des utopies conçues et propagées en 1968 a mis l'accent sur d'autres thèmes : l'incompatibilité de l'organisation sociale et du désir individuel, l'irréductibilité de la morale et du politique, la permanence à travers les pays et les époques de la figure du Maître ou du Prince et la nécessité de la démythifier sans cesse.

Les utopies de 1968 ont été l'expression de l'illusion groupale qui s'est répandue comme une traînée de poudre en France et dont j'ai pu ainsi élaborer le concept quelque temps après. L'illusion groupale et, souvent en même temps qu'elle, le fantasme du groupe-machine, ont constitué les formes principales de la fantasmatisation qui s'est trouvée alors libérée d'un groupe à l'autre. La mutation des représentations collectives qui s'est opérée à cette occasion me semble conforme à la théorie que certains historiens des religions comme J.P. Vernant [1] ont proposé pour rendre compte de la tragédie grecque. La tragédie en effet a été représentée en Grèce ancienne au Ve siècle av. J.-C. et pendant ce siècle seulement. C'est donc qu'elle répondait à un besoin collectif et qu'elle a disparu quand celui-ci a cessé. Quel besoin ? Celui d'abandonner les croyances anciennes, héritées des monarchies qui avaient longtemps présidé au destin des principales cités grecques, et de permettre l'émergence et l'expansion de conceptions nouvelles de l'homme et du monde, correspondant aux nouvelles formes de la vie politique, sociale, scientifique et culturelle. Le conflit des croyances anciennes et des idées nouvelles se trouvait personnifié et dramatisé dans les tragédies. Celles-ci montraient soit la lutte d'un héros légendaire qui ne parvenait qu'au prix de sa mort ou de son exil à faire

(1) J.P. Vernant, P. Vidal-Naquet, *Mythe et tragédie en Grèce ancienne,* Maspéro, 1972, 3e éd. 1977.

prévaloir contre les institutions établies une nouvelle morale ou une nouvelle sensibilité, soit le délire orgueilleux et finalement catastrophique auquel conduisait un traditionalisme fermé à toute évolution. Le peuple des citoyens, en assistant à ces représentations, vivait intérieurement le drame des personnages et, par un effet de résonance cathartique, se produisit ainsi en Grèce une mutation décisive des représentations collectives. Les innombrables « séminaires » improvisés de psychodrame collectif et de dynamique de groupes qui se tinrent de façon intensive en mai-juin 1968 et d'une façon atténuée en 1969 et 1970 n'auraient-ils point rempli là un rôle analogue à celui de la tragédie antique ?

Bibliographie

AFAP

1961. *Evaluation des résultats de la formation,* n° 3 : La représentation sociale du groupe, document ronéoté.

ABRAHAM N.

1978. *L'écorce et le noyau,* Paris, Aubier-Flammarion.

ANZIEU, A.

1974. Emboîtements, *Nouvelle Revue de Psychanalyse,* n° 9, 57-71.

ANZIEU, D.

1956. *Le psychodrame analytique chez l'enfant et l'adolescent,* Paris, PUF ; nouvelle édition refondue, 1978.

1964. Introduction à la dynamique des groupes. *Bulletin de la Faculté des Lettres de Strasbourg, 49,* n° 7, pp. 393-426.

1965. Les communications intragroupe, *in* Geldard et al., *Communication processes,* Pergamon Press.

1966. Œdipe avant le complexe ou l'interprétation psychanalytique des mythes, *Les Temps modernes,* n° 245, pp. 675-715.

1969. Difficulté d'une étude psychanalytique de l'interprétation, *Bulletin de l'Association psychanalytique de France,* 5, pp. 12-32.

1970*a*. Eléments d'une théorie de l'interprétation, *Revue française de Psychanalyse, 34,* n°s 5-6, pp. 3-67.

1970*b*. Freud et la mythologie, *Nouvelle Revue de Psychanalyse,* 1970, n° 1, pp. 114-145.

1972. Le moniteur et sa fonction interprétante, *in* Anzieu, Béjarano et coll. *Le travail psychanalytique dans les groupes,* tome 1, Paris, Dunod.

1973. La fantasmatique de la formation psychanalytique, *in* Kaës, Anzieu, Thomas et coll., *Fantasme et formation,* Paris, Dunod.

1974*a*. Vers une métapsychologie de la création, *in* Anzieu, Mathieu, Besdine, Guillaumin, Jaques, *Psychanalyse du génie créateur,* Paris, Dunod.

1974*b*. Le moi-peau, *Nouvelle Revue de Psychanalyse,* n° 9, 195-208.

1974*c*. Le travail psychanalytique dans les groupes larges. N° spécial « Groupes : psychologie sociale clinique et psychanalyse », *Bulletin de Psychologie,* 87-97.

1975. Le désir de former des individus. *Connexions,* n° 16, 29-36.

1976*a*. Œdipe supposé conquérir le groupe, *in* Kaës R., Anzieu D., Béjarano A., Scaglia H., Gori R., *Désir de former et formation du savoir.* Paris, Dunod.

ANZIEU D., BÉJARANO A., KAËS R., MISSENARD A.

1974. Thèses sur le travail psychanalytique dans les groupes. *Bulletin de Psychologie,* numéro spécial « Groupes : psychologie sociale clinique et psychanalyse », 16-22.

ANZIEU D., BÉJARANO A., KAËS R., MISSENARD A., PONTALIS J.-B.

1972. *Le travail psychanalytique dans les groupes,* tome 1, Paris, Dunod.

ANZIEU D., MARTIN J.-Y.

1968. *La dynamique des groupes restreints,* PUF, 7ᵉ édition, revue et augmentée, 1982.

ANZIEU D., MATHIEU M., BESDINE M., GUILLAUMIN J., JAQUES E.

1974. *Psychanalyse du génie créateur,* Paris, Dunod.

ARIP.

1966. *Pédagogie et psychologie des groupes,* Paris, Editions de l'Epi ; nouvelle édition complétée, 1972.

AYEL M.-H., VILLIER J.

1974. Transfert et contre-transfert dans un groupe thérapeutique. De quelques aspects le spécifiant comme groupe de psychanalyse, *Bulletin de Psychologie,* n° spécial, 327-328.

BALINT M., BALINT E.

1961. *Techniques psychothérapiques en médecine,* trad. fr., Paris, Payot, 1966.

BASQUIN M., DUBUISSON P., SAMUEL-LAJEUNESSE B., TESTEMALE-MONOD G.

1972. *Le Psychodrame : une approche psychanalytique,* Paris, Dunod.

BETTELHEIM B.

1967. *La forteresse vide,* trad. fr., Paris, Gallimard, 1970.

BÉJARANO A.

1966. *Ecoute psychanalytique et transfert en dynamique de groupe,* Mémoire présenté à l'APF (ronéoté).

1971. Le clivage du transfert dans les groupes. *Perspectives psychiatriques,* n° 33, pp. 15-22.

1972. Résistance et transfert dans les groupes, *in* Anzieu, Béjarano et coll., *Le travail psychanalytique dans les groupes,* tome 1, Paris, Dunod.

1974. Essai d'étude d'un groupe large, *Bulletin de Psychologie,* n° spécial, 98-122.

1982. L'analyse du contre-transfert comme source de créativité, *in* Kaës R. et coll., *le Travail psychanalytique dans les groupes,* tome 2, Paris, Dunod.

BERNARD J.

1957. L'étude sociologique des conflits, *in Unesco,* 1957, pp. 37-130.

BÉROUTI R.

1973. Du groupe : limites de l'intervention du psychanalyste dans les groupes, *Connexions,* n° 5, pp. 115-152.

BESANÇON A.

1967. *Le Tsarévitch immolé,* Paris, Plon.

1969. Vers une histoire psychanalytique, *Annales,* n° 3, pp. 394-416, et n° 4, pp. 1011-1033.

BIFFE M., MARTIN J.-Y.

1971. A propos de l'imaginaire dans les groupes de diagnostic, *Perspectives psychiatriques,* n° 22, pp. 53-57.

BION W. R.

1961. *Recherche sur les petits groupes,* trad. fr., Paris, PUF, 1965.

1962. *Aux sources de l'expérience,* trad. fr., Paris, PUF, 1979.

BLÉANDONU G.

1973. Groupes psychothérapiques orientation analytique et hôpital de jour. *Perspectives psychiatriques,* n° 41, pp. 25-34.

1974. Thérapie multiple et processus groupal, *Bulletin de Psychologie,* n° spécial, 75-79.

BOURBON-BUSSET J. de

1962. *La grande conférence,* Paris, Gallimard.

BRAUNSCHWEIG D., DIATKINE R., KESTEMBERG E. LEBOVICI S.

1968. A propos des méthodes de formation en groupes. *Psychiatrie de l'enfant, 11,* n° 1, pp. 71-180.

BURNER M.

1974. Le psychothérapeute et les psychothérapies analytiques de groupe. L'expérience lausannoise, 1954-1974, *Bulletin de Psychologie,* n° spécial, 37-44.

DAUTREMONT D.

1974. Du corps dans le groupe, *Bulletin de Psychologie,* n° spécial, 164-166.

DECOBERT S., SOULÉ M.

1972. La notion de couple thérapeutique. *Revue française de Psychanalyse, 36,* n° 1, pp. 83-110.

DOREY R.

1971. La question du fantasme dans les groupes, *Perspectives psychiatriques,* n° 33, pp. 22-26.

DUBUISSON P.

1971. Notule concernant les mécanismes de défense à la fin du groupe. *Perspectives psychiatriques,* n° 33, pp. 79-80.

EIGUER D. Litovsky de, CHANOÎT P. F.

1974. Une expérience de techniques associées : expression corporelle et psychothérapie de groupe. *Bulletin de Psychologie,* n° spécial, 167-73.

EIGUER D. Litovsky de, EIGUER A.

1974. Introduction à la théorie sur les groupes d'E. Pichon-Rivière, trad. fr. *in Bulletin de Psychologie,* n° spécial, 45-60.

EZRIEL H.

1950. A psycho-analytic approach to group treatment. *British Journal of medical Psychology, 23,* pp. 59-75.

1966. Le rôle du transfert dans le traitement psychanalytique de groupe, trad. fr. *in* Schneider P. B. (1968).

FAVEZ G.

1971. L'illusion et la désillusion dans la cure psychanalytique, *Nouvelle Revue de Psychanalyse, 4,* pp. 43-54. Repris *in* Favez G. et coll., *Etre psychanalyste,* Paris, Dunod, 1976.

FOULKES S. H.

1948. *Introduction to Group Analytic Psychotherapy,* Londres, Heinemann.

1964. *Psychothérapie et analyse de groupe,* trad. fr., Paris, Payot, 1970.

1966. De l'interprétation en analyse de groupe, trad. fr. *in* Schneider P. B. (1968).

1971. L'accès aux processus inconscients dans le groupe d'analyse de groupe, trad. fr. *Bulletin de Psychologie,* 1974, n° spécial, 31-36.

1972. L'Œdipe et la régression dans les psychothérapies de groupe, trad. fr. *in* Schneider P. B. (1972).

FOULKES S. H., ANTHONY E. J.

1957. *Psychothérapie de groupe,* trad. fr., Paris, Editions de l'Epi, 1970.

FORNARI F.

1971. Pour une psychanalyse des institutions, trad. fr. *Connexions,* 1973, n° 8, pp. 91-122.

FREUD S.

1895. *Esquisse d'une psychologie scientifique,* trad. fr. *in La naissance de la Psychanalyse,* Paris, PUF, 1956.

1908. Les théories sexuelles infantiles, trad. fr. *in La vie sexuelle,* Paris, PUF, 1969.

1912-1913. *Totem et tabou,* trad. fr., Paris, Payot, 1923.

1921. Psychologie collective et analyse du moi, nouvelle trad. fr. *in Essais de Psychanalyse,* Paris, Payot, 1970.

1929. *Malaise dans la civilisation,* trad. fr. Paris, Denoël et Steele, 1934 ; rééd. *Revue française de Psychanalyse,* 1970, *34,* n° 1, pp. 9-80 et PUF.

FREUD S., BREUER J.

1895. *Etudes sur l'hystérie,* trad. fr. Paris, PUF, 1955.

GEAR M. C., LIENDO E. C.

1976. Psychanalyse, sémiologie et communication familiale. *L'Evolution psychiatrique, 41,* n° 2, 239-72. Repris in Ruffiot A. et coll., *La thérapie familiale psychanalytique,* Paris, Dunod, 1981.

GENEVARD G., JORDI P.

1968. Essai d'évaluation des concepts de statut et de fonction des cothérapeutes en groupe, *in* Schneider P. B. (1968).

GINOUX J.-C.

1982. Répétition groupale et processus transitionnels, in Kaës R. et coll., *le Travail psychanalytique dans les groupes,* tome 2, Paris, Dunod.

GORI R.

1973*a*. L'objet-parole dans les groupes de formation, *Bulletin de Psychologie,* 1972-1973, *305, 26,* n°s 10-11, pp. 634-648.

1973*b*. Les théories sexuelles spiritualistes, *Bulletin de Psychologie,* 1972-1973, *306, 26,* n°s 12-13, pp. 681-697.

1976. Sur le savoir préalable dans les groupes de formation. A corps perdu dans le langage, *in* Kaës R., Anzieu D., Béjarano A. et coll. *Désir de former et formation du savoir,* Paris, Dunod.

1978. *Le corps et le signe dans l'acte de parole,* Paris, Dunod.

GROTJAHN M.

1974. Retour du refoulé dans la famille psychanalytique, *Bulletin de Psychologie,* n° spécial, 71-74.

GRUNBERGER B.

1971. *Le narcissisme,* Paris, Payot.

HERBERT L.

1959. L'utilisation des techniques de groupe dans la préparation de l'enseignement, *Bulletin de Psychologie, 12,* n° 16, 10 juin, pp. 969-979.

1961. La dynamique de la situation scolaire. *Bulletin de Psychologie, 14,* 10 mai, n° 14, *194,* pp. 801-806 ; repris avec des remaniements *in La situation scolaire,* ARIP, 1966-1972.

HERMANN I.

1930. *L'instinct filial,* trad. fr. par G. Kassai, précédé d'une « Introduction à Hermann », par N. Abraham, Paris, Denoël, 1973.

ISAACS S.

1943. Nature et fonction du fantasme, trad. fr. *in* Klein M., Heimann P., et al., *Développements de la psychanalyse,* Paris, PUF, 1966.

JACOBI B.

1974. Position et fonction de l'observateur dans les groupes de formation, *Bulletin de Psychologie,* n° spécial, 253-259.

JAQUES E.

1948. L'utilisation du groupe d'évolution comme méthode de facilitation du changement social, trad. fr. *Connexions,* 1972, *1,* n° 3, pp. 95-115..

1951. *Intervention et changement dans l'entreprise,* trad. fr., Paris, Dunod, 1972.

1955. Des systèmes sociaux comme défenses contre l'anxiété dépressive et l'anxiété de persécution, trad. fr. *in* Lévy A. (1968), ch. 35.

KAËS R.

1970*a*. Interprétation, fondation, séduction (ronéoté).

1970*b*. La référence à un tryptique judéo-chrétien : Paradis perdu, Babel, Pentecôte. Contribution à l'étude des fantasmes et des mythes dans les groupes - 1. Propositions pour une étude psychanalytique des mythes dans la vie des groupes (ronéoté).

1971*a*. Travail et illusion dans la formation. *Mouvement psychiatrique, 2,* pp. 34-36.

1971*b*. Processus et fonctions de l'idéologie dans les groupes. *Perspectives psychiatriques*, n° 33, pp. 27-48.

1972. Les séminaires « analytiques » de formation, *in* Anzieu D. et coll., *Le travail psychanalytique dans les groupes*, Paris, Dunod.

1973*a*. Aspects de la régression dans les groupes de formation : Réadolescence, perte de l'objet et travail du deuil. *Perspectives psychiatriques,* n° 41, pp. 43-65.

1973*b*. Quatre études sur la fantasmatique de la formation et le désir de former, *in* KAËS R. et coll., *Fantasme et formation,* Paris, Dunod.

1974*a*. Séminaire. Le mot, la chose et l'usage dans la pratique formative. Contribution à l'étude de la fantasmatique de la formation, *Bulletin de psychologie,* n° spécial, 187-203.

1974*b*. Le groupe large, l'espace et le corps, *ibid.,* 123-132.

1974*c*. Le fantasme du groupe embroché et le conte des sept souabes, *ibid.,* 273-282.

1974*d*. L'archigroupe. Puissance et pouvoir dans les petits groupes, *Nouvelle Revue de Psychanalyse,* n° 8, pp. 207-221.

1974*e*. Représentations du groupe. La geste du groupe héroïque, *Etudes philosophiques,* n° 1, 45-58.

1975. « On (dé)forme un enfant » : fantasme originaire, processus et travail de la formation. *Connexions*, n° 16, 37-49.

1976*a*. Désir de toute-puissance, culpabilité et épreuves dans la formation, *in* Kaës R. et coll., *Désir de former et formation du savoir,* Paris, Dunod.

1976*c*. Analyse inter-transférentielle, fonction alpha et groupe conteneur. *L'Evolution psychiatrique, 41,* n° 2, 339-471.

1976*d*. *L'appareil psychique groupal. Constructions du groupe.* Paris, Dunod.

1980. *L'idéologie. Etudes psychanalytiques,* Paris, Dunod.

1982. L'intertransfert et l'interprétation dans le travail groupal, *in* Kaës R., Missenard A. et coll., 1982.

KAËS R., ANZIEU D.

1976. *Chronique d'un groupe : observation et présentation du groupe du « Paradis perdu »,* Paris, Dunod.

KAËS R., ANZIEU D., THOMAS L. V., LE GUÉRINEL N.

1973. *Fantasme et Formation,* Paris, Dunod. (Nouvelle édition 1979)

KAËS R., ANZIEU D., BÉJARANO A., SCAGLIA H., GORI R.

1976. *Désir de former et formation du savoir,* Paris, Dunod.

KAËS R., MISSENARD A., KASPI R. et coll.

1979. *Crise, rupture et dépassement,* Paris, Dunod.

KAËS R., MISSENARD A., GINOUX J.-C. et coll.

1982. *Le travail psychanalytique dans les groupes,* tome 2, *les Voies de l'élaboration,* Paris, Dunod.

KESTEMBERG J., DECOBERT S.

1964. Approche psychanalytique pour la compréhension de la dynamique des groupes thérapeutiques. *Revue française de Psychanalyse, 28,* n° 3, pp. 393-418.

KHAN M. MASUD R.

1969. Les vicissitudes de l'être, du connaître et de l'éprouver. *Bulletin de l'Association psychanalytique de France,* avril 1969, n° 5, pp. 132-144. Repris *in Le Soi caché,* ch. XIV, 1974, trad. fr., Paris, Gallimard, 1976.

KLEIN M.

1921-1945. *Essais de psychanalyse,* trad. fr., Paris, Payot, 1967.

1930. L'importance de la formation du symbole dans le développement du Moi, *in Essais de Psychanalyse,* Paris, Payot, 1967.

KLEIN M., ISAACS S., HEIMANN P., RIVIÈRE J.

1952. *Développements de la psychanalyse,* trad. fr., Paris, PUF, 1966.

LAGACHE D.

1965. Le modèle psychanalytique de la personnalité, *in Les modèles de la personnalité en psychologie,* Paris, PUF, pp. 91-117.

1967. Pour une étude sur le changement individuel au cours du processus psychanalytique, *Bulletin de l'Association psychanalytique de France,* 1967, n° 3, pp. 7-43 et *Documents et débats,* 1975, n° 11, 7-26.

LAI G.

1974. Les groupes d'apprentissage et les systèmes relationnels, *Bulletin de Psychologie,* n° spécial, 61-70.

LAJEUNESSE B. S., MISSENARD A.

1971. Le psychodrame analytique en groupe. *Perspectives psychiatriques,* n° 33, pp. 69-78.

LAPLANCHE J., PONTALIS J. B.

1964. Fantasme originaire, fantasmes des origines, origine du fantasme. *Les Temps modernes,* n° 215, pp. 1833-1868.

LE BON G.

1895. *La psychologie des foules,* Paris, Alcan.

LEBOVICI S., DIATKINE R.

1962. La dynamique du groupe, *Psychiatrie de l'enfant, 5,* n° 1.

LEBOVICI S., DIATKINE R., KESTEMBERG E.

1958. Bilan de dix ans de pratique du psychodrame analytique chez l'enfant et l'adolescent. *Psychiatrie de l'Enfant, 1*, pp. 63-179.

LEMOINE G., LEMOINE P.

1972. *Le psychodrame,* Paris, Laffont.

LÉVI-STRAUSS C.

1949. *Les structures élémentaires de la parenté,* Paris, PUF, rééd., Mouton.

1958. *Anthropologie structurale,* Paris, Plon.

LÉVY A.

1965. *Psychologie sociale. Textes fondamentaux anglais et américains*, trad. fr., Paris, Dunod.

LEWIN K.

1931-1947. *Psychologie dynamique* (recueil d'articles), trad. fr., Paris, PUF, 1959.

1947. Décisions de groupe et changement social, trad. fr., *in* LÉVY A. (1965).

MATHIEU M.

1973. Contribution à l'étude du transfert dans les groupes de formation. *Perspectives psychiatriques,* n° 41, pp. 67-75.

1974. Groupe de diagnostic à Nanterre, ou l'Inconscient-La-Folie, *Bulletin de Psychologie,* n° spécial, 337-338.

MELTZER D.

1967. *The Psycho-analytical Process.* Londres, Heinemann ; trad. fr. par J. Bégoin, *Le processus psychanalytique,* Payot, 1971.

MISSENARD A.

1969. Note sur l'identification dans les groupes et les séances plénières dans les séminaires (ronéoté).

1971. Dépression et petit groupe, dépression en petit groupe, groupe déprimé ? *Perspectives psychiatriques,* n° 33, pp. 59-68.

1972. Identification et processus groupal, *in* Anzieu, Béjarano et coll., *Le travail psychanalytique dans les groupes,* tome 1, Paris, Dunod.

1974. Note sur le corps, dans les groupes et ailleurs, *Bulletin de Psychologie,* n° spécial, 161-163.

1976. A propos du narcissisme dans les groupes. *L'Evolution psychiatrique, 41,* n° 2, 273-303. Repris *in* Kaës R., Missenard A. et coll., 1982.

MISSENARD A., BALINT M. et coll.

1982. *L'expérience Balint. Histoire et actualité,* Paris, Dunod.

MONOD M., TESTEMALE G.

1974. Une session de psychothérapie analytique de groupe à l'Institute of Group Analysis de Londres, *Bulletin de Psychologie,* n° spécial, 329-336.

MORISSETTE L., BELTRAMI E., LAURENDEAU D., CROMBEZ J. C.

1968. Métacommunication et communication paradoxale. *Interprétation, 2* n° 4, pp. 59-72.

MULLER J.

1965. *Dépendance et formation.* Thèse de 3e cycle ronéotée, Faculté des lettres et sciences humaines, Strasbourg.

1971. Les résistances dans les groupes de diagnostic. *Perspectives psychiatriques,* n° 33, pp. 49-59.

1974. Groupes de formation : quelques idées reçues contestées et peut-être contestables, *Bulletin de Psychologie,* n° spécial, 23-30.

NAPOLITANI D.

1972. Signification, fonctions et organisation des groupes dans les institutions psychiatriques. *Mouvement psychiatrique, 12,* pp. 16-32.

NETTER M.

1974. Interventions psychologiques et interprétations psychanalytiques dans les groupes restreints, *Bulletin de Psychologie,* n° spécial, 260-272.

NGUFULU-BASULUKA I.

1974. Fantasme et transfert en psycho-palabre. *Bulletin de Psychologie,* n° spécial, 294-303.

PAGÈS M.

1968. *La vie affective des groupes,* Paris, Dunod.

PONS E.

1974. L'effet organisateur du fantasme de scène primitive dans les groupes institutionnels, *Bulletin de Psychologie,* n° spécial, 314-325.

PONTALIS J. B.

1959. Réflexions naïves sur quelques expériences de groupe : phénomènes et idéologie. *Bulletin de Psychologie, 12,* numéro spécial, pp. 6-9, pp. 352-358. Réédité sous le titre : Des techniques de groupe : de l'idéologie aux phénomènes *in Après Freud,* Paris, Gallimard, 1968.

1963. Le petit groupe comme objet. *Les temps modernes,* n° 211, pp. 1057-1069. Réédité *in Après Freud,* Paris, Gallimard, 1968.

1972. *Rêves, dans un groupe, in* Anzieu, Béjarano et coll., *Le travail psychanalytique dans les groupes,* tome 1, Paris, Dunod.

ROGERS C.
1970. *Les groupes de rencontre,* trad. fr., Paris, Dunod, 1973.

RUFFIOT A., EIGUER A. et coll.
1981. *La thérapie familiale psychanalytique,* Paris, Dunod.

SAPIR M.
1972. *La formation psychologique du médecin,* Paris, Payot.

SAPIR M., REVERCHON F., PRÉVOST J. J., CANET-PALAYSI C., PHILIBERT R., CORNIER A., COHEN-LÉON S., FÉDIDA P.
1975. *La relaxation : son approche psychanalytique,* Paris, Dunod.

SARTRE J.-P.
1960. *Critique de la raison dialectique,* Paris, Gallimard.

SCAGLIA J.
1974*a*. La période initiale, *Bulletin de Psychologie,* n° spécial, 227-244.
1974*b*. L'esprit et les liens du groupe, *ibid.,* 245-252.
1976*a*. La position fantasmatique de l'observateur d'un groupe, *in* KAËS R., ANZIEU D., BÉJARANO A., SCAGLIA H., GORI R., *Désir de former et formation du savoir,* Paris, Dunod.
1976*b*. Couplages, *L'Evolution psychiatrique, 41,* n° 2, 305-26.

SCHINDLER R.
1963. Psychothérapie didactique de groupe avec des psychanalystes. *In* Schneider P. B. (1965).
1964. Personnalisation du groupe, trad. fr., *in La Personnalisation. Etudes sur la psychologie d'Igor Caruso,* Paris, Desclée de Brouwer, 1971, pp. 91-107.

SCHNEIDER P. B.
1965. *Pratique de la psychothérapie de groupe.* Compte rendu du premier séminaire international de psychothérapie de groupe, Lausanne, 1963. Paris, PUF, et Florence, Giunti.
1968. *Pratique de la psychothérapie de groupe. II. Les techniques.* Compte rendu du second séminaire international de psychothérapie de groupe, Lausanne, 1966. Paris, PUF, et Florence, Giunti.
1972. *Pratique de la psychothérapie de groupe.* Problèmes actuels de la psychothérapie de groupe analytique et de groupes de discussion. Compte rendu du troisième séminaire international de psychothérapie de groupe, Lausanne, 1971. Paris, PUF, et Florence, Giunti.

SERRAF G.
1974. Les méthodes de développement de la créativité, *Bulletin de Psychologie,* n° spécial, 174-185.

SLAVSON S. R.
1950. Psychothérapie analytique de groupe, trad. fr., Paris, PUF, 1953.

SPRINGMANN R.
1976. La fragmentation en tant que défense dans les grands groupes. *L'Evolution psychiatrique, 41,* n° 2, 327-338.

TAUSK V.
1919. De la genèse de « l'appareil à influencer » au cours de la schizophrénie, trad. fr. *in La Psychanalyse,* 1958, n° 4, pp. 227-265.

TURQUET P. M.
1974. Menaces à l'identité personnelle dans le groupe large, trad. fr. *in Bulletin de Psychologie,* n° spécial, 135-158.

VALABREGA J.-P.
1967. Le problème anthropologique du fantasme, *in Le désir et la perversion,* Paris, Seuil, pp. 165-189.

WATZLAWICK P., HELMICK-BEAVIN J., JACKSON D.
1967. *Une logique de la communication,* trad. fr., Paris, Ed. du Seuil, 1972.

WIDLÖCHER D.
1970. *Freud et le problème du changement,* Paris, PUF.

WINNICOTT D. W.
1953. Objets transitionnels et phénomènes transitionnels, trad. fr. *in La Psychanalyse,* 1960, n° 5, pp. 21-41.
1967. La localisation de l'expérience culturelle, trad. fr. *in Nouvelle Revue de Psychanalyse,* automne 1971, n° 4, pp. 15-23.

WOLFSON L.
1970. *Le schizo et les langues,* Paris, Gallimard.

Table des observations

Index

U

V

W

Z

Extraits de notre catalogue

La violence fondamentale. L'inépuisable Œdipe

par J. BERGERET

Confondre, comme on le fait souvent, «violence» et «agressivité», c'est méconnaître la spécificité d'une violence naturelle, innée chez tout être vivant et nécessaire à la survie de l'individu. Cette «violence fondamentale» est destinée à s'intégrer à la personnalité au cours de l'enfance et de l'adolescence : les mécanismes de cette intégration – étudiés à partir d'exemples cliniques ou empruntés à la littérature psychanalytique – font l'objet du présent ouvrage.

256 pages, 15,5 x 24. Broché. Collection «Psychismes»

Le visuel et le tactile. Essai sur la psychose et l'allergie

par SAMI-ALI

L'auteur entend renouveler la question de la psychose et de l'allergie en reliant des champs de savoir habituellement cloisonnés. La psychose n'est pas une entité en soi mais un processus psychosomatique où se joue simultanément le destin du «corps» et de «l'esprit». Tout comme l'allergie. Alors seulement peut se comprendre une double constatation énigmatique : que la psychose s'accompagne rarement de maladies physiques, et qu'un passage s'opère de la psychose à l'allergie et de l'allergie à la psychose.

168 pages, 15,5 x 24. Broché. Collection «Psychismes»

L'enfant et sa psychose

par C. et P. GEISSMANN

A partir de leur double expérience de praticien et d'universitaire, les auteurs ont tenté le difficile pari de réussir un livre qui soit le traité complet de la psychose infantile. En confrontant systématiquement les données anciennes, comme les plus récentes, et en s'appuyant sur de très nombreuses observations cliniques, ils proposent, après une analyse du milieu familial, un corps d'hypothèses sur l'origine de la psychose, avec des études particulières sur l'espace transitionnel, l'intelligence et le langage de l'enfant psychotique.

325 pages, 15,5 x 24. Broché. Collection «Psychismes»

Corps réel, corps imaginaire

par SAMI-ALI

En posant le problème du corps en fonction de l'opposition entre le réel et l'imaginaire, ce livre entend dépasser le dualisme psyché-soma et ouvrir une perspective, où se puisse concevoir la totalité psychosomatique constitutive de l'homme. En ce sens, il est à contre-courant des tendances actuelles qui, de la psychologie à la médecine en passant par la psychanalyse, restent profondément dualistes. A partir d'une définition clinique de l'opposition corps réel-corps imaginaire, telle qu'elle se rencontre en psychanalyse, le champ d'investigation s'élargit progressivement pour inclure l'espace, le temps, la parole, le mouvement, la somatisation et le narcissisme.

176 pages, 15,5 x 24. Broché. Collection « Psychismes »

La folie des autres. Traité d'ethnopsychiatrie clinique

par T. NATHAN

Ce traité est une illustration de l'apport de l'ethnopsychiatrie – fondée par G. Devereux – à la thérapie analytique des patients appartenant à des cultures autres qu'occidentales.
Richement illustré de cas cliniques, l'ouvrage traite avec précision des problèmes liés à l'énoncé du diagnostic, à l'établissement de la relation et à l'interprétation psychanalytique des désordres psychiques de patients originaires des sociétés dites traditionnelles, celles des « autres ».

240 pages, 15,5 x 24. Broché. Collection « Psychismes »

Le Moi-Peau

par D. ANZIEU

La notion de « Moi-peau » apparaît comme un concept opératoire impliquant une homologie entre les fonctions du Moi et celles de notre enveloppe corporelle. La richesse de ce concept permet de mieux appréhender une réalité clinique complexe : au-delà des relations entre les affections dermatologiques et les désordres psychiques, l'auteur montre que le surinvestissement ou la carence de telle ou telle fonction du Moi-peau rendent compte notamment du masochisme pervers, du noyau hystérique de la névrose ou de la distinction entre névroses narcissiques et états-limites.

264 pages, 15,5 x 24. Broché. Collection « Psychismes ».

Crise, rupture et dépassement. Analyse transitionnelle en psychanalyse individuelle et groupale

par R. KAËS, A. MISSENARD, R. KASPI, D. ANZIEU, J. GUILLAUMIN et J. BLEGER

L'objet de cet ouvrage est d'analyser les processus intra-subjectifs, interpersonnels et groupaux mis en jeu par l'expérience d'une rupture dans la continuité de soi. C'est aussi d'établir quel cadre théorique et méthodologique et quel dispositif technique sont aptes à instituer certaines fonctions susceptibles à leur tour d'enclencher un *travail de la rupture*.
Les exemples analysés vont des traitements de certains états de déficit narcissique, de dépression, de défaut fondamental, jusqu'aux réactions des travailleurs immigrés au changement de culture en passant par la névrose traumatique chez l'aviateur, la crise d'adolescence ou celle du génie créateur.

304 pages, 15,5 × 24. Broché. Collection « Inconscient et culture »

Mélanie Klein. Premières découvertes, premier système

par J.M. PETOT

L'ouvrage nous fait assister à l'apparition de la vocation psychanalytique de Mélanie Klein : c'est la tentative qu'elle fait en 1919 d'élever son plus jeune fils d'après les principes de la psychanalyse, à laquelle elle vient de s'initier auprès de Ferenczi. Très vite le projet éducatif s'approfondit et prend une dimension psychothérapique. Il montre à travers quelles expériences cliniques s'est effectuée la découverte de la technique du jeu et son application à la psychanalyse des enfants.

384 pages, 15,5 × 24. Broché. Collection « Psychismes »

Photocomposition. – Imprimerie Bayeusaine, 6-12, rue royale, 14401 Bayeux
Dépôt légal : avril 1991
Dépôt légal de la 1re édition : 2e trimestre 1975
Impressions Dumas – 42009 Saint-Étienne
N° d'imprimeur : 30372
Achevé d'imprimer en avril 1991
Imprimé en France